Alles fängt so harmlos an

Alles fängt so harmlos an

Kursbuch zur Suchtprävention und erfolgreichen Behandlung Abhängiger

Herausgegeben von
Diether Wolf v. Goddenthow

Mit einem Geleitwort von
Rita Süßmuth

Herder Freiburg · Basel · Wien

Autoren

Regina Droge, freie Journalistin

Dipl.-Päd. Rainer Düffort, Leiter der Beratungsstelle Jugend – Drogen – Süchte des Caritasverbandes Berlin e. V.

Diether Wolf v. Goddenthow, freier Publizist, Herausgeber und Autor von: „Das Märchen vom Ruhestand“ (Wilhelmine-Lübke-Preis 1986), „Schlaraffenland ist abgebrannt“, „Zukunftsberufe“

Dr. med. Walter H. Lechler, Chefarzt der Psychosomatischen Klinik Bad Herrenalb, Wegbereiter der Anonymen Alkoholiker in Westdeutschland

Min.-Rat. Dr. jur. Rudolf Neidert, Leiter des Referats Rauschmittelmißbrauch und Psychohygiene im Bundesministerium für Jugend, Familie, Frauen und Gesundheit

Dipl.-Psych., Dr. rer. nat. Thomas Paul, wissenschaftlicher Mitarbeiter an der Ernährungspsychologischen Forschungsstelle, Georg-August-Universität Göttingen

Prof. Dr. med. Wolfgang Poser, Oberarzt an der Klinik für Psychiatrie Göttingen

Prof. Dr. Volker Pudel, Leiter der Ernährungspsychologischen Forschungsstelle der Universität Göttingen

Rita Rußland, Frauensekretärin im Vorstand der Industrie-Gewerkschaft Metall und Beauftragte für Alkohol- und Medikamentenmißbrauch

Dipl.-Soz. Päd. Elke Raatz, Mitarbeiterin in der Beratungsstelle für Jugend – Drogen – Süchte des Caritasverbandes Berlin e. V.

Herbert Ziegler, Geschäftsführer der Deutschen Hauptstelle gegen die Suchtgefahren e. V. in Hamm

Herzlichen Dank für ihre Mithilfe an diesem Buch:

Arno Falk, Bundeskriminalamt Wiesbaden; Dr. Hans-Günther Prescher, Gesamtverband für Suchtkrankenhilfe im Diakonischen Werk der EKD, Kassel; Bernhard Jans, Katholische Sozialethische Arbeitsstelle e. V., Hamm; Dipl.-Päd. Britta Frank, Leiterin der Psychosozialen Beratungs- und Behandlungsstelle des Caritasverbandes Wiesbaden e. V.; Dipl.-Psych. Abraham Rosenberg, Projektgruppe Rauschmittelfragen, Jugendberatung und Jugendhilfe e. V., Corneliusstraße 15, 6000 Frankfurt 1.

Herstellung: Freiburger Graphische Betriebe 1988
ISBN 3-451-21120-3

Inhalt

Geleitwort der Bundesministerin für Jugend, Familie, Frauen und Gesundheit, Prof. Dr. Rita Süßmuth

„Alles fängt so harmlos an" – nämlich die Abhängigkeit irgendeiner Frau, die man kennt, eines Mannes von nebenan, eines jungen Menschen aus dem Bekanntenkreis. Selbst der Ehemann hat lange nicht gemerkt, daß seine Frau heimlich mehr und mehr Beruhigungsmittel nimmt. Die Kollegen des Mannes haben doch nur kräftig gefeiert und sind nicht etwa auch alkoholkrank geworden. Und wenn den Eltern des Jungen, der in seiner Clique Haschisch rauchte, irgend etwas an ihm aufgefallen wäre – sie hätten noch Einfluß auf ihn gehabt, als er begann, Heroin zu spritzen.

Die Angehörigen merken meist nicht rechtzeitig, daß ein Konsum problematisch wird. Ja, der Betreffende selbst täuscht sich in der Regel über die Gefährlichkeit seines eigenen Verhaltens: andere tranken doch noch mehr, das Medikament hat doch sogar der Arzt verschrieben, und Haschisch – das ist doch längst nicht so gefährlich wie Alkohol! Daß man mit 30, 40 Zigaretten am Tag in der Regel nikotinabhängig ist, will man schon gar nicht wahrhaben. Die Sucht bahnt sich eben häufig ganz harmlos an, bei ganz normalen Menschen, in ganz normalen Familien.

Diese wichtige Botschaft möchte das vorliegende Kursbuch zur Suchtprävention und erfolgreichen Behandlung Abhängiger vermitteln. Es will die harmlosen Anfänge von Sucht im uns umgebenden Alltagsleben aufzeigen. Es soll uns die Augen öffnen für die unscheinbaren Weichenstellungen im Genußmittelverhalten so vieler Bürger, die es sich nie träumen lassen, einmal Alkoholiker zu werden oder mit einer Medikamentenvergiftung in eine Klinik eingeliefert werden zu müssen.

Das Suchtproblem in unserer Gesellschaft ist riesig: rund 1,5 Millionen behandlungsbedürftige Alkoholkranke, 300000 bis 500000 Medika-

mentenabhängige, 50000 geschätzte Drogenabhängige – mit diesen im Suchtbericht der Bundesregierung von 1986 genannten Zahlen ist die Größenordnung des Problems der legalen und der illegalen Drogen in unserer Gesellschaft angedeutet. Dazu ist neuerdings eine kleine, aber schnell größer gewordene Zahl getreten, die dem Problem der Rauschgiftsucht eine zusätzliche, bedrohliche Dimension gibt: 10% aller registrierten AIDS-Kranken sind drogenabhängig. Hinzu kommen Tausende von AIDS-infizierten Drogenabhängigen – man schätzt bis zu 30% –, von denen wohl viele in den nächsten Jahre erkranken und sterben werden.
Suchtprävention, solange es noch nicht zu spät ist, halte ich nicht erst „seit AIDS“ für eine dringliche gesellschaftliche Aufgabe von uns allen. Mit aller Fülle von Informationen, Schilderungen und praktischen Hinweisen dient das vorliegende Kursbuch einer Orientierung für interessierte Laien und Fachleute, für Betroffene, aber auch – und nicht zuletzt – gerade für noch nicht Betroffene, geht es doch um rechtzeitige Prävention.

Zu diesem Buch

Menschliches Verlangen nach Grenzüberschreitung, Ekstase und Bewußtseinserweiterung, nach Pflicht- und Verantwortungsflucht, nach berauschenden wie dämpfenden, stärkenden wie selbstzerstörerischen stofflichen und nichtstofflichen Stimulatoren wächst in einem bisher kaum vermuteten Ausmaß. Dieses betrifft Jugendliche wie Erwachsene gleichermaßen. Haschisch, Heroin, Alkohol, Medikamente, Fernsehen usw. helfen uns, die Wirklichkeit verschwinden zu lassen. Sie signalisieren lediglich die Spitze eines gewaltigen Eisberges unserer versüchtelten Gesellschaft. Sie sind stofflicher Ausdruck einer Kulturkrankheit unseres vergifteten Zeitalters schlechthin.
Den wenigsten Menschen ist bewußt, daß jedes Verhalten süchtig entarten kann. Die Flucht aus Verantwortung und Lebensbewältigung fängt in der Regel ganz harmlos an, etwa aus Neugierde, dem Wunsch nach Geselligkeit, Entspannung oder Aufmunterung. Die anfangs durchaus streßlösende und stabilisierende Wirkung ist jedoch nur scheinbar und bedarf ständiger Stützen, um nicht in sich zusammenzubrechen. Jeder Mensch bedient sich, ob bewußt oder unbewußt, solcher Krücken des Lebens, wie Lebens- oder Notlügen, Illusionen, Täuschungen, Musik, Fernsehen oder Alkohol, Nikotin, Medikamente, Rauschdrogen etc. Dort, wo er die Kontrolle über sein Verhalten verliert und einen zwanghaften Wiederholungsdrang einer Verhaltensweise oder stofflichen Stimulationszufuhr verspürt, beginnt die jeweilige Abhängigkeit.
Die Grenzen zwischen normal und krankhaft entartetem Verhalten sind fließend und hängen nicht zuletzt stark von der Gesellschaft und ihren Wertvorstellungen ab. So gilt nur derjenige als suchtgefährdet oder suchtkrank, der die ungeschriebenen gesellschaftlichen Normen verletzt oder gegen Gesetze, z. B. das Betäubungsmittelgesetz, verstößt. Daher lassen wir unsere gesellschaftlich geduldeten Süchte, wie etwa Konsumzwang, Genußsucht, Erfolgssucht, Putzsucht, Erlebnissucht, Selbstbemitleidungssucht, Gefallsucht, Ichsucht etc., sowie unsere tagtäglichen Lebenslügen, mit denen wir Leidenschaften und Schwächen zu rechtfertigen suchen, allzugern unter den Tisch fallen. Vielmehr verweisen wir beim Thema Süchtigsein lieber auf diejenigen, die wie Alkoholiker, Medikamentensüchtige, Drogenabhängige, Magersüchtige

usw. von der Gesellschaft offiziell zu Suchtkranken erklärt worden sind.
Daß jeder Mensch mehr oder weniger durch Abhängigkeiten und süchtiges Verhalten gefährdet ist, wird so lange verdrängt, bis es zu einer Krise im Leben kommt. Häufig decken wir unsere eigenen Schwierigkeiten zu, indem wir die Suchtkrankheit des anderen, unserer Kinder, unseres Partners, Freundes oder Kollegen zu heilen versuchen. Unsere Rolle ist dabei oftmals zweifelhaft, dann nämlich, wenn wir zum Komplizen des Suchtkranken werden. Ohne diese Co-Süchtigen, wie Eltern, die ihren Kindern Aufputschmittel für bessere Schulleistungen geben, Partner, die Alkohol kaufen oder beim Arbeitgeber den betrunkenen Lebensgefährten als krank melden usw., könnten Suchtkranke auf Dauer nicht existieren. Das fatale ist, daß der Co-Süchtige, obwohl er häufig als Partner, Elternteil oder Kollege unter den Suchtfolgen seines Nächsten leidet, selbst abhängig ist, nämlich davon, gebraucht zu werden.
Aufgrund der Ausbreitung der HIV-Infektion über Risikogruppen wie Fixer, Homo- und Bisexuelle, Prostituierte hat die Seuche AIDS nicht nur die Drogenszene, Therapieformen, Beratungsangebote, Arbeitsweisen und Nachsorgeeinrichtungen beeinflußt, sondern auch Eingang in die Familiensysteme gefunden. Die AIDS-Problematik wird nicht länger auf die Risikogruppe der Rauschdrogenabhängigen beschränkt bleiben, sondern bei weiterem Fortschreiten auch Alkoholiker, Medikamentenabhängige, Polytoxikomane usw. betreffen und zu einer Neuorientierung im traditionellen Suchtbehandlungskonzept führen, was beispielsweise bereits der neue Selbsthilfeansatz der Selbsthilfe-Gruppen HIV-infizierter Exfixer signalisiert.
Was bedeuten aber „AIDS und Drogen" in der Praxis? Was heißt süchtiges Verhalten? Wo liegen die wahren Ursachen dafür, daß Menschen sich zunehmend von ihrer Lebensverantwortung verabschieden? Wie können Eltern einer Suchtkarriere ihrer Kinder vorbeugen? Was kann die Gesellschaft tun? Was müssen Betroffene leisten? Welche Therapieansätze stehen zur Verfügung? Welchen Sinn hat eine Langzeittherapie für einen HIV-Infizierten oder AIDS-Kranken? Welche ambulanten, teilstationären und stationären Therapie- und Resozialisationskonzepte gibt es? Wann ist Selbsthilfe angebracht? Was kann sie leisten? Wie können Angehörige sinnvoll helfen, ohne sich selbst aufzuopfern?
Diese und andere Fragen erörtert dieses Buch. Umfangreiche Adressen- und Literaturangaben unter Berücksichtigung des AIDS-Aspektes vervollständigen das Werk.

Der Mensch ist's, nicht die Droge*

Wir alle sind süchtig

„Sucht ist alles, was wir uns und anderen nicht eingestehen wollen."

Anne Wilson Schaef

Drogen machen nicht süchtig. Alkohol versursacht nicht den sogenannten „Alkoholismus".
Solange wir noch immer der reichlich primitiven, unkritischen und unwissenschaftlichen Vorstellung unter wissenschaftlichem Gehabe huldigen, daß ein lebloser, inerter Stoff so etwas wie „Sucht" hervorrufen könnte, solange alle unsere sogenannten wissenschaftlichen Forschungsvorhaben und Therapieansätze unter diesem drogenzentrierten Konzept ausgerichtet werden mit dem Ziel, dies beweisen zu müssen und zu können, so lange auch werden wir nie begreifen, was uns das Phänomen der sogenannten „Sucht" und im besonderen des sogenannten „Alkoholismus" auf dem Wege unserer Lebensbewältigung, unserer Konfliktlösungsversuche und Lebensgestaltung vermitteln könnte.
Die Drogen, und hier besonders der Äthylalkohol, sind Glieder eines Ökosystems, das gestört ist und verzweifelt versucht, selbst auf die Gefahr der Selbstzerstörung hin, eine Selbstheilung einzuleiten und sein gesundes Gleichgewicht, seine Ganzheit wiederherzustellen.
Philip L. Hansen gibt in seinem kleinen lesenswerten Büchlein, „The Afflicted and the Affected" (Lake Mills, 1974) in dieser Hinsicht ein sehr simples, einleuchtendes und zutreffendes Bild: Alkoholismus verhält sich zu unserer Gesellschaft wie Aknepusteln zum Körper. Die Hauteffloreszensen sind an und für sich nicht das Problem, aber sie weisen von außen auf etwas hin, was von innen her eine Änderung erfahren muß. Der erfolgreichste Weg, die Pusteln loszuwerden, besteht nicht darin, sie auszudrücken, sondern die Lebensweise total zu verändern. Hansen bemerkt richtig, daß wir die Alkoholiker bis zum heuti-

* Für diese Arbeit wurden Textpassagen aus LECHLER, W. H.: „Nicht die Droge ist's, sondern der Mensch", erschienen in: Jürgen Sonnenberg „Wenn Theologie praktisch wird ...", J. F. Steinkopf-Verlag Stuttgart 1983, herangezogen.

gen Tag so behandelt haben, als wären sie allein und ausschließlich das Problem. Wir taten dies mit dem gleichen Erfolg wie bei der Akne, wenn man gegen sie lediglich kosmetisch, daß heißt durch Ausdrücken der Comedonen und Auftragen von verschiedenen Salben und Tinkturen, vorgeht.

Der schwedische Arzt Magnus Huss hielt ebenso wie Thomas Trotter den unbelebten Stoff Alkohol für die Ursache der sich in so vielen verschiedenen Bildern darstellenden Trunkenheit. In seiner bekannten, 1849 erschienenen Arbeit „Alcoholismus chronicus" hielt er das vielseitige Intoxikationsbild und die zahlreichen Folgeerscheinungen für eine Krankheitsentität – eine heil-lose, mit noch nicht übersehbaren Konsequenzen beladene Schlußfolgerung. Willkürlich aus dem Zusammenhang gerissen, ohne die komplexe Dynamik des Geschehens zu begreifen, schuf er die Krankheit „chronischer Alkoholismus", ein Begriff, der schnell und dankbar von allen Ärzten und helfenden Personen in ihrer Hilflosigkeit wie ein Rettungsanker aufgegriffen wurde. Endlich wurde etwas greifbar und eventuell auch meßbar und therapierbar in Begriffen der Medizin, was sich vorher als Charakterschwäche, moralische Abartigkeit, Willensschwäche, Haltlosigkeit und Zeichen von Degeneration dem Zugriff einer körperorientierten, kausal-linear denkenden Medizin entzogen hatte.

Der Symptomträger wurde demnach zum „chronischen Alkoholiker". Aus diesem Denkkonstrukt entstand zwangsläufig nach dem Modell unserer Naturwissenschaft die „Alkoholismusforschung", die nicht mehr übersehbare „Alkoholismusliteratur", die „Alkohologie" und die Institute und Lehrstühle für „Alkohologen". Diese Entwicklung zeugte eine unübersehbare Anzahl immer weiter sich vermehrender Organisationen wie die National und International Councils on Alcoholism and Addiction, die Abstinenz- und Temperenzvereinigungen, Beratungsstellen, Psychosomatische Kliniken, hinter deren moderner Fassade sich das Gettobild der früheren Trinkerheilanstalten verbergen kann. Ein Heer von Alkoholspezialisten und Alkoholfürsorgern wuchs heran, die mehr oder weniger offen den Kampf gegen den Alkoholismus auf ihr Panier geschrieben haben und Kongresse, Petitionen gegen den gemeinsamen Feind veranstalten. Es wurde eine spezielle Alkoholismustherapie mit besonderen Formen der Gruppentherapie für Alkoholiker entwickelt. Eine fieberhafte Forschung begann, um die Alkoholiker-Persönlichkeit in reiner Form darzustellen. Inzwischen kann man mehr als 180 Definitionen des Alkoholismus in der weitverstreuten Literatur zusammensammeln (was allein schon stutzig machen sollte). Aus dem Ordnungs- und Klassifizierungsverlangen entstanden die akribisch ausdefinierten Alkoholismustypen (Alpha-, Beta-, Gamma-, Delta- und

Epsilon-Alkoholismus), die den Anschein vermitteln, als hätte man nun den großen Rahmen gefunden. Spezialisten auf dem Gebiet der Alkoholismusforschung und der Alkoholismustherapie treffen sich Jahr für Jahr an verschiedenen, attraktiven Orten dieser Welt. Es sind meist immer wieder dieselben, die sich immer wieder nahezu das gleiche erzählen. In immer engeren Formationen rückt die Medizin in multidisziplinärer Gliederung, wie es ein multifaktorieller Gegner erfordert, heran und reitet mit allem, was in den Sog ihres Konzeptes kam, auf Rosinante gegen die Windmühlenflügel an, die Magnus Huss 1849 in die medizinische Landschaft hineingestellt hatte.

Wie es andernorts, auf eine andere Methodenrichtung gezielt, in einem ähnlichen Sinn bereits ausgesprochen worden war, wurden nun die Therapie und die vorgeschlagenen Heil- und Fürsorgemaßnahmen gegen den Alkoholismus, die immer üppiger zu wuchern begannen und nicht mehr einzudämmen sind, zu der eigentlichen Krankheit und Störung, die sie vorgaben, kurieren und beseitigen zu wollen. Ähnliches gilt für die anderen Abhängigkeiten.

Wehe dem, der offen oder versteckt sich anschickte oder heute versucht, die heilige Kuh eines bereits fest institutionalisierten, wissenschaftlichen Glaubens zu schlachten oder ihr nur das Recht ihrer Stellung abzusprechen! Ihm wird es mehr oder weniger ähnlich wie dem ergehen, der verkündet haben soll, daß er die totale Lösung des Drogenproblems gefunden habe.

Nicht die Droge ist's ...

Der Alkohol, die Droge jedweder Art selbst ist nicht das Problem. Jedoch stehen der Alkohol, die Droge der Problemlösung im Wege. Der sogenannte Alkoholiker ist auch nicht das Problem. Das wäre gar zu leicht. Und wir haben es uns bis heute leicht gemacht und damit aber auch sehr schwer. Das Konstrukt des sogenannten Alkoholismus und der damit so eng verbundenen und ernsthaft betriebenen Alkoholismusforschung läßt mich an den folgenden Witz denken, den mir mein Vater erzählte, als ich ein kleiner Junge war. Damals wußte ich nur, daß es Betrunkene gibt, die in ihrer Hilflosigkeit und in ihrer Erbärmlichkeit einen entweder sehr erschütternden, beschämenden oder sehr komischen Eindruck machen. Ich ahnte damals noch nicht, daß ich einmal in meinem Leben beruflich so hautnah an diese Problematik herangeführt werden würde. Nun, dieser Witz ist sehr alt und weithin bekannt und heute in diesem Zusammenhang wie kein anderer so treffend:

Ein Betrunkener, der sich kaum auf seinen Beinen halten kann, sucht im Schein einer Straßenlaterne, auf allen Vieren herumkriechend, verzweifelt nach einem Gegenstand. Ein vorübergehender Polizist spricht ihn an und fragt ihn freundlich, was er denn zu so später Stunde noch suche. Der Betrunkene macht ihm, erschwert durch seinen Schluckauf, klar, daß er seinen Hausschlüssel verloren habe. Der Ordnungshüter geht als Freund und Helfer des Bürgers ebenfalls auf die Knie und sucht eifrig mit auf dem Kopfsteinpflaster. Sie heben beide mit vereinten Kräften die Kanalabflußabdeckung hoch und suchen in dem Senkkasten, in der Annahme, der Schlüssel sei durch die Schlitze gefallen. Nach längerem vergeblichem Wühlen und Suchen erkundigt sich der nun kritisch und mißtrauisch gewordene Hüter der Ordnung, ob er denn genau wisse, daß er den Schlüssel gerade hier verloren habe. Darauf sagt der Betrunkene unter den oben bereits erwähnten artikulatorischen Schwierigkeiten: „Ich habe ihn da drüben verloren, aber hier ist es heller..."

Die Frage ist: Haben wir dort, wo wir gerade suchen, überhaupt etwas verloren?

Wo wir suchen müßten, ist es aber sehr dunkel. Das macht Angst. Wir wissen nicht, wohin wir selbst gelangen würden. Wir müßten aus dem von uns gemachten grellen Licht ins Dunkel treten. Vielleicht haben wir Angst, dort auf unsere eigne Hilflosigkeit, unsere eignen Unzulänglichkeiten („Sünden"), Sehnsüchte, Ängste, auf unser eignes Versagen und unsere Schwächen, auf unsren Schmerz, auf unsre unauslotbare Wut (auf alles, was uns im Leben entgangen zu sein scheint und was man uns vorenthalten hat), auf unsre eigne Behinderung, auf unsren Mangel, auf unsren maßlosen unstillbaren Hunger und Durst nach Leben (Liebe) unvermittelt, unvorbereitet und ungewappnet zu stoßen.

Die Droge, die sich immer mit der Leere eines Menschen vermählt, unterminiert alle Lebenskräfte, die noch über lange Zeit in der Lage waren, Fülle in der Leere vorzutäuschen. Diesen Zustand müßte man „Morbus sacer" nennen, eine heilige Krankheit, ein Zustand der Krise, der zum Heilen, Ganzwerden führen kann. Die Abhängigen müssen ehrlich werden und sind es dann in unseren Augen auf so schamlose, penetrante und unerträgliche Weise. Ihr Zustand gipfelt in einer Ekstase der Hilflosigkeit. Damit treffen sie uns – ohne daß es uns bewußt ist und ohne daß wir es wollen – ins Mark. Sie führen uns an unsere Leere heran, die wir partout nicht sehen wollen, obwohl wir wissen, daß sie da ist: Unsere Lebenslüge, unser unauslotbarer Mangel, unsere Unzulänglichkeiten, unsere defizitäre Lebensqualität, von der wir mit unserer vielgesichtigen Droge „Geschäftigkeit" ablenken wollen. Das Ergebnis: Wir bleiben auf der Strecke, vollgestopft und unerfüllt.

In unserer Trost- und Hilflosigkeit verweisen wir alle, die uns in unserem „gemütlichen Elend" (Enzensberger) stören wollen, in den Bereich

der Krankheit, die akribisch wissenschaftlich kaum angreifbar, von uns wohl definiert wird. Die „Krankheit“ wird zum Getto und das Getto für uns zum Schutz vor uns selbst.
In früheren Zeiten wurden alle die uns Unbequemen in „Irren- und Siechenanstalten“ weit außerhalb der Wohnbereiche untergebracht und sehr oft auch dort – aus unserem Sicherheitsbedürfnis heraus – angekettet.
Heute werden diese Störenfriede aus der Rolle des „Kranken“ nicht mehr entlassen, in Versorgungs- und Nachsorgesysteme „eingebunden“.
Viele der sogenannten „Kranken“ gewöhnen sich an diese Rolle, die auch durch die Entlastung von der Ver-antwortung Vorteile gewinnen. Bei genauer Analyse zeigt sich, daß das hier angesprochene System selbst zwangsläufig zu der „Krankheit“ geworden ist, die es vorgab heilen zu wollen.

Der Schnuller-Effekt

Der holländische Psychoanalytiker P. C. Kuiper bezeichnet den Alkohol (Äthylalkohol) als „vergiftete Muttermilch“. Medikamente, Tabletten, Dragees und Kapseln könnte man analog als „vergiftete Trockenmuttermilch“ bezeichnen.
Dabei steht die Substanz und ihre ganz spezifische Wirkung beim Konsumenten für das Ganze, hier für die Mutter. Die Wirkung der Substanz versetzt täuschend ähnlich diejenigen, die sie einnehmen, in den einmal erlebten paradiesischen Zustand, den sie wieder sehnlichst herbeiwünschen. An der Brust der Mutter, auf ihrem Schoß (= barm, davon abgeleitet Erbarmen), behaglich (hag = der beschützte, abgeschirmte Raum), in ihren Armen, der Welt entzogen, die uns feindlich erscheint. So, wie in den Armen der Mutter meinen wir, durch die Wirkung der Droge geborgen zu sein. Und danach sehnen wir uns im Leben, jeder von uns, ausnahmslos. Diesen Zustand immer wieder neu herbeizuführen, dafür unternehmen wir alles nur Erdenkliche im Leben, so abstrus und abwegig es sich auch ausnehmen mag.
Was vor allem in der Abhängigkeit zu einem Objekt, ganz gleich welcher Art, gesucht wird, ist: „Die Sicherheit im besonderen“. Von daher rührt auch die Heftigkeit der Reaktionen, wenn man an diesen Garanten dieser Sicherheit rührt: Ohne sie wäre man gelähmt und könnte nicht mehr fliehen. Für den Raucher ersetzt die Zigarette, oder was immer es auch sonst sein mag, die Brust. Würde man ihm das sagen, würde er dies weit von sich weisen und behaupten, daß er lediglich rau-

chen möchte und daran Spaß habe. „Die einfachste Abhängigkeit erweist sich als bemerkenswert komplex. Rauch zu inhalieren gehört schon in den Bereich der Drogenabhängigkeit, jedoch das Rauchen insgesamt ist ein Vorgehen mit vielfältigen Zielen: Das Saugen, der angenehme Kontakt mit den Lippen und den Mundschleimhäuten, das in sich Aufnehmen erinnert so sehr an den Sicherheit gebenden und vielversprechenden Akt der Nahrungsaufnahme, und dann der ganze Tanz der Hände: die Pfeife stopfen, eine Zigarette rollen, eine Zigarre zubereiten, das unerschöpfliche Spiel mit den Streichhölzern und dem Feuerzeug, sie beschäftigen sowohl den Körper wie auch den Geist, genauso wie das Stricken oder das Teppichknüpfen. Manuelle Arbeit beruhigt, denn das Denken wird von sich weggeleitet und vermittelt eine Abfuhr über die Bewegung des Körpers ... Nun, welchen Anteil hat an all dem die chemische Substanz oder das Ritual ...? Das Ritual ist ganz sicher ein dauerhafter Exorzismus gegen eine Angst oder eine eventuelle äußerliche Bedrohung. Rauchen ist ganz klar ein individuelles und soziales Ritual. Ein Tick zur Stabilisierung, eine Technik für Selbstsicherheit und ein Mittel der Kommunikation, wenn nicht sogar der Kommunion, das heißt, ein Kampf gegen die Einsamkeit. Die Drogenabhängigen sprechen bezeichnenderweise von einem „Joint"; die Raucher bieten gerne ihre Zigaretten oder ihren Tabakbeutel an, und – wie eine gängige Redewendung sagt, ‚ein Glas kann man nicht abweisen', das wäre eine Absage an eine Beziehungsmöglichkeit, fast eine Beleidigung ... Das Ritual verweist schlußendlich auf eine Ideologie: Rauchen und Trinken sind auch kollektive Verhaltensweisen die von Werten bestimmt werden ... Frauen fangen vermehrt zu rauchen an und suchen dabei nicht nur die Wirkung des Nikotins: mehr oder weniger bewußt wollen sie ein maskulines Ritual ausüben." – Ein Stück weit werden vom Raucher auch die vielseitigen Reklameversprechungen von Freiheit, Genuß, Freizügigkeit, Abenteuer, Unbegrenztheit und Maßlosigkeit am kostspieligen und risikovollen Phantom gelebt.

Jeder Mensch bestimmt mehr oder weniger bewußt, aufgrund seiner Haltung und Einstellung im Leben, wieviel Raum er einer Abhängigkeit gibt. Wieviel ist zuviel? Wieviel Abhängigkeit kann ich mir leisten, ohne im Leben leer auszugehen? Die Einbildungskraft (Einbilderungskraft) kann auch dann lebensbedrohliche Reaktionen und Vergiftungssymptome hervorrufen, wenn in ihrer Wirkung bekannten chemischen Substanzen eine wirkstofffreie Präparation, ein Plazebo, dargereicht worden ist. Dies sollte nachdenklich stimmen.

Herbert Fingarette berichtet von einem Experiment, das in vier Gruppen durchgeführt wurde. Es wurde den Testpersonen gesagt, daß sie an einem Versuch teilnehmen sollten, bei dem verschiedene Getränke bewertet werden müßten. Jede Person war in einem kleinen Raum untergebracht. Es wurde ihnen ein Glas und ein Krug mit einem Getränk gegeben. Sie sollten davon trinken, soviel sie wollten, und dann den Beurteilungsbogen ausfüllen. In Gruppe I erhielten sie Orangensaft. In Gruppe II ebenfalls reinen Orangensaft, doch wurde ihnen gesagt, daß es sich hier um ein Mixgetränk aus Orangensaft und Wodka handle. Die Gruppe III erhielt tatsächlich mit Wodka gemischten Orangensaft. Dies wurde ihnen auch gesagt. Gruppe IV erhielt auch die Orangensaft-Wodka-Mischung, jedoch wurde ihnen gesagt, daß es sich um reinen Orangensaft handle. Die Mischung Orangensaft-Wodka wurde vorher geprüft, damit kein Geschmacksunterschied festzustellen war. Bei der Auswertung des Tests stellte sich unter anderem heraus, daß die Trinkmenge bei denen nahezu die gleiche war, die glaubten, Alkohol zu trinken, ganz gleich, ob sie es nun taten oder nicht. Diejenigen, die glaubten, reinen Orangensaft zu trinken, zeigten dasselbe Resultat, obwohl die Hälfte von ihnen den Mix mit Wodka getrunken hatte. Die zwei Gruppen, die glaubten Wodka zu trinken, zeigten mehr Zeichen von Trunkenheit als die zwei Gruppen, die glaubten, reinen Orangensaft zu trinken.

Bezogen auf hochbegabte Kinder, die oft erhebliche Persönlichkeitsstörungen aufweisen, so daß sich Eltern in ihrer Verzweiflung sogar zu der Äußerung verstiegen: „Ich hätte lieber ein idiotisches Kind gehabt", hat Georges Lagière die Frage gestellt: „Warum setzen diese Kinder so sehr auf den Intellekt? Wovor fliehen sie?" Vierzehn Jahre Umgang mit solchen Kindern gaben ihm die folgende Antwort: „Meines Erachtens gibt ihnen der Intellekt Sicherheit, weil es gefährlich ist zu lieben. Sie versuchen, die Welt mit ihrer Intelligenz in den Griff, unter Kontrolle zu bekommen ... Wir müssen darauf verzichten, ausschließlich für sie allein eine Theorie aufzustellen. Damit machen wir sie nur noch mehr zur Randgruppe. Die Probleme, die sie uns machen, sind dieselben, mit denen jeder von uns konfrontiert ist. Es ist einfach eine Frage der Intensität des schmerzhaften Zerrissenseins. ..." – Dieses „schmerzhafte Zerrissensein" drückt sich in einem Gedicht aus, dessen Orthographie manchmal jammervoll ist: „Wie ein losgerissener Stein fühle ich mich auf den Grund eines Brunnens fallen", schreibt Louis, 12 Jahre alt. André, 10 Jahre alt: „Einen Liebesbrief verbrennen, um sich weißzumachen daß sich die Asche bei den Göttern einfinden wird." Bertrand, 10 Jahre: „Als ich klein war träumte ich davon, ein Dichter zu werden. Sätze zu schreiben, die den Vögeln meinen Kummer zum Ausdruck bringen. Mein Herz weinte, wobei hinter all dem ich ganz einfach nur eine Stoffpuppe war und noch heute habe ich das Verlangen, mich an den mörderischen Menschen zu rächen."

Michel Legris schreibt dazu: „Das Beunruhigende ist, daß das Revoltieren nicht nur bei den verbalen Ausdrücken bleibt. Es kommt vor, daß der Überbegabte zu Drogen greift oder direkt delinquent wird.“ Und wenn die überbegabten Menschen auch nur wie alle anderen wären? Man muß keinen sehr hohen IQ haben, um an Drogen zu geraten, kriminell oder selbstzerstörerisch zu werden. Suchtkranke sind Menschen wie alle anderen, Menschen, die sich in ihrer Haut nicht wohl fühlen.

Kein Entrinnen vor uns selbst

Es ist nicht die Droge, sondern unsere innere Sehnsucht nach dem Weg, nach der Heimreise, nach der Fülle und nach dem Sinn unseres Lebens.

Jackie L. von Bozeman, Montana, sprach mehrmals von dem Schmerz, der sie beherrschte und den sie zu stillen versuchte. Ein Besucher von Daytop (Drug Addicts Treated On Probation) am Tag der offenen Tür war beunruhigt, daß viele der Hausbewohner von dem „emotionalen Schmerz“ sprachen. Er fand dafür keine Erklärung.

Daniel H. Casriel, Psychoanalytiker und ehemaliger Präsident der Psychoanalytischen Ärztegesellschaft in New York sowie Mitbegründer von Daytop, meint dazu: „Einem berufstätigen Mann von 40 (Rechtsanwalt), der nicht weiß, was emotionaler Schmerz ist, muß sich Drogensucht sicherlich als ein geheimnisvolles Problem darstellen. Aber seine Frage zeigt so kraß die Art und Weise, in der eine Gesellschaft, die emotional ist, in passender Weise den Heroinabusus als das Problem herauszustellen versucht, obwohl, ganz klar, das wirkliche Problem in der Gesellschaft selbst liegt. Selbst die häufig geäußerte Tatsache, daß ‚Drogensucht nur ein Symptom ist‘, kann zu Mißverständnissen führen, denn was bei dieser Feststellung gewöhnlicherweise herauskommt, ist, daß das Problem einzig und allein in der Persönlichkeit des Abhängigen selbst liegt. Die Gesellschaft ist gesund, nur der Abhängige ist krank, und es ist die Aufgabe der gesunden Gesellschaft, den kranken Süchtigen zu heilen.

Eine treffendere Hypothese ist, daß genau die Gesellschaft selbst und, in einem kleineren Rahmen, die Familie, der es an einer engen Beziehung mangelt, das Gefühl der Isolation, die Unfähigkeit, emotional miteinander zu verkehren, zu einer Leere führt, in der chemische Substanzen an die Stelle von menschlichen Gefühlen, emotionaler Freude: Liebe, treten – Tatsache ist, daß die Menschen, nicht die Droge, das wirkliche Problem darstellen“ (Casriel, D. H. u. Amen, G: Daytop, Three Addicts and their Cure, New York 1971).

In seiner Einleitung zu dem Buch drückt sich Amens Erfahrung aus: „In den meisten von uns ist etwas von dem Süchtigen, aber wir gehen den Weg nicht ganz, wie es der Junkie tut. Voller Angst halten wir uns da auf Distanz, aber unsere weichen, vorsichtigeren Formen der Anästhesie – Alkohol, Marihuana, Schlaftabletten, Tranquilizer – haben einen eingebauten Sicherheitsbereich. Sie nehmen momentan die Schärfe unserer Schmerzen weg, aber wir quälen uns weiter, hängen an dem Sicherheitsbereich, denn ohne ihn müßten wir zugeben, was jeder Junkie in einer Gemeinschaft wie Daytop sich eingesteht: daß wir uns ändern, uns selbst und anderen gegenüber uns öffnen müssen, ganz gleich, was es für ein Risiko darstellt, denn ohne diese bedingungslose Kapitulation unserer alten Abwehrmechanismen und Abwehrreflexe, nichts anderes als ein Leben von Flucht, Resignation und Kompromiß möglich ist. Wenn der Junkie auf der Straße, in seiner grimmigen und verzweifelten Isolation etwas von dem modernen Zustand, von dem wir alle ein Teil sind, widerspiegelt, wie ist es dann, wenn Exjunkies, nicht die in den Straßen, die durch tägliche Methadon gezähmten, sondern jene, die durch kein Wunder, sondern durch einen stink-simplen, jedoch schwierigen Prozeß, der unter dem Begriff ‚Concept' bekannt ist, nicht nur Freiheit von den Drogen erreicht hat, sondern auch Selbsterkenntnis, Ehrlichkeit, Hingabebereitschaft – in einem Wort ihr eigenes Wesentliches, ihr Menschsein? Was für Menschen sind sie? Die Antwort, glaube ich, ist schwer zu geben. Wir wollen nicht glauben, daß es wirklich eine Heilung gibt, nicht nur für Heroinsucht, sondern für die ganze emotionale Pest unter uns Menschen, die Wilhelm Reich als ‚menschliches Drückebergertum' in bezug auf das Leben bezeichnete. In eine nicht geringere Aufgabe sind Daytop und andere Gemeinschaften eingewoben. Und wenn diese verlorensten Seelen unserer Gesellschaft Gnade gefunden haben, Rettung und frei von aller Sentimentalität mystisches und religiöses Erleben, allein verwurzelt in die freudige Annahme und Spontaneität ihres eigenen Menschseins, wohin führt uns das? Können wir das aushalten? So wie es eine anständige Seele, die ‚Village Voice'-Reporterin Vivian Gornick bei der Beschreibung ihrer eigenen Reaktionen auf das Daytop-Theaterstück, genannt ‚The Concept', dargestellt hat: ‚Die ganze Zeit hindurch blieb ich ruhig, wenn auch festgehalten. Jedoch, gegen Ende des Stückes wandten sich die Darsteller dem Publikum zu und einer nach dem anderen sagte, ‚Kannst Du mich liebhaben? Kannst Du mich liebhaben?' Sie stiegen von der Bühne herunter und näherten sich mit ausgestreckten Armen Leuten im Publikum: ‚Kannst Du mich liebhaben? Kannst Du mich liebhaben?' Plötzlich spürte ich so deutlich und so machtvoll einen Augenblick des Schreckens, daß ich, bevor es mir überhaupt bewußt geworden ist, den Arm meines Begleiters gedrückt habe und ihm versichernd zurief: ‚Keine Panik, sie können nicht bis zum Rang kommen.‘

Auf dem Rang sitzen die meisten von uns. Vielleicht können wir auch noch erreicht werden. Denn unsere Bedürftigkeit ist genauso dringend wie die ihrige. Und das wissen sie auch. Sie sollen hier für sich selbst sprechen.“

Richard Beauvais, ein Absolvent von Daytop aus dem Jahre 1964, faßt seine Erfahrungen in dieser Lebensschule, zu der die Devise von Synanon International Berlin paßt: „LEBEN LEBEN LERNEN“, in folgenden Worten zusammen: „Wir sind hier, weil es letztlich kein Entrinnen vor uns selbst gibt. Solange der Mensch sich nicht selbst in den Augen und Herzen seiner Mitmenschen begegnet, ist er auf der Flucht. Solange er nicht zuläßt, daß seine Mitmenschen an seinem Innersten teilhaben, gibt es für ihn keine Geborgenheit. Solange er sich fürchtet, durchschaut zu werden, kann er weder sich selbst noch andere erkennen – er wird allein sein.

Wo können wir solch einen Spiegel finden, wenn nicht in unseren Nächsten.

Hier in der Gemeinschaft kann ein Mensch erst richtig klar über sich werden und sich nicht mehr als den Riesen seiner Träume oder den Zwerg seiner Ängste sehen, sondern als Mensch, der – Teil eines Ganzen – zu ihrem Wohl seinen Beitrag leistet. In solchem Boden können wir Wurzeln schlagen und wachsen; nicht mehr allein – wie im Tod –, sondern lebendig als Mensch unter Menschen.“

Unsere Suchtäquivalente

Auch wir würden nur sehr widerstrebend zugeben, daß „Alkohol“ mit allem, was dieser Begriff einschließt, nur eine Metapher für unzählbar viele und entsprechende Abhängigkeiten ist, denen wir uns selbst tagtäglich – ohne es uns bewußt zu machen – unterwerfen, um den Schmerzen, Schwierigkeiten und Unlustgefühlen aus dem Weg zu gehen, die bei unserem Jagen nach Genuß entstehen. Die Metapher „Alkohol“ heißt übersetzt nicht allein C_2H_5OH oder Äthylalkohol oder aqua vitae (Lebenswasser), sondern ist ganz schlicht Synonym für Lebenslüge, Selbstbetrug und Selbsttäuschung. Sie bezeichnet alles, was dazu dienen kann, unseren Blick vor der Wirklichkeit zu verstellen, einen Zustand der Schmerz- und Empfindungslosigkeit herbeizuführen. Wie viele Äquivalente von Alkohol setzen wir ein, um uns der allzu rauhen, harten, erbarmungslosen (barm = der Mutterschoß) Realität zu entziehen, mit der wir permanent konfrontiert werden. Die in einem erschreckenden Maße besonders heute unter jungen Menschen auftretenden und zunehmenden sozio-psycho-somatischen Symptome gehören ebenfalls zu den Äquivalenten dieser Metapher. Sie werden genauso wie das erste Glas „eingenommen", um den Zustand des Unbehagens, dem Un-wohlsein (dis-ease), dem eigenen Un-vermögen, der Un-zufriedenheit, der Un-lust, des Mal-aise, dem Bewußtwerden des eigenen Defizits, des eigenen Mangels, des Hungers und Durstes nach wirklichem Leben zu entkommen. Amerikaner nannten diesen Zustand, in ein wissenschaftliches Gewand gekleidet, „the inadequacy syndrom" (John and Elaine Cumming). Elaine Cumming setzte diesem Ausdruck gleichwertig die Bezeichnung „ego-poverty" (Ich-Verarmung) zur Seite. Sie soll den Mangel an inneren Kräften bezeichnen, Krisen überstehen und tagtägliche Probleme lösen zu können. Paul Agnew erklärt, wie es zu dieser Ich-Verarmung kommt. Sie ist das Ergebnis einer unzureichenden Vermittlung von Lebenserfahrung, die inzwischen die Menschheit zur Verfügung hat. Dies führt zum Zustand der „developmental inadequacy".

Drogenabhängige bei Synanon und Daytop in New York nannten diese mangelhafte Ausbildung und Vorbereitung auf das Leben schlicht Dummheit (womit nicht mangelnde Intelligenz, intellektuelle Insuffizienz, verstandesmäßige Einschränkung gemeint war, sondern der Mangel an „gesundem Menschenverstand", „praktischer Lebenserfahrung"), und sie fügten hinzu: Die wird man nur durch Lernen los und nicht durch Therapie. Sie betrachten die Drogenabhängigkeit nicht als Krankheit, sondern als Kranksein (Un-wohlsein, dis-ease) in ihrer Beziehung zu sich selbst und der Welt.

Jeder von uns ahnt oder spürt seine Unfähigkeit, sein ungenügendes Vorbereitetsein, um im Dialog mit dem Leben, mit allem, was uns Partner sein kann und ist, die Antwort zu geben, die eine erfüllende, befriedigende und belohnende Begegnung zeitigt. Denn Leben ist Begegnung, Begegnung mit dem Partner, ein unaufhörlicher Dialog, in den wir eingespannt sind. Dumpf ist uns allen gegenwärtig, daß wir zur Ver*antwort*ungsfähigkeit in diesem dialogischen Bezug mit dem Leben aufgerufen sind.

Es gibt nichts auf dieser Welt, was wir nicht brauchen oder mißbrauchen können, um uns aus der Ver*antwort*ungspflicht herauszumogeln. Alles, was es in dieser Welt gibt, kann dazu dienen, uns in einen Zustand zu versetzen, in dem wir sprach-los, ver*antwort*ungs-unfähig werden oder uns so darstellen. Wenn wir ganz legitime Äquivalente, wie zum Beispiel einen Asthmaanfall, einen Herzanfall, ein Magen- oder Darmgeschwür, unsere Migräne, nehmen, werden wir nicht nur

entschuldigt, sondern genießen obendrein noch die Zu-neigung, das Wohl-wollen, die Zu-wendung einer ganzen Gesellschaft, der Medizin, in der ein derartiges, unbewußt praktiziertes ver*antwort*ungsloses Verhalten unter Einhaltung ganz bestimmter Spielregeln belohnt wird. Wenn jemand als „Workoholic" durch seine Arbeitssucht im Verlauf einer Koronarerkrankung invalide wird oder sich und seine Familie dabei zugrunde gerichtet hat, wird er meist sogar als Held gefeiert und mit den entsprechenden Orden und Ehrenzeichen geschmückt.
Die nachstehend aufgeführten, wahllos herausgegriffenen Beispiele für Formen des anderen „Alkohols" mögen auf den ersten Blick an den Haaren herbeigezogen erscheinen. Sie sind alle nur Beispiel für die generelle Selbsttäuschung und das „Besoffensein", womit wir unser Leben und unseren Lebensraum gefährden. So hängt bei nüchterner Betrachtung unser Leben sowieso nur noch an einem Haar: Die Umweltverschmutzung, die Katastrophe von Tschernobyl und unsere trostlose Hilflosigkeit, der Wahnsinn des Wettrüstens, die zunehmende Denaturierung unserer Nahrungsmittel und des Wassers sind nur Ausdruck unserer Inweltverschmutzung, das heißt unserer unklaren und unsauberen Verhältnisse und Beziehungen zum Leben, zu dessen ökologischen Zusammenhängen, in die wir in all unseren Beziehungen unentrinnbar hineinverwoben sind.
Die steigenden Kosten des Gesundheitswesens sind bei genauerer Analyse Ausdruck unseres kranken, süchtigen, das heißt siechen Bezuges zum Leben. „Sucht" kommt etymologisch nicht von „suchen", „obwohl sich in dem eindrucksvollen Prozeß ein Suchen, eine Sehnsucht nach Verwandlung, Befreiung, Erlösung ausdrückt". Das Wort „Sucht" wird aus dem mittelhochdeutschen und aus dem althochdeutschen Stamm „sucht", gotisch „sauhts", der Krankheit bedeutet und verwandt ist mit dem englischen „sick", mit dem gotischen „siukan", Kranksein, auch siech, Seuche, in der Bedeutung „von Dämonen ausgesaugt", zurückgeführt. „Seuche" leitet sich analog von dem mittelhochdeutschen Stamm „siuche", „siuhhi", gotisch „siukei" ab. Das früher gebräuchliche deutsche Wort „siech" (gotisch „siuks", althochdeutsch „sioh", angelsächsisch „seoc", englisch „sick") wurde durch „krank" mehr und mehr verdrängt und ersetzt (Lechler, W. H.: Sucht aus socio-psycho-somatischer Sicht, Gengenbach und Bad Herrenalb 1972).
Im Schwedischen wie auch im Holländischen ist diese Form noch bei der Bezeichnung von Krankenhaus „shuk-hus" enthalten. Wie auch im Deutschen hat das Wort „sick" im Englischen eine übertragene Bedeutung, wie wir zum Beispiel auch im Deutschen sagen würden: „Dein ganzes Verhalten macht mich noch krank!" Krank-sein (Krank-heit) heißt nicht sofort und ausschließlich organisch, körperlich defekt sein,

sondern unglücklich sein, unfähig, unausgebildet, unvorbereitet, eine ver*antwort*ungsbewußte ver*antwort*ungsvolle, erfüllende, ermutigende, belohnende, befriedigende Beziehung mit dem Leben (Liebe) angstfrei einzugehen. Ein bekannter Ausdruck unter amerikanischen Alkoholikern ist: „I'm sick and tired of being sick and tired."

Alkoholäquivalente

Psychopharmaka, Weckamine, Schmerzmittel, halluzinogene Drogen, Schlafmittel, Nikotin, Nahrungsmittel (Foodaholic), Lösungsmittel (Sniffer) usw.
Workoholic (Arbeitssucht), Forschung, Veröffentlichung, Suchtbekämpfung, Approvaholic (Prestige, Leistung, Aufstieg, moralische Zuverlässigkeit), Ausbildungsdrang, Seminare, Workshops, Politik, Sport, Hobby, Moped, Mokick, Geschwindigkeit, Spielsucht.
Sammlungen, Tourismus, Urlaub, Vereinsmeierei, Handarbeiten, Lektüre, Kaufen, Zivilgerichtsprozesse, Güterkonsum, visuelle und akustische Reize, Disco-Lärm, Tanz, Fernsehen (Zeitter, E.: Gibt es „Fernsehsucht"? ... wenn Fernsehen zum Problem wird).
Psychoneurotische Symptome, psychosomatische Symptome, Herzinfarkt, Krebs, Müdigkeit, Logorrhoe, Suizidtendenzen, Selbstverstümmelung, Sex, Zwangsneurose, Martyroholic (Victimologie), „Anonyme Alkoholiker", wenn sie in die bei ihnen beobachtete „sozialpathologische Exklusivität" geraten (Svoboda, P. Dr. R.: Unsere Position in der heutigen Welt).
Gurus, Meditation, Ashrams, Musik, Theorien, Methoden, Psychotherapie, Psychoanalyse, Tierliebe, Co-Alkoholiker (enabler), Alkoholiker, Sorgen, echte und unechte Probleme, Women's Lib, usw.
Chirurgische Eingriffe, Prothesen, orthopädische Apparate, kosmetische Operationen, ästhetenhafter Lebensstil, Massage, Sonnenbrillen, Bart, Make-up (Verfremdung) usw.

Berthold Kilian hat in „Kirche Diakonie Gesellschaft" (Information für die Gemeinden in Hessen und Nassau, 30. Jg., Heft 2 (185) (April/Mai/Juni 1980) wie ich es in „Sucht aus socio-psycho-somatischer Sicht" getan habe, einige allgemeine Süchte zusammengestellt, die nachstehend aufgeführt werden. Unter der Überschrift „Jeder ist gefährdet" fährt Kilian fort: „Soweit ist alles in Ordnung; aber was vermeiden wir eigentlich, wenn wir uns so auf die Suchtkranken stürzen? Warum ist der Suchtkranke mit seiner Problematik so ,in'? Wovon lenken wir uns ab?
Ich denke, daß der Suchtkranke uns durch sein Verhalten Fragen stellt, die uns peinlich sind. Sein Verhalten macht uns betroffen, weil wir erkennen müssen, daß er sich von uns nur wenig unterscheidet. Bei ehrlicher Betrachtung stellen wir fest, daß unsere Form des „Süchtigseins" sich besser verschleiern läßt, erlaubt ist, uns vielleicht sogar Anerkennung verschafft oder mindestens geduldet wird.

Damit wir uns um uns selbst nicht zu kümmern brauchen, beschränken wir die Krankheit „Sucht“ auf das Abhängigsein von Drogen, Alkohol und Medikamenten. Unsere „Süchte“ sind allenfalls „kleine Schwächen“ oder „Leidenschaften“, die man glaubt sich gestatten zu können.

Allgemeine Süchte

Nikotin-Sucht	Fernseh-Sucht	Vergnügungs-Sucht
Freß-Sucht	Mager-Sucht	Unterhaltungs-Sucht
Sex-Sucht	Streit-Sucht	Nachahmungs-Sucht
Arbeits-Sucht	Tob-Sucht	Gefall-Sucht
Konsum-Sucht	Genuß-Sucht	Spott-Sucht
Hab-Sucht	Lese-Sucht	Protz-Sucht
Mode-Sucht	Spiel-Sucht	Zeige-Sucht
Trimm-dich-Sucht	Ja-aber- oder Argumentier-Sucht	Putz-Sucht
Macher-Sucht	Denk-Sucht	Rach-Sucht
Steigerungsraten-Sucht	Bau-Sucht	Leistungs-Sucht
Eifer-Sucht	Unterwerfungs-Sucht	Prahl-Sucht
Schlankheits-Sucht	Herrsch-Sucht	Datenerfassungs-Sucht
Erfolgs-Sucht	Bekehrungs-Sucht	Verwaltungs- und Kontroll-Sucht
Fort- und Weiterbildungs-Sucht	Katastrophen-Sucht	Wie-bringe-ich-mich-am-besten-um-Sucht
Spezialisierungs-Sucht	Profilierungs-Sucht	Ohne-mich-funktioniert-nichts-Sucht
Erlebnis-Sucht	Verehrungs-Sucht	Mich-liebt-keiner-Sucht
Profit-Sucht	Schlaf-Sucht	
Rekord-Sucht	Sehn-Sucht	

Ich-Sucht	Ich-muß-alles-bewerten-Sucht
Ich-bin-ein-armes-Schwein-Sucht	Ich-bin-der-Größte-Sucht
Ich-bekomme-nicht-genug-Sucht	Ich-muß-jeden-überholen-Sucht
Ich-bin-so-leidend-Sucht	Ich-brauche-die-Gefahr-Sucht
Ich-opfere-mich-auf-Sucht	Ich-muß-alles-haben-Sucht
Ich-rege-mich-so-gerne-auf-Sucht	Ich-kann-mir-am-meisten-leisten-Sucht
Ich-kann-mich-selbst-nicht-leiden-Sucht	Ich-bin-so-stolz-Sucht
Ich-muß-allen-helfen-Sucht	Ich-muß-immer-der-Erste-sein-Sucht
Ich-weiß-was-für-andere-gut-ist-	Ich-kann-alles-belegen-Sucht
Ich-weiß-alles-am-besten-Sucht	Ich-bin-so-bescheiden-Sucht
Ich-unterdrücke-andere-so-gerne-Sucht	Ich-will-doch-nur-dein-Bestes-Sucht
Ich vergleiche-mich-Sucht	Ich-bin-so-schön-Sucht
	Ich-lebe-mich-krank-Sucht

Das Suchtprinzip und unsere Sklaven

Das Wort „suchtkrank“ ist ein Pleonasmus und heißt wörtlich übersetzt nichts anderes als „krank-krank“, was ja die besondere Schwere eines solchen Zustandes und Verhaltens, einer solchen Einstellung zum Leben nur zu unterstreichen vermag.

Ich glaube nicht, daß die Neuprägungen in einer Sprache so von ungefähr zustande kommen. In der englischen Sprache wählte man für die sogenannte Sucht das Wort „addiction“ und für den sogenannten Süchtigen die Bezeichnung „addict“, beides abgeleitet von dem lateinischen Verbum „addicere“ und dem Passivum „addictus“. Das Verbum wurde – wie lateinische Quellen erkennen lassen – vor allem beim Sklavenverkauf verwendet. Ein Sklave wurde dem Käufer zugesprochen; er hieß der „Addictus“. Er war damit gekauft, auch in der Doppelbedeutung des deutschen Wortes „verkauft“ und „verdammt“.

Ich möchte es als einen folgenschweren Irrtum bezeichnen, daß der sogenannte „Süchtige“ als Sklave der Droge beziehungsweise des Alkohols angesehen wird. Es ist umgekehrt so, daß derjenige, der als Süchtiger sich dem Leben nicht zu stellen vermag, sich stellvertretend Sklaven anheuert, die für ihn das besorgen müssen, wozu er sich selbst nicht in der Lage fühlt. Meist haben die Sklaven „Drogen“ und „Alkohol“ und auch die vielen anderen Äquivalente zur größten Zufriedenheit für die Sklavenhalter gearbeitet. Diese waren dadurch nicht mehr gezwungen, ihr Erfahrungs- und Lerndefizit, die Ursache ihres Un-vermögens im Leben, durch lernendes Suchen und Bemühen auszufüllen. Die Sklaven glichen scheinbar das Defizit für ihn aus. So erfährt er auch nicht mehr die drohende und sogar quälende Not-wendigkeit, sich einem oft mühseligen Lernprozeß zu stellen. Dadurch vergrößert sich mehr und mehr sein Lern- und Erfahrungsdefizit. Je größer also die Diskrepanz wird zwischen Lebensanforderung und Problemlösungsfähigkeit, um so größer muß der „Sklaveneinsatz“ werden. So sind Dosissteigerung und Kontrollverlust zunächst Ausdruck eines inneren, in zunehmendem Maße unstabil werdenden Zustandes, der mit einem vermehrten Hilfskräfteeinsatz vor dem totalen Zusammenbruch bewahrt werden soll. Es kann nicht genug betont werden, daß ein innerer Zustand, eine geistige Haltung dem Leben gegenüber chemisch-physiologische Korrelate im Organismus erzeugt, die sich dann, entsprechend dem organischen Substrat niederschlagen und als chemisch-physiologische Parameter nachweisen lassen. So ist es auch bei der Dehydrogenase und den vielen anderen Fermenten der Fall, deren vermehrtes Vorkommen nicht der auslösende Faktor für die Dosissteigerung, sondern die Folge einer Einstellung und inneren Haltung ist.

Krank-Sein führt zur Krankheit, der Zustand von „dis-ease" zum disease, die Haltung von „mal-aise" zum malaise.
Die vorausgegangene Darstellung kann durch ein analoges Beispiel aus der Kybernetik beziehungsweise der Regelungstechnik ergänzt werden. Jeder lebendige Organismus stellt in sich einen Mikrokosmos im Makrokosmos dar und ist in seinen Einzelelementen und im Verband mit anderen Organismen ein selbstorganisierendes, selbstreparierendes, lernendes und damit selbstoptimierendes System.

Struktur und Funktionsschema des Regelkreises

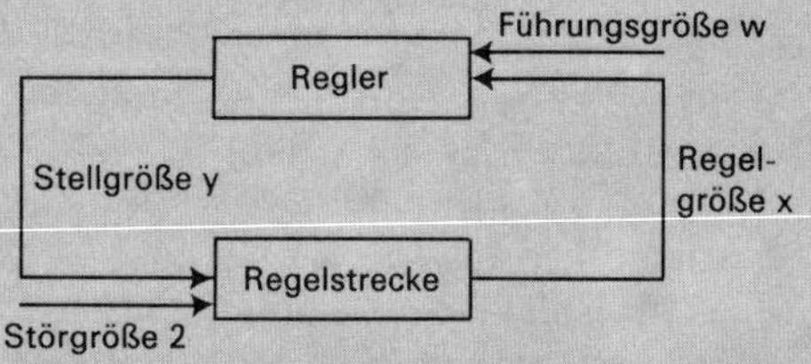

„Der Regelkreis stellt eine geschlossene Kausalkette dar, die gegenüber äußeren oder inneren Wirkungen (Störungen) relativ stabil bleibt. Er besteht aus zwei – für sich genommen rückwirkungsfreien – Hauptteilen (Gliedern): dem zu regelnden Objekt, der Regelstrecke, und der Regeleinrichtung. Aufgabe der Regeleinrichtung (des Reglers) ist hierbei, eine bestimmte veränderliche Größe, die Regelgröße x, entgegen störenden Einwirkungen gemäß einer vorgegebenen Funktion, der Führungsgröße zu variieren. Das wird dadurch erreicht, daß der Regler die Ergebnisse seiner regulierenden Maßnahmen, die über die Stellgröße erfolgen, ständig kontrolliert und dementsprechend seine weiteren Maßnahmen gestaltet. Ist z. B. die vorgegebene Funktion eine Konstante, so stellt der Regler ständig fest, ob die Regelgröße dieser Konstanten, dem sog. Sollwert, entspricht oder nicht. Wenn dies nicht der Fall ist, wird eine entsprechende Maßnahme eingeleitet, die die Regelgröße so lange beeinflußt, bis sie den vorgeschriebenen Wert erreicht." Aus: Klaus, Georg u. Liebscher, Heinz: „Wörterbuch der Kybernetik", Dietz Verlag, Berlin 1976.

In einem gestörten, aus dem Gleichgewicht geratenen System, in dem die Vielzahl der vermaschten Regelkreise kaum noch in der Lage sind, die „Regelgröße" – Ausdruck defizitärer Regelungsvorgänge – auf den vorgegebenen Sollwert anzugleichen, bietet sich die systemfremde Droge als Ersatzregler (Hilfsregler) oder – besser ausgedrückt – als Ersatzsystem an. Sie ist als Fremdelement gegenüber den vitalen Interessen und Zielen des Systemverbandes indifferent. Ihre willkommene, scheinbar system- und damit lebensrettende Wirkung besteht allein darin, daß sie über die wahre Lage des Systems, die Diskrepanz zwischen Ist- und Soll-Wert, hinwegtäuscht. Eine Homöostase wird vorgetäuscht. In die Drogenszene würde hier besser das Wort „vorgegaukelt" passen. Der selbstdesorientierende, selbstdestruktive, von allen Lernmöglichkeiten abgeschnittene und sichselbstreduzierende Prozeß geht jedoch in den vielfältigen und komplizierten Regelungsvorgängen innerhalb des eigenen Systems und der damit vermaschten Systeme weiter. Dies erfordert einen verstärkten Einsatz der bereits oben erwähnten Ersatzsysteme, was der Dosissteigerung der Droge und im weiteren dann dem „Kontrollverlust" entspricht. Der Einsatz des Ersatzssystems vermag jedoch nicht mehr den Zusammenbruch der aufeinander abgestimmten Regelsysteme aufzuhalten. Die Entwicklung führt dem Tiefpunkt entgegen. Der Begriff „Tiefpunkt" kann nicht mit der totalen Zerstörung des Systemverbandes selbst gleichgesetzt werden. Auf höheren Regelungsebenen (Leitungsebenen) – ohne daß äußerlich viel von einer Desaggregation zu erkennen ist – entwickelt sich das Eingeständnis des Bankrotts und die Bereitschaft zur bedingungslosen Kapitulation und zur totalen Aufgabe (TA = totale Abstinenz) des Ersatzreglers. Die „Droge" als Ersatzregler, „ein Teil von jener Kraft, die stets das Böse will und stets das Gute schafft", führt über das Versagen, die Nieder-lage (das Niederlegen und das Darniederliegen) in eine ausweglos gewordene Situation, die einzig mögliche Lösung (Loslösung) – und damit die Öffnung zu etwas Neuem hin – herbei.

Co-Süchtige

> Bekanntermaßen haben Menschen im Umfeld süchtigen Verhaltens es sehr schwer, ihre eigene Klarheit zu bewahren. Sie sind ständig in Gefahr, ihrer eigenen latenten Krankheit zu verfallen. Wohlgemerkt, es handelt sich hier aber um ihre eigene Krankheit und nicht um die Krankheit des Süchtigen.
> (Aus: A. W. Schaef, Co-Abhängigkeit, Wildberg 1986)

Ohne das entsprechende Umfeld gibt es keinen sogenannten Süchtigen und auch keinen sogenannten Alkoholiker. Umfeld und der von uns bezeichnete Süchtige, beide bedingen sich. Sie passen zueinander wie Schlüssel und Schloß. Sie entstammen ein und demselben Ökosystem. Der Süchtige oder der Alkoholiker im besonderen sind lediglich der Rauch, der zeigt, daß irgendwo ein Feuer brennt. Wir bemühen uns und begnügen uns, den Rauch zum Verschwinden zu bringen. Aber jeder

Alkoholiker läßt es auf eine penetrante, störend-unerträgliche Weise immer wieder neu „ruch-bar“ werden, daß irgendwo bei uns ganz allgemein etwas nicht stimmt.
Der „Alkoholiker“, der sogenannte „Süchtige“ ist in ein Öko- und Feedback-System von unzähligen vielen „Co-Alkoholikern“ (Co-Süchtigen = Komplizen, Co-Siechen = Co-„Kranken“) untrenn- und unentrinnbar einverwoben. Zum größten Teil sind die Co-Alkoholiker gestörter, „kränker“, unglücklicher und damit – ohne es zu wissen – hilfsbedürftiger als die manifesten Kranken, die Symptomträger (Träger der Symptomdominante)! Die Co-Haltung ist generell der Ausdruck der Lebenslüge auf allen Ebenen unseres Lebens.
Alkoholiker und besonders die Co-Alkoholiker müssen als eine funktionelle Einheit gesehen werden, die in ihrer Eigendynamik die Störung „Alkoholismus“ durch ihre Art der Pathobiose immer wieder unter veränderten Aspekten hervorbringen.
Der Co-Alkoholiker bietet sich selbst dem Alkoholiker, ob schon manifest oder nicht, als eine andere Variante des „Alkohols“ als Ergänzung, als Sklave an und übernimmt für eine verfahrene, ausweglose Situation die Verantwortung, macht die Lebenslüge mit und identifiziert sich mit dem süchtigen, siechen, das heißt kranken Lebensmodell des Partners, das ihm selbst nicht so fremd ist. Er ist Komplize (Co) geworden.
Sie bedingen einander, brauchen einander, mißbrauchen einander und sind nolens volens auf Gedeih und Verderb so lange miteinander verkettet, bis beide oder einer unter ihnen das „Scheißspiel“ einfach nicht mehr mitmacht.
Daraus kann, wie es die Erfahrung bestätigt, abgeleitet werden, daß die Summe aller Betroffenen mindestens das Sieben- bis Zehnfache der uns bekannten Zahl der manifesten Alkoholiker ausmacht. Dabei kann die große Dunkelziffer der Gesamtgruppe nicht genau ermittelt werden. Die vorstehend geschilderte Gruppe ist zu einem beträchtlichen Anteil an den 450 Mio. Betriebskrankentagen bei ihrer „Flucht in die Unwirklichkeit, in Illusionen: Alkoholismus, Drogenabhängigkeit, Kriminalität, ganz zu schweigen von der wachsenden Flucht in Verhaltensstörungen und Neurosen mit einem immer stärkeren Leistungsabfall“ beteiligt. „Schon 1965 kostete das Kranksein – ohne Folgelasten – die BRD 150 Milliarden DM. Für Krankheit, Arbeitsausfall und Berufsunfähigkeit ging sogar ein Drittel des gesamten Volkseinkommens drauf. Heute liegen die Zahlen noch weit höher ... Wir erinnern uns an die 450 Millionen Betriebskrankentage allein in der Bundesrepublik“ (Vester, F.: Phänomen Streß, Stuttgart 1976, S. 163).

Eltern, besonders häufig die Mütter, machen sich die Ausflüchte, Erklärungssysteme, den Selbstbetrug des Sohnes oder der Tochter über Jahre und Jahrzehnte zu eigen. Eltern, und mit ihnen auch die Geschwister, suchen in ihrer maßlosen Hilflosigkeit nach den Gründen, die den Angehörigen zum Trinken geführt haben könnten. Bis zur Selbstaufopferung verfechten sie diese von ihnen gefundenen, scheinbaren Auslöser, so unsinnig sie auch klingen mögen. Sie suchen und finden bei sich selbst Fehler, die sie angeblich bei der Erziehung gemacht haben. Schuldgefühle verpflichten sie nun noch mehr, voll in die „Krankheit" des Angehörigen mit einzusteigen. Meist werden die ungeeigneten Ehepartner und Freunde als Grund für die Entwicklung angesehen. Über Jahre und Jahrzehnte findet das arme „Kind" bei den Eltern, bei der Mutter Kost, Logis und Versorgung. Meist geben solche Frauen das Letzte her, übernehmen Schulden, helfen Prozesse führen, finanzieren einen Wagen und halten den „Armen" über Wasser, obwohl er oder sie schon einige Jahre arbeitslos ist und nicht die geringste Anstrengung macht, für sich selbst die Verantwortung zu übernehmen. – Die „Opfer" einer solchen Fürsorge wären geradezu dumm, wenn sie durch Eigeninitiative ihre Lage erheblich verschlechtern würden.

Die Geschichte, die Günter bisweilen bei Meetings der „Anonymen Alkoholiker" oder auch bei öffentlichen Informationsveranstaltungen wie 1976 im Landeskrankenhaus Hirsau/Calw vor Patienten, Pflegern, Schwester und Ärzten erzählt, läßt deutlich werden, was lange Beschreibungen nicht auszudrücken vermögen.

Günter, ein Alkoholiker, hatte vor über 12 Jahren durch mehrfache Übertretungen der Hausordnung einer Klinik die Langmut der Ärzte und Mitpatienten so strapaziert, daß er von einem Tag auf den anderen entlassen wurde. Voller Wut, verzweifelt und hoffnungslos fuhr er nach Hause. Dort ließ ihn seine zweite Frau – die erste ließ sich wegen seines Alkoholismus von ihm scheiden – nicht mehr in die Wohnung, sondern reichte ihm zum Wohnzimmerfenster im Tiefparterre einen Koffer raus, der das Notwendigste zum Weiterexistieren enthielt.

All sein Bitten und Betteln, seine mit großem schauspielerischem Talent vorgebrachten Schwüre und Versprechen, die der Ehefrau sattsam bekannt waren, änderten deren Haltung nicht. Günter, dessen Bericht seinen weiteren Weg durch Obdachlosenasyle, Arbeitslosigkeit, Umherziehen mit Pennern, Ausnüchterungszellen, Notaufnahmen in Krankenhäusern, Mundraub, Betteln, Suizidversuche und vieles mehr bis zu dem Zeitpunkt beinhaltete, als er erneut zu den Gruppen der „Anonymen Alkoholiker" stieß, die er während seines „Kur-Aufenthal-

tes" bereits kennengelernt hatte, schloß seine Lebensgeschichte vor anderen Alkoholikern mit den Worten: „Wenn ich damals noch eine ‚Mutter' gehabt hätte ..., stünde ich heute nicht vor Ihnen allen!"
Besonders Eltern können Ärzten erbitterte Vorwürfe machen, wenn der Behandlungserfolg ausgeblieben ist und unter Umständen der Betroffene in der Folgezeit seinem Leben ein Ende bereitete. Es wird dann ein unerschütterlicher Glaube in die Behandelbarkeit der Störung gesetzt, der dann in dem Vorwurf gipfelt: Wenn der Sohn oder die Tochter richtig behandelt worden wäre, hätten Folgeerscheinungen, Ehescheidung, Kriminalität, Gefängnis und/oder Suizid vermieden werden können.

Partner

Wie oft können wir erleben, daß selbst, nachdem der Partner nüchtern geworden ist und anfängt, ein selbständiges, mehr und mehr erfüllendes Leben zu führen, der andere Partner immer noch die Angst vor dem Rückfall geradezu für sich selbst braucht, um nicht in einem eigenen Entzugsprozeß sich „nüchtern" der neuen Realität stellen zu müssen. Die alte, ängstliche, beobachtende, kontrollierende, zweifelnde Haltung überträgt sich hemmend und störend auf den anderen Partner. Es verlangt ein eigenes völliges Umdenken und Umfühlen, um dem ehemals trinkenden Partner die Verantwortung für seine Nüchternheit ganz in die Hand zu geben. Dies bedeutet aufgeben der eigenen Haltung und eine neue finden.
Gelingt es dem Co-Alkoholiker nicht, zu einer neuen inneren Einstellung, einer Reifung und Selbstfindung zu kommen, werden diese Frauen und Männer – wie wir es häufig erleben – nach einer Scheidung von einem Alkoholiker ganz gezielt als nächsten Ehepartner einen anderen Alkoholiker finden, mit dem sich dann meist das gleiche qualvolle Schicksal wiederholt. In einigen Fällen ist uns bekannt geworden, daß solche Angehörige nicht nur einmal, sondern mehrmals diesen Weg gegangen sind. – Es kann aber auch der Fall eintreten, daß der trinkende Partner trocken und nüchtern wird und der Co-Alkoholiker die Veränderung, die sich daraus im Zusammenleben ergibt, nicht in sich selbst mitvollziehen kann. Dann halten es die beiden miteinander nicht mehr aus. „Als er/sie noch trank, war noch leichter mit ihm/ihr auszukommen als jetzt, da er/sie trocken ist."
Ehepartner verfallen über Jahre und Jahrzehnte den Erklärungsversuchen, den Rationalisierungen und Minimierungen, den überzeugend klingenden Alibis des anderen Partners. Jeder von uns hat seine eigenen Vorstellungen und Bilder von „dem Alkoholiker". In uns allen spukt mehr oder weniger ausgeprägt die immer noch nicht überwun-

dene Vorstellung eines willensschwachen, amoralischen, haltlosen und sicher genetisch geschädigten Individuums, das oft nicht weit vom Bild des Penners und Landstreichers entfernt ist. So fällt es den Co-Alkoholikern schwer, und ganz besonders den Lebenspartnern, im anderen einen Alkoholiker zu sehen. Verzweifelt weisen sie dies von sich. Sie wissen nicht, daß es eine fortschreitende, zu Siechtum und Tod führende Störung ist. Eine häufig geäußerte Meinung ist: „So schlimm und so weit ist es bei meinem Partner noch nicht!" – „Wenn er trinkt, tut er das nie in der Öffentlichkeit. Er wird nie auffällig, er ist immer noch seiner Arbeit regelmäßig nachgegangen; erst letzthin wurde er befördert; er ist bei seinen Kollegen beliebt; wohl hat er mal über den Durst getrunken, aber welcher Mann tut das nicht; wer schwer arbeitet, darf sich auch mal etwas gönnen; er soll ruhig mal entspannen dürfen; er ist auch ein lieber Vater; er sorgt für die Familie; mit der Polizei gab es auch noch keinen Ärger; die Leberstörung hat sich unter der Behandlung sehr rasch gebessert; zwischendurch hat er immer auch mal Tage und Wochen nicht getrunken; wenn mal Trinkexzesse auftreten, dann eben nur alle 8 oder 12 Wochen; er sieht danach auch alles ein, und dann geht es sogar eine ganze Weile wieder sehr gut!"

Die Partner lügen, wenn die Polizei vor der Tür steht, die sie selbst oder die Nachbarn in einer verzweifelten, lebensbedrohlichen Situation gerufen hatten, weil sie Angst vor der Unberechenbarkeit des Trinkenden und vor seinen oft wiederholten Drohungen haben. Sie erfinden abenteuerliche Geschichten und Ausreden, wenn sie mit oft erheblichen Verletzungen nach einer tätlichen Auseinandersetzung mit dem Partner zum Arzt oder ins Krankenhaus kommen. Sie glauben immer wieder die herzerweichenden, theatralisch wirkungsvoll vorgetragenen und im Moment ernstgemeinten Versprechungen und Schwüre des anderen, morgen mit dem Trinken endgültig aufzuhören. Sie entwickeln einen kriminalistischen Spürsinn, Alkohol- und/oder Tablettenverstecke aufzuspüren und die für den Alkoholiker so unendlich schwer wegzuschaffenden leeren Flaschen ihm aus dem Weg zu räumen. Nimmermüde gießen sie den Inhalt von Flaschen in die Spüle und werfen Tabletten in die Toilette. Sie verständigen Geschäftsleute, daß sie keine Alkoholika mehr an den Angehörigen abgeben sollen. Sie fangen an, selbst abstinent zu leben, schließen sich Temperenzvereinigungen an und schließen die eigenen Vorräte ein. Sie bringen an den Flaschen heimlich nur für sie erkennbare Meßmarken an. Der Alkoholiker hat das schon längst herausgebracht und füllt die leere Ginflasche mit Wasser zur entsprechenden Höhe auf. Sie erfinden ohne Unterlaß Ausreden, wie zum Beispiel Grippe, Ischias, Arztbesuch, Zahnarzttermin, Tod eines Angehörigen, wenn der Betroffene nicht zum Dienst gehen kann,

nur um seine Karriere nicht zu gefährden. Sie sagen Einladungen ab, um Entgleisungen daheim oder bei Freunden und Fremden zu vermeiden. Sie ziehen durch Gaststätten und Kneipen, manchmal sogar mit den Kindern, die sie nicht allein zu Hause lassen können, um den anderen eventuell dort zu finden. Sie gehen von sich aus zu Ärzten, Familientherapeuten, Psychologen, Psychotherapeuten, zu Beratungsstellen, Fürsorgern, Gesundheitsämtern; sie machen endlose Wege, um Hilfe für den anderen – nicht für sich selbst – zu finden. Sie strengen sich daheim noch mehr an, als sie es schon zuvor getan haben, wenden alle Unannehmlichkeiten von ihm oder ihr ab, beziehen die Kinder mit ein und verpflichten diese, alle nur möglichen Störungen zu vermeiden. Sie erzählen den Kindern, daß der Vater oder die Mutter überarbeitet sei, zuviel Sorgen und Streß hätte – auch ihretwegen –, betonen immer und immer wieder, daß alles besser werden würde, sobald die anstehenden Probleme gelöst seien. – Und die Kinder, auch die kleinen, wissen bereits alles. Sie wischen weiter treu und brav Erbrochenes auf, nähen, kommen für Schäden auf und zahlen unerwartete Rechnungen.
So fahren sie jahre- und jahrzehntelang blind vertrauend, hoffend, leugnend, liebend auf dem Karussell der Misere mit. Im Herzen tragen sie die Überzeugung: Meine Liebe wird es schon schaffen. – Keiner der Außenstehenden bemerkt, wie die unmittelbar Mitbetroffenen fassungslos, ratlos, entsetzt, verzweifelt, hilflos, resigniert, zutiefst verletzt, rasend vor Wut, Todeswünsche im Herzen, sogar schlußendlich bereit – geschüttelt von Abscheu vor sich selbst –, den anderen im Erbrochenen ersticken zu lassen oder ihn – wie mir eine Al-Anon unter Tränen schluchzend berichtet hat – kaltblütig umzubringen.

Kinder

Die Kinder bekommen zu allen möglichen Stunden des Tages die Szenen mit, die sich zwischen Vater und Mutter abspielen, wenn einer oder sogar beide betrunken sind. Sie fangen an, die Ursache für den Zustand ihres Vaters und/oder ihrer Mutter bei sich selbst zu suchen. Schon lange bringen sie keine Freunde und Schulkameraden nach Hause, weil sie den beschämenden Anblick des einen oder anderen Elternteils nicht zulassen wollen, weil sie die Schmach nicht ertragen können, Kinder von Säufern zu sein. Sie erleben, wie der Vater oder die Mutter unberechenbar in ihren Reaktionen werden. Wie viele Kinder werden täglich gezwungen, den nötigen Stoff heranzuschleppen und immer weiter mitzulügen. Wie viele empfinden den Makel an sich selbst, ziehen sich zurück, finden sich abstoßend, erleben sich verfemt und können die Hänseleien und Sticheleien der Schulkameraden und auch die vorwurfsvollen, stummen Blicke der Nachbarn nicht mehr aushalten. Sie ahnen schon sehr früh, was sich abspielt. Sie sind machtlos und können sich nicht dagegen wehren. Und sie ziehen sich mehr und mehr in eine unwirkliche Welt zurück.

Weitere „Komplizen“

Hilf- und Ratlosigkeit herrscht ebenso bei den *Nachbarn* wie oft auch bei den besten *Freunden.* Über Jahre beobachten sie und wissen alles, aber sie sind sich nicht im klaren, daß hier ein extremer Notzustand besteht. Sie fühlen sich nicht berechtigt, sich in den Familienbereich von anderen einzumischen. Meist helfen sie noch mit, die vorgebrachten Entschuldigungen des einen und des anderen Partners zu bestätigen. Hinter dieser Haltung steckt auch die Angst, mit einer ähnlichen Situation im eigenen Leben konfrontiert zu werden. So schwanken sie zwischen den Gefühlen von Mitleid, Abscheu oder Gleichgültigkeit. Ein grausiger, oft gehörter Ausdruck ist: „Das ist ihr Bier!“
Besonders gute *Freunde* und *Verwandte* bedauern den Co-Alkoholiker oder bestärken ihn in seinen eigenen Zweifeln, nämlich das Bild zu ernst zu nehmen, gewaltig zu übertreiben. Sie trösten, daß alles wieder in Ordnung kommen werde, sobald die anstehenden Probleme gelöst seien. Sie bestärken den Co-Alkoholiker darin, daß ein so netter Mensch auf keinen Fall ein Alkoholiker sein könne. Auch sie haben ihr Klischeebild vom Alkoholiker. Auch sie haben ihren „Alkohol“, ihre Haltung des Ausweichens und der Flucht.
Bei gesellschaftlichen Anlässen, im *Betrieb,* bei *Vereinen* beobachten immer wieder soundso viele, daß der eine oder andere „über den Durst trinkt“, sich in seinen Reaktionen abnorm verändert, entweder entgegen seinem sonstigen Verhalten zulässige gesellschaftliche Grenzen übertritt oder sich auffällig zurückzieht, sitzenbleibt, wenn alle anderen schon gegangen sind. Auf dem Boden der Vereinskollegialität wuchern dann ganz üppig die Rationalisierungen und Bagatellisierungen. Gerade hier, im Rahmen der Kameraderie, könnten dem Hilferufenden entscheidende Anstöße vermittelt werden. Sie unterbleiben aber, weil wir alle nicht dafür ausgebildet, entsprechend informiert und oft auch nicht aus unserer eigenen Situation dazu in der Lage sind.
Die *Kindergärtnerinnen* erleben oft deutlich, daß das eine oder andere Kind verschüchtert und verängstigt ist, einen Sprachfehler hat, einnäßt, Eßstörungen und häufig auch Zeichen von Mißhandlungen aufweist. Sie spürt deutlich, daß die Mutter auf direkte Fragen hin ausweicht. Sie hätte oft von ihrer Position her die Gelegenheit, den ersten wesentlichen Anstoß zum Handeln zu geben.

Die *Lehrer* sind in einer ähnlichen Situation. Sie erleben die Lernschwierigkeiten und Unkonzentriertheit wie auch die Verängstigung und den damit verbundenen Leistungsabfall. Viele haben beobachtet, wie die Schulkameraden das betreffende Kind auslachen und hänseln, weil der Vater oder die Mutter Trinker sind. Nur selten kommt aus den vorgenannten Gründen von den Lehrern her der not-wendige Einfluß.
Vielen *Pfarrern* bleiben diese Zustände in den Familien nicht verborgen. Das gesamte Stadtviertel weiß sowieso, was der eine Elternteil noch verbergen möchte. Doch auch ihnen fehlt es am Rüstzeug, das entscheidende Wort zu sprechen und auch die ersten entscheidenden Schritte zu tun. Oft wäre es besser, keine Almosen und auch keine Kleider, keine „warme Suppe" an der Tür des Pfarrhauses zu verteilen, sondern die betreffenden Personen an die Hand zu nehmen und – es mag seltsam und vielleicht lächerlich klingen – persönlich zum nächsten AA-Meeting zu führen, im wahrsten Sinne des Wortes mit dem andern mehr als eine Meile zu gehen. Der bereits erwähnte englische Arzt Thomas Trotter hat in seiner Studie „An Essay, medical, phylosophical, and chemical on drunkeness, and its effects on the human body" (London [2]1804) klar zum Ausdruck gebracht, wie wichtig es ist, das Vertrauen des Trinkers zu gewinnen.
Konstantin Wecker sagt in diesem Zusammenhang allen Co-Alkoholikern: „Wir brauchen keine Helfer und Erlöser, deren Arme immer zu kurz sind, um uns von diesen hohen Rossen herab auch nur annähernd erreichen und anrühren zu können. Ach wie erheben sich die Privilegierten, die in irgendwelchen Zuchtanstalten ihr Hirn, getrennt von Seele und Körper, aufmotzen durften, über die Ungebildeten, wie verzichten sie doch großmütig auf ihr Privileg, um uns belehrend zur Seite zu stehen. Da muß wohl die Angst das Wort führen.
Es ist dies die ewige Angst der Starken vor den Schwachen, der Männer vor den Frauen, der Eltern vor den Kindern. Alle, die erziehen wollen, sind zu feige, von denen zu lernen, denen sie sich vermitteln sollten.
All die Dogmatiker sind sich ihrer selbst und ihrer These so unsicher, daß sie die ganze Welt zwingen wollen, etwas zu bestätigen, woran sie selbst nie glauben können.
Einem Drogensüchtigen kann man nicht helfen, höchstens Brücken bauen. Er traut nur Gleichgestellten, die ihn nicht in ihr eigenes Lager führen wollen, sondern einfach mal liebevoll die Hand ausstrecken und ihn dann auch nach seinem eigenen Willen und Weg weiterziehen lassen" (Und die Seele nach außen kehren, München 1981).
Apotheker, die sich meist nach mehreren Berufsjahren eine ausgezeichnete Menschenkenntnis angeeignet haben, kann es nicht entgehen, daß ihnen nach und nach bekannte Personen größere Mengen Schmerz-

und Beruhigungsmittel, Schlaftabletten, Hustensirup kaufen und die deutliche Facies alcoholica und das entsprechende Auftreten haben. Sie erleben hinter dem Ladentisch ihre Machtlosigkeit. Selbst wenn sie etwas tun wollen, könnten sie es nicht. Auch sie stehen allein. Wer oder was in unserer Gesellschaft würde ihnen dazu das Recht geben: einzig und allein, daß sie ein Mensch sind.

Wie viele *Geschäftsleute, Wirte, Bedienungen, Verkäufer* wissen haargenau, wann sie zu den möglichen und unmöglichsten Zeiten Alkohol an Menschen abgeben, die keinen mehr bekommen sollten. Sie verkaufen ihn auch an kleine Kinder. Ich erinnere an das Experiment von Frau Prof. Dr. med. Waltraud Kruse (Persönliche Mitteilungen des 5. Westdeutschen Psychotherapieseminars, Aachen 1980), Ärztin, Psychotherapeutin und Bürgermeisterin von Aachen, das 1980 durch die Presse ging. Für die Pressefotografen haben Kinder auf dem Marktplatz große Mengen von Alkoholika zusammengetragen, die sie ungehindert in den verschiedensten Läden erwerben konnten.

Die *Wirte* kennen ihre Kunden und deren Lebenssituation meist sehr genau. Ihre Stellung in unserer Gesellschaft verbietet es, daß sie sich in die persönlichen Angelegenheiten ihrer Gäste einmischen. Nun, „die persönliche Angelegenheit der Gäste" – und das muß immer und immer wieder gesagt werden –, diese persönliche Angelegenheit ist eine Störung, die einen Menschen und sein gesamtes Umfeld in das Leid, das Siechtum und in den Tod führt.

Arbeitgeber und *Mitarbeiter*, Kollegen am Arbeitsplatz, Vorarbeiter, Meister, Abteilungsleiter und höhere Vorgesetzte in Betrieben, Behörden und Streitkräften decken oft über Jahre und Jahrzehnte verdiente und bewährte Mitarbeiter und liefern die entsprechenden Entschuldigungen für sein Trinken und auch für den Arbeitsausfall, nur um seiner Karriere nicht zu schaden, nicht ahnend, daß sie den Betreffenden an der Früherkennung seiner zum Tod führenden Störung hindern und vereiteln, daß er in einem Genesungsprozeß über die Krise zu einem erfüllten Leben kommt. – Entgleisungen bei Betriebsfeiern, Fehlzeiten durch Krankheit, Nachlassen der Arbeitsleistung und Absinken der Arbeitsqualität werden immer wieder gedeckt.

Angestellte in den höheren Rängen sind dabei mehr benachteiligt als der Arbeiter. Höhergestellte deckt man länger, hilft zu überbrücken, akzeptiert auch die unsinnigsten Entschuldigungen. Dadurch haben sie nur eine ganz geringe Chance, frühzeitig mit ihrem Zustand konfrontiert und einer entsprechenden „Behandlung" zugeführt zu werden.

Ein Arbeiter, der auffällt, stört, unbequem wird und in seiner Leistungsfähigkeit nachläßt, erfährt früher und schneller – mindestens am Arbeitsplatz – die Konsequenzen seines Verhaltens, das ein einziger

Hilferuf ist. Er hat schneller Aussicht, die entsprechende Hilfe zu finden.

Polizeibeamte drücken bei einem leichteren Delikt, das zweifelsohne unter dem Einfluß von Alkohol erfolgt ist, des öfteren ein Auge zu, vor allem wenn die sprichwörtliche Beredsamkeit, Findigkeit, Überzeugungsgabe des Alkoholikers ankommt. – Störende, randalierende Betrunkene werden auch heute noch zur „Ausnüchterung“ in die Arrestzelle gesperrt. Mehr geschieht auch nicht, obwohl der Festgenommene ein einziger Hilfeschrei ist. Er gehört in ein geeignetes Krankenhaus, sollte mindestens einem Arzt vorgestellt, von diesem untersucht, mit einem Angehörigen der „Anonymen Alkoholiker“ so schnell wie möglich in Verbindung gebracht werden. Jeder Polizeibeamte sollte eine kleine Karte der regionalen Kontaktadressen und der Meetings der Anonymen Alkoholiker zum Verteilen in der Tasche tragen. Wie viele Alkoholiker in den USA haben mir dankbar berichtet, daß sie nach ihrem Kurzaufenthalt bei der Polizei und/oder in einem Krankenhaus in irgendeiner Tasche ihrer Kleidung eine solche Karte vorgefunden hatten. Oft konnten sie sich an die Umstände, sowohl der Festnahme wie auch der Aufnahme im Krankenhaus, wegen ihres Palimpsests (black-out, Filmriß, Amnesie, Erinnerungslücke) nicht mehr erinnern.

Es geschieht sehr häufig, daß Streifenbeamte in höchster Not von Familienmitgliedern oder Nachbarn zu Privatwohnungen gerufen werden, wo der Angetrunkene die Familie und oft eine Schar verängstigter Kinder in Schach hält. Diese Aktionen enden meist an der Wohnungstür, wo der Trinker – plötzlich ernüchtert durch das Erscheinen der Polizeibeamten – eine Bravourleistung von Schauspielkunst hinlegt und den Ordnungshütern klarmacht, daß es ein falscher Alarm war. Die eingeschüchterten Angehörigen, die Repressalien fürchten, wagen es nicht, den lebensbedrohlichen Vorgang zu Protokoll zu geben. Im Grunde wissen die Polizeibeamten genau, was sich in der Familie abspielt. Oft war es nicht der erste Vorgang dieser Art. Aber sie haben weder das Recht noch die Schulung, noch die genügende Information, hier ein für allemal entscheidend und nachdrücklich einzugreifen. Eine Meldung der beobachteten Vorgänge an das zuständige Gesundheitsamt ist nicht zulässig.

Rechtsanwälte, darunter auch solche, die auf Scheidungsrecht spezialisiert sind, hätten eine hervorragende Schlüsselposition, die Weichen in Richtung Konfrontation, Intervention und Behandlung zu stellen. Wir wissen es aus den Lebensgeschichten unserer Patienten, daß sehr oft Rechtsanwälte mit ihrem Können und Wissen dazu beigetragen haben, daß dem Alkoholiker und auch dem Co-Alkoholiker noch einmal die

Konfrontation mit seiner/ihrer in den Abgrund führenden Situation „erspart“ geblieben ist.
Nur ganz wenige *Richter* wissen etwas über „das Delikt als Symptom“. Der Referent erinnert sich sehr genau an eine Gerichtsverhandlung, an der er als Sachverständiger teilnahm und in der ein Alkoholiker, der in Untersuchungshaft saß, wegen Mundraubs angeklagt war. Der Referent hatte Gelegenheit, dem Gericht eine Darstellung des Alkoholismus vorzutragen. In der Verhandlungspause kam der Richter auf den Referenten zu, nahm ihn am Arm und flüsterte ihm ins Ohr: „Mir ist es bei Ihren Ausführungen über die Entwicklung und die verschiedenen Phasen der Alkoholkrankheit ganz mulmig geworden. Ich habe sehr viele Symptome andeutungsweise bei mir selbst erkannt.“ Das Urteil fiel sehr milde aus. Der Alkoholiker bekam als Auflage, eine Gruppe der Anonymen Alkoholiker regelmäßig zu besuchen. Er wurde auf freien Fuß gesetzt. Die Praxis sieht jedoch anders aus. In den Krankengeschichten sind häufig Schilderungen zu lesen, wonach Patienten drei-, vier- und fünfmal wegen des gleichen Delikts unter dem Einfluß von Alkohol verurteilt wurden. Dabei hat man es nicht mit strafrückfälligen Tätern zu tun, sondern mit Menschen, die mit dem Delikt um Hilfe schreien.
Die Medien wie *Presse, Funk* und *Fernsehen* und auch die medizinische Fachpresse erregen das Interesse ihrer Leser, Zuhörer und Zuschauer mit dem Bild, wie es in vielen Köpfen der Uninformierten spukt, dem Bild des Penners, des Clochards.
Es ist für mich immer sehr schmerzhaft, wenn ich auf Titelseiten diese Bilder des Alkoholikers zu sehen bekomme, der nicht einmal 1% der gesamten Alkoholiker ausmacht. Wir lenken damit von den 2 Millionen Alkoholikern ab, die unter uns leben und die genauso aussehen wie du und ich. Wie soll es, wenn nicht subtile Erkennungszeichen vermittelt werden, möglich sein, daß der Alkoholiker sehr frühzeitig, im Anfangsstadium, erkannt, der Co-Alkoholiker auf seine besondere Haltung und Verantwortung angesprochen wird und beide eine Neuorientierung erfahren?
Der *Gesetzgeber* und unsere soziale Gesetzgebung verhindern oft über Monate und Jahre, bei Alkoholikern die entsprechende Konfrontation und die Intervention durchzuführen. Sozial verstandene finanzielle Unterstützungen, die den Alkoholikern nicht entzogen werden können, helfen mit, daß der Alkoholiker seinen selbstzerstörerischen Kurs weiterfahren kann und nicht vor der Wand, die nicht mehr nachgibt, also an seinem Tiefpunkt, landet, wo Entscheidungen fallen können.
Schwerbehinderte sind am schlimmsten davon betroffen, weil sie nicht so ohne weiteres „vor die Tür und auf die Straße gesetzt“ werden kön-

nen. Diese Art der Hilfe ist oft der Grund, warum nicht aktiv und gezielt eingeschritten werden kann. Oft führte dieses gesetzliche Vorgehen zum Tod des Kranken.

In den „Anhaltspunkten für die ärztliche Begutachtung Behinderter nach dem Schwerbehindertengesetz" von 1977, herausgegeben vom Bundesminister für Arbeit und Sozialordnung, ist unter der Überschrift „Alkoholkrankheit" folgendes zu lesen: „Eine Alkoholkrankheit liegt vor, wenn ein chronischer Alkoholkonsum zu körperlichen oder psychischen Schäden geführt hat. Die MdE-Bewertung ist vor allem von dem Organschaden und seinen Folgen abhängig (z. B. Leberschaden, Polyneuropathie, organisch-psychische Veränderung, hirnorganische Anfälle). Bei nachgewiesener Alkoholabhängigkeit mit Kontrollverlust und erheblicher Einschränkung der Willensfreiheit ist die Gesamt-MdE aufgrund der Alkoholkrankheit in der Regel nicht niedriger als 50 v. H. zu bewerten.

Der Nachweis einer Abhängigkeit ist erst erbracht, wenn eine sachgerechte Entziehungsbehandlung durchgeführt worden ist und keinen bleibenden Erfolg gehabt hat.

Ist bei nachgewiesener Abhängigkeit eine weitere Entziehungsbehandlung durchgeführt worden, muß eine Heilungsbewährung abgewartet werden (im allgemeinen zwei Jahre). Während dieser Zeit ist in der Regel eine MdE um 30 v. H. anzunehmen, es sei denn, daß der Organschaden noch eine höhere MdE bedingt."

Der Verfasser ist sich der schwierigen Situation des Gesetzgebers gerade auf dem Gebiet der sozialen Verordnungen und Gesetze bewußt. Es muß aber hier in aller Deutlichkeit betont werden, daß hier eine Hilfe gegeben wird, die den Begünstigten in noch immer größere Hilflosigkeit hineingleiten läßt. Eine solche Gesetzgebung kann nur vor dem Hintergrund der allgemeinen Hilflosigkeit und Uniformiertheit im Lager der Co-Alkoholiker verstanden werden. Wie und wo und durch wen soll denn der Alkoholiker aufgefangen werden können, wenn das Umfeld ihn nicht kennt oder nicht kennen will oder zum Fall einer medizinischen Behandlung macht, wohin er nicht gehört.

William Griffith Wilson (1895–1971) wäre nicht 1935 zum Mitbegründer der Anonymen Alkoholiker geworden, wenn ihn nach seiner 41. Internierung im Krankenhaus im Alter von 38 Jahren ein Gesetz noch in den Genuß einer Mindest-MdE von 50% gebracht hätte. Er war damals an seinem Tiefpunkt angekommen. Er stand vor der Entscheidung, entweder elendig zugrunde zu gehen oder zu einem neuen Leben zu gelangen. Er mußte bedingungslos kapitulieren. Bedingungslos kapitulieren, „surrender" in der Bezeichnung des Psychoanalytikers und Psychiaters Harry M. Thiebout, ist das Geheimnis der Wirksamkeit der Anonymen

Alkoholiker. Wenn keine andere Hilfe von außen versprochen und herangetragen werden kann, dann kann es zu einer Umkehr kommen.
Dr. med. Robert Holbrook Smith (1879–1950), der andere Mitbegründer der Anonymen Alkoholiker, mußte durch eine ähnliche Erfahrung gehen. Ihm wurde 1934 das Skalpell aus der Hand genommen, und er mußte das St. Thomas-Hospital in Acron, Ohio, verlassen. Keine Hilfe war für ihn die entscheidende Hilfe.
Die Anonymen Alkoholiker setzen sich größtenteils aus denen zusammen, die keine Problemlösung angeboten bekamen, sondern – wie es Konstantin Wecker zum Ausdruck bringt – denen die hingestreckte Hand, das Beispiel der Erfahrung von „Gleichgestellten" Mut und Hoffnung zum „eigenen Willen und Weg" schenkte.
Alkoholiker, die nicht mehr trinken, also trocken geworden sind, aber noch nicht nüchtern, können – ohne daß sie es oder die andern merken – zum Co-Alkoholiker eines anderen Alkoholikers werden. Es wird daher in den Gruppen der Anonymen Alkoholiker den Neulingen empfohlen, zunächst über Monate zuzuhören und dazu die Watte aus den Ohren zu nehmen und in den Mund zu stecken. In vielen Gruppen an der Ostküste der Vereinigten Staaten dürfen die Neulinge in den ersten drei Monaten nichts reden, sondern nur zuhören. Sehr leicht können sie zur Falle, zur Versuchung für einen anderen Alkoholiker werden, indem sie bei diesen entschuldigen, was sie bei sich selbst noch nicht bereinigt haben. Überall lauern für den abstinenten Alkoholiker die Co-Alkoholiker als die geborenen Helfer, die „Mütter und Väter vom Dienst", die den Alkoholiker in seiner Hilflosigkeit und Unselbständigkeit brauchen. In den Gruppen der Anonymen Alkoholiker führt es zum „Pairing", eine Form der Pathobiose, mit gleichschwachen oder hilfsbedürftigen Neulingen. Sehr oft praktizieren diese den 13. Schritt, eine humorvolle Formulierung dieser Fortsetzung der Zwölf Schritte, die meist eine unreife emotionale und/oder sexuelle Beziehung beinhaltet. Diese „Mütter und Väter vom Dienst" sind in allen Einrichtungen der helfenden Berufe vorhanden.
Dr. med. Joseph A. Pursch, Sanitätsoffizier und Fliegerarzt der US-Navy, Begründer und langjähriger Leiter einer der besten Behandlungsstätten der US-Navy für Alkoholiker, bezeichnete sich selbst in dem oben beschriebenen Sinn des Helfers als einen „recovering alcoholic abuser" (einen genesenden Alkoholiker-Mißbraucher). Und nun wären wir, im Rahmen der lückenhaften Aufzählung von Co-Alkoholikern, bei der Hauptgruppe dieser Gattung angelangt, den Ärzten.
Bei den Verordnungen mancher Ärzte möchte man den Schluß ziehen, daß diese Kollegen den Alkoholismus für eine Valium- und Distraneurin-Mangel-Erkrankung halten.

Viele Ärzte müssen umdenken

Wir *Ärzte* stehen an einer ver*antwort*ungsvollen Stelle und können entscheidend dazu beitragen, ob der „Alkoholismus" in dem gesamten betroffenen Umfeld frühzeitig erkannt wird und alle Betroffenen erreicht werden oder ob sich die Hilfesuchenden in dem unübersichtlichen Gestrüpp unserer Ansichten und Meinungen weiterhin verstecken können, bis jede Hilfe zu spät kommt. In einer Untersuchung an 11355 Frauen und Männern, die Meetings der Anonymen Alkoholiker in den Vereinigten Staaten und Kanada besuchten, stellte Dr. John L. Norris bereits im Juli 1968 während des „28th International Congress on Alcohol and Alcoholism" in Washington fest, daß 16,2 % der Befragten durch Hinweis ihres Arztes; 6,5 % durch Geistliche, 1,9 % durch Krankenhäuser, 1,0 % durch Psychologen und 0,4 % durch Sozialarbeiter zu den Anonymen Alkoholikern fanden. Untersuchungen in den späteren Jahren, so auch in Deutschland, führten zu ähnlichen Ergebnissen.
Pädiater sehen prä- und perinatale Schädigungen durch chronische Alkoholintoxikation. Hier liegt es nahe, über das Gebiet der Pädiatrie hinaus in Zusammenarbeit mit anderen Kollegen das Umfeld anzugehen.
In einer ähnlichen Situation sind der Psychiater, der Neurologe, der Chirurg, der Internist, die Hausärzte. Oft lassen wir uns durch die Angaben des Trinkenden irreführen. Unzählige Alkoholiker liefen über Jahre unter den verschiedensten Diagnosen wie neuro-vegetative Dystonie, Herz-Kreislauf-Neurose, Magen-Darm-Katarrh, orthostatische Dysregulation, psychophysischer Erschöpfungszustand usw. durch die Praxen und Krankenhäuser. Eine große Zahl von Alkoholdelirien (Delirium tremens, Säuferwahn), die einen lebensbedrohlichen Zustand darstellen, wurden als „Erkältung" diagnostiziert und behandelt. Interessanterweise zahlen die privaten Krankenversicherer Unsummen für die Behandlung der unter diesen Diagnosen laufenden Patienten. Sobald aber die richtige Diagnose gestellt wird, nämlich chronischer Alkoholismus, und der Betreffende die Behandlung bekommt, die Aussicht auf Wiederherstellung gibt, zahlen die privaten Krankenkassen nicht mehr.
So sind Ärzte dazu übergegangen, von einem „sekundären Alkoholismus" zu sprechen, dem ein komplexes, unbewußtes Konfliktgeschehen zugrunde liegt. Diese Ansicht jedoch verschiebt den Akzent auf das intrapsychische Konfliktgeschehen und nicht auf eine bedingungslose Kapitulation (surrender), auf die totale Abstinenz (TA), die die conditio sine qua non ist für jede Haltungsänderung und Genesung. Wie viele Gefälligkeitsatteste sind über Jahre hinweg Alkoholikern ausge-

stellt worden, damit ihre berufliche Laufbahn und Karriere keinen Schaden nimmt. Und der Alkoholiker findet schnell heraus, bei welchem Arzt er ein entsprechendes Attest bekommen kann. Es gehört eine längere Erfahrung mit Alkoholikern und mit den eigentlichen Auffälligkeiten dazu, um nicht in der bedrückenden und scheinbar ausweglosen Situation des Alkoholikers nachzugeben. Doch jeder Arzt weiß, daß, wenn er das Rezept nicht ausschreibt, irgendein andrer der vielen Kollegen das tun wird. Das bedeutet, daß viele, die verzweifelt nach Hilfe suchen, sich weiter belügen müssen.

Wie viele unsere „Patienten" haben Jahre in Einzeltherapie oder in Gruppenpsychotherapien verbringen können, ohne daß der Behandelnde ihren permanenten, chronischen Intoxikationszustand bemerkt hatte. Es soll nicht geleugnet werden, daß viele es als sehr wohltuend und ermutigend empfanden, mit und zu einem anderen Menschen sprechen zu können. Doch der Weg zu einer Wandlung geht nur über die totale Abstinenz.

Oft ist es für den Weg eines Alkoholikers ausschlaggebend, daß ein Arzt – auch bei einer kurzdauernden Notaufnahme – mit ihm gesprochen hat, der etwas von der Problematik des Alkoholismus versteht. Es ist oft entscheidend, wie die „Notaufnahme" vom Pfleger oder der Schwester empfangen wird. Muß sich der Alkoholiker, wie schon so oft in seinem Leben, als unerwünschte Person, als Ausschuß, als Strandgut erleben, oder spürt er durch die Art, wie die Menschen ihn behandeln, daß man seinen trostlosen, abstoßenden und oft ekelerregenden Zustand als einen Hilferuf erkennt?

Es wird oft das Argument ins Feld geführt, daß der Betrunkene und hochgradig Intoxierte überhaupt nicht ansprechbar und erreichbar sei. Mit vielen anderen, die auf diesem Gebiet arbeiten, habe ich die Erfahrung gemacht, daß der Betrunkene erreichbar ist. Es kommt aber auf die Art an, wie man ihm begegnet und zu ihm spricht. Es verlangt eine innere Einstellung, die – trotz des oft abstoßenden Zustandes – dem anderen echte Nähe vermittelt. Es ist oft wichtig, daß der Nachtdienstarzt vielleicht am frühen Morgen von der Nachtschwester gerufen wird, wenn der in der Nacht eingelieferte und im Bad abgestellte „Besoffene" gerade zu sich kommt und aufwacht. Hier kann eine entscheidende Begegnung stattfinden. Hier können Weichen gestellt werden, auch für die Angehörigen, die – wenn immer nur möglich – in einem solchen Moment herbeigerufen werden sollten. Und wenn man dafür die Polizei einsetzt, die im Streifenwagen die Angehörigen abholt. In solchen Augenblicken kann die „Impfung", wie ich es nenne, gesetzt werden, etwa in Form von Hinweisen auf Selbsthilfegruppen und entsprechende Behandlungsstätten. Die „Impfung" muß nicht sofort abgehen. Manche Betroffenen brauchen dann noch eine länger Zeit. Aber die „Impfung“ muß sitzen. Wichtig ist es auch, daß man die Angehörigen erreicht hat und sie vielleicht bewegen konnte, von sich aus zu den Angehörigengruppen zu gehen. Dort lernen sie dann eine andere Haltung und Einstellung, die auch den noch trinkenden Partner zu einer Haltungsänderung zwingen werden.

Moris E. Chafetz, M. D., hat in dem von Ruth Fox herausgegebenen Band „Alcoholism – behavioral research – therapeutic approaches“ (New York 1967) in einer Studie gezeigt, wie ausschlaggebend die Motivation der Ärzte in einer Krankenhausaufnahmestation dafür ist, ob Alkoholiker frühzeitig erkannt werden und in die entsprechende Behandlung kommen.

Amtsärzte machen nur sehr ungern von der Möglichkeit der Zwangseinweisung von Alkoholikern Gebrauch, und Kliniker in den Psychiatrischen Krankenhäusern behalten Zwangseingewiesene meist nur wenige Tage. Sie wollen diesen Menschen ersparen, daß ihnen ein Stempel aufgedrückt wird! Der Leidensweg wird aber durch diese Nachsicht nachweislich länger.

Der sogenannte Alkoholismus hat zwei Aspekte. Auf der einen Seite sind es die durch eine chronische Intoxikation, durch eine Noxe, hervorgerufenen Schäden im gesamten Organismus; die durch den Äthylalkohol hervorgerufenen Ausfälle im zentralen Nervensystem und den Sinnesorganen führen dann zu Wahrnehmungs- und Auffassungsstörungen und Veränderungen der Psyche des Trinkenden. Solange der Alkoholiker noch Alkohol zu sich nimmt, kann er weder in einer frühen noch in einer fortgeschrittenen Phase eine vernünftige Entscheidung treffen. Er wird dies nur tun, wenn er seinen Tiefpunkt erreicht hat. Das Umfeld – und da sind die Ärzte besonders aufgerufen – kann zu diesem Tiefpunkt beitragen, wenn dem noch aktiv Trinkenden die Fluchtwege abgeschnitten werden. Es muß nicht so weit kommen, daß die Noxe durch eine fortgeschrittene Zerstörung und Beeinträchtigung ein weiteres Fliehen verhindert. Es darf nicht mehr von den Lippen eines Arztes kommen: „Schränken Sie Ihren Alkoholkonsum ein, trinken Sie keine scharfen Sachen, ein oder zwei Gläschen können Ihnen nicht schaden, Ihre Leberwerte sind wieder normal“ etc. Sich nicht einmischen, sich heraushalten, heißt auf die verzweifelten Hilferufe aus dem unmittelbaren Umfeld nicht zu reagieren, oft, weil die Fähigkeit fehlt, sich einer solchen Situation und Herausforderung zu stellen. Unterlassene Hilfeleistung dort, wo es ums Leben geht, aber nicht nur allein um das Leben eines Menschen, sondern oft vieler. – Wo es aber auch um die Art geht, wie ich mit dem Leben umgehe, ver*antwort*ungsbewußt oder ver*antwort*ungsfähig.

Suchtausstieg in zwölf Schritten

Zu einem Entzug gehört nicht nur die Abstinenz von dem lebensbedrohlich gewordenen Stoff (Ersatzregler), sondern ebenso die Abstinenz von der sich dahinter verbergenden selbstzerstörerischen, insuffizienten Lebenshaltung und Einstellung, deren materiellen Ausdruck die Droge verkörpert. Damit sind aber auch die Unzahl der gleichwertigen anderen Ersatzsysteme eng verbunden, zu denen zum Beispiel das drogenzentrierte Konzept des am Drogenproblem in Mitleidenschaft gezogenen Umfeldes und die darauf basierenden, bereits vorstehend erwähnten speziellen Therapie, unter anderem auch die schwachsinnige Vorstellung vom mäßigen Trinken, die diversen Einrichtungen und Organismen gehören. Nur wenn alle, auch die wohlmeinendsten Ersatzsysteme weggefallen sind, wenn eine „Tabula rasa" (TR) erreicht ist, dann erst hat das gestörte System eine Chance, im Rahmen einer Krise, daß die systemimmanenten, selbstheilenden (im Sinne von ganz machen und ganz werden) Möglichkeiten wirksam werden können und eine Total-Remission (TR) ermöglichen.
Das abrupte Absetzen (AA) der Ersatzsysteme, der abrupte Entzug, die totale Abstinenz, führt im System zu dramatisch ablaufenden, oft lebensbedrohlichen Ausfallserscheinungen, die mit einer reinigenden, tiefgehenden Existenzialangst verbunden sind. Diese tiefgreifenden Zustände, wie zum Beispiel auch das Delirium tremens in seinen vielgestaltigen Aspekten, müssen im Vertrauen auf die selbstregulierende, selbstreparierende Fähigkeit des eigenen Systems, notfalls mit dem Einsatz von unterstützenden, regulativen Maßnahmen (z. B. Kreislaufunterstützung, Sedativa, roborierende Maßnahmen, wie auch das Aufgefangenwerden in der warm annehmenden Atmosphäre von Gleichgesinnten, wie in Gruppen der Anonymen Alkoholiker, Al-Anon und Alateen), durchgestanden werden.
Oft führt die aussichtslose und ausweglose Lage in Verwirrung und Panik. Es werden die Reste von Ratio aufgeboten – obwohl alles bereits entschieden ist –, eine verzweifelte und erschütternd anmutende Abwehr unter der Form von Rationalisierung, Bagatellisierung und bitterer Anklage ins Feld zu führen. Es ist unendlich schwer zu verstehen, daß die Niederlage die einzige Voraussetzung ist, um wieder aufstehen zu können, um zu siegen.
Es werden in einem solchen Zustand ernstgemeinte, überzeugend vorgebrachte Versprechen gemacht. Es werden alle möglichen „Sklaven" (Ersatzsysteme) zum Freikauf angeboten, wie zum Beispiel kontrolliertes Trinken, mäßiges Trinken, kein Alkohol am Steuer, weniger Arbeit, Lösung der Probleme, die scheinbar die Ursache des Trinkens sind, Be-

reitschaft zur Psychotherapie, zur Psychoanalyse, und vieles anderes mehr.
Father Joseph C. Martin, katholischer Priester vom Orden St. Sulpice, Alkoholiker und durch seine Filme, Kassetten und Vorträge wie „Chalk Talk“, „Intervention“, „Feelings“ bekannt, bietet in dem grauenhaften Zustand der Entscheidungslosigkeit und Entscheidungsschwierigkeit sowohl dem Trinkenden wie dem orientierungslosen Umfeld eine sehr simple, aber hilfreiche Formel an: „Wenn Alkohol Probleme macht, dann ist Alkohol das Problem!“ Dies bedeutet ganz einfach totale Abstinenz. Die andere Seite des Problems ist – in einer einfachen Form – die mangelnde Vorbereitung des Alkoholikers, es mit dem Leben aufzunehmen, Probleme, die das Leben mit sich bringt und die zu ihm gehören, angehen und in einer erfüllenden, befriedigenden und belohnenden Weise lösen zu können. Unzählige Alkoholiker hörte ich sagen, was sich in der nachstehenden Formulierung gültig zusammenfassen läßt: „Als ich zu trinken aufhörte, merkte ich, daß ich Lebensprobleme habe und diesen nicht gewachsen bin!“ „Als ich zu trinken aufhörte ...“ heißt für uns, das Umfeld, übersetzt: „Als ich mich nicht mehr belog, als ich mir nichts mehr vormachte, als ich nüchtern meine Realität anzusehen wagte ...“ Wer ehrlich ist, muß jetzt sagen, daß wir uns vom Alkoholiker im wesentlichen nicht unterscheiden. Wenn auch wir uns nichts mehr vormachen, stoßen wir auch auf unser Lebensdefizit, Defizit an Liebe, an Wärme, an Nähe, an Kenntnissen, an Fähigkeiten, an Freudfähigkeit, an Gelassenheit, an Dankbarkeit, an Geduld usw. Auch wir müßten viel und könnten viel dazulernen. Wir alle haben ein Lerndefizit, was Paul Agnew, wie bereits vorstehend erwähnt, die „inadequate enculturation“ nannte. Süchtige, also siech, krank an der Begegnung mit der Welt sein heißt, ungenügend für diese Welt ausgebildet zu sein.
So sind logischerweise der erfolgreichste, umfassendste und wohlfundierte Ansatz zur „Behandlung“ des sogenannten Alkoholismus die *Zwölf Schritte* oder *Zwölf Stufen*, das Programm der Anonymen Alkoholiker, keine Alkoholismustherapie oder kein Anti-Alkohol-Programm, sondern ein Lehr-Lern-Programm in einer Lehr-Lern-Gemeinschaft (Teaching-Learning-Community, TLC), in der jeder Lernender und Lehrender ist, wo alle vom anderen lernen und von den Erfahrungen, dem Mut, der Hoffnung des einzelnen profitieren. Es ist eine Gemeinschaft, in der das Lernen durch eine warme, annehmende Begegnung (Tender-Loving-Care, TLC), aber auch durch Konsequenz und Disziplin (Tender-Loving-Coercion und Tender-Loving-Confrontation, TLC), was nur ein anderer Ausdruck von Liebe ist, möglich wird.

Das Wörtchen „Alkohol", eine Metapher für alles, womit man sich berauschen kann, erscheint nur einmal im ersten Schritt der Zwölf Schritte: „Wir haben zugegeben, daß wir dem Alkohol gegenüber machtlos waren und unser Leben nicht mehr meistern konnten." Der erste Schritt ist die bedingungslose Kapitulation (surrender). Er drückt die Bereitschaft aus, sich ohne die chemische Selbsttäuschung dem Leben zu stellen, bereit zu sein für eine Nachreifung, alles daran zu setzen, das Lern- und Erfahrungsdefizit wettzumachen, um mit dem Leben endlich in einen spannenden, aufregenden, oft atemberaubenden, frustrierenden, aber auch beglückenden, befriedigenden und belohnenden Dialog einzutreten, das heißt, wirklich zu leben anzufangen: *Leben leben lernen*. Endlich aufhören, sich – und wenn es nur auf Raten war – das Leben zu nehmen, sondern jetzt sich wirklich das Leben zu nehmen, das jedem von uns schon immer zustand.
Die Zwölf Stufen (Schritte = Steps) sind nichts andres als eine Empfehlung, alle zur Vernichtung führenden Ersatzsysteme abrupt aufzugeben (AA).

Die 12 Schritte der AA

1. Wir gaben zu, daß wir dem Alkohol gegenüber machtlos sind – und unser Leben nicht mehr meistern konnten.
2. Wir kamen zu dem Glauben, daß eine Macht, größer als wir selbst, uns unsere geistige Gesundheit wiedergeben kann.
3. Wir faßten den Entschluß, unseren Willen und unser Leben der Sorge Gottes – wie wir ihn verstanden – anzuvertrauen
4. Wir machten eine gründliche und furchtlose Inventur in unserem Inneren.
5. Wir gaben Gott, uns selbst und einem anderen Menschen gegenüber unverhüllt unsere Fehler zu.
6. Wir waren völlig bereit, all diese Charakterfehler von Gott beseitigen zu lassen.
7. Demütig baten wir ihn, unsere Mängel von uns zu nehmen.
8. Wir machten eine Liste aller Personen, denen wir Schaden zugefügt hatten und wurden willig, ihn bei allen wiedergutzumachen.
9. Wir machten bei diesen Menschen alles wieder gut – wo immer es möglich war –, es sei denn, wir hätten dadurch sie oder andere verletzt.
10. Wir setzten die Inventur bei uns fort, und wenn wir Unrecht hatten, gaben wir es sofort zu.
11. Wir suchten durch Gebet und Besinnung die bewußte Verbindung zu Gott – wie wir ihn verstanden – zu verbessern.
    Wir baten ihn nur, seinen Willen für uns erkennen zu lassen und um die Kraft, ihn auszuführen.
12. Nachdem wir durch diese Schritte ein geistiges Erwachen erlebt hatten, versuchten wir, diese Botschaft an Alkoholiker weiterzugeben und unser tägliches Leben nach diesen Grundsätzen auszurichten.

Wem es gelingt, das wesentliche Ersatzsystem auszuschalten, dem wird es auch gelingen, nach und nach die damit verbundenen und aufeinander abgestimmten Ersatzsysteme des Ersatzsystems zum Erliegen zu bringen.
Der Beginn des nun auf allen Regulationsebenen einsetzenden Regenerationsprozesses wird von den „Anonymen Alkoholikern“ (AA) und den damit unabdinglich verbundenen Gruppen der Familien und Freunde des Alkoholikers, Al-Anon und Alateen, als die Erfahrung einer „Höheren Macht“, „einer Macht, größer als wir selbst“ beschrieben. Diese „Höhere Macht“ war in der Abwehr, durch die Angst festgelegt und daher nicht verfügbar. Nun wird sie wieder durch das Vertrauen freigesetzt. Es ist die „Macht“, das Leben, das uns von eh und je, vom Moment der Zeugung an, in Fülle zur Verfügung stand. Wir hatten aber nie gelernt, davon voll und ganz Gebrauch zu machen. Wir haben diese Lebenskraft, den Sinn, den Geist durch unseren Unsinn denaturiert. Von dem „Wein“ (Un-geist, Wein-Geist = Spiritus und seine zahlreichen Äquivalente), den wir als Wein minderer Qualität bei der Hoch-zeit, das heißt in unsrem Leben, zu uns nahmen, müssen wir einfach zu ganz gewöhnlichem, unverfälschtem Wasser des Lebens zurückkehren, um wieder nüchtern, klar zu werden. Dann kann dieses Wasser (Leben) – wenn die Stunde gekommen ist, das heißt in einem Lern- und Gesundungsprozeß – zu wirklichem Wein (Spiritus) verwandelt werden.

Vorbeugen statt heilen

Aufgaben der Suchtprävention

Erfolgreich einer Suchterkrankung vorzubeugen anstatt sie zu heilen versuchen erspart nicht nur den Betroffenen einen Leidens- und oftmals schmerzhaften Heilungsprozeß, sondern ist die wirksamste Methode im Kampf gegen die Ausbreitung von Rauschmittelmißbrauch. Die Erhaltung von Volksgesundheit und Leistungskraft des einzelnen Menschen wie auch die Verhütung von schädlichen Suchtbegleiterscheinungen, wie Beschaffungskriminalität, Kinderprostitution und organisierter Drogenkriminalität, sind zentrale Ziele öffentlicher Suchtprävention, ebenso wie die AIDS-Prophylaxe. Vorbeugende Suchtbekämpfungsmaßnahmen sollen erzieherisch wirken, auf mögliche soziale Umfeldveränderungen flexibel reagieren und auf psychosoziale Hintergründe der Zielgruppen gerichtet sein. Diesen Forderungen können in der Regel nur längerfristige, auf Kontinuität gerichtete Maßnahmen entsprechen.

Präventionsträger

Der bedeutendste öffentliche Träger von Präventionsmaßnahmen gegen Suchtgefahren ist neben dem Bundesministerium für Jugend, Familie, Frauen und Gesundheit, der Bundesstelle für gesundheitliche Aufklärung, dem Bundeskriminalamt und den Landeskriminalämtern die Deutsche Hauptstelle gegen die Suchtgefahren e.V. (DHS) in Hamm und ihre Hauptträgerorganisationen (vgl. Anhang S. 208). Aufgaben der DHS sind unter anderem:

- die Interessenvertretung gegenüber Politik und Verwaltung,
- die Kooperation mit Bundesbehörden, Sozialversicherungsträgern und anderen zentralen Organisationen,
- die Koordination der präventiven und helfenden Arbeit der Mitgliedsverbände,
- die Öffentlichkeitsarbeit, unter anderem durch Herausgabe von Buchreihen und Informationsbroschüren, einer eigenen Fachzeitschrift, eines Pressedienstes und anderer Periodika und
- die Forschungsförderung.

Zuständig sind:
- in *Österreich* die Zentralstelle zur Bekämpfung des Alkoholismus und die Kriminalämter;
- in der *Schweiz* die Schweizer Fachstelle für Alkoholprobleme sowie das Polizeiwesen;
- weltweit das Internationale Büro gegen Alkoholismus und Suchtgefahren und der Internationale Rat zur Bekämpfung des Alkoholismus und der Suchtgefahren.

Krankenkassen, Rentenversicherungsträger, Lebensversicherer, Schulen, Vereine, Sozial- und Jugendämter, Gewerkschaften, Betriebe, Kirchen und Privatpersonen wie Erzieher, Eltern, Geschwister und andere Verwandte, Ärzte, Apotheker usw. gehören zu den tragenden Säulen einer erfolgreichen Suchtvorbeugung vor Ort.
Ohne die Mitwirkung von Presse, Funk und anderen Medien ist Suchtprävention kaum effektiv zu leisten.
Der wichtigste Ansatzpunkt für eine wirkungsvolle Suchtprävention aber ist die Familie, in der durch eine positive Vorbildfunktion der Eltern die entscheidende Prägung der Kinder und Jugendlichen erfolgt. Konsumverzicht – kein Alkohol, keine Tabakwaren, wenig Medikamente –, sinnvolle Freizeitgestaltung – gezielter Medienkonsum, gemeinsame Unternehmungen, Hinführung zu sportlicher Betätigung und sozialem Engagement – und Aufbau beziehungsweise Pflege eines vertrauensvollen Eltern-Kind-Verhältnisses einschließlich einer ständigen Gesprächsbereitschaft sind nur einige der präventiven Funktionen der Familie.

Methoden und Strategien

Präventionsarbeit bedeutet in erster Linie: Öffentlichkeitsarbeit. So stehen das gesprochene und geschriebene Wort sowie das Bild als Medien an erster Stelle, etwa in Form von Vorträgen, Tagungen, Schriftenreihen, Prospekten, Studienmaterialien, Fernseh- und Videofilmen, Rundfunksendungen usw.
Präventionsmaßnahmen sind im Verbund besonders wirksam; das bedeutet eine möglichst reibungslose und sich gegenseitig ergänzende Kooperation und Koordination aller im Einzelfall von einem Präventionsprojekt berührten Präventionsträger. Vorherrschende Strategien sind: ständige Maßnahmenmodifizierung, Aktualisierung und Einstiegsnischensuche zur optimalen Zielgruppendeckung und -akzeptanz.
Suchtprävention darf nicht bei Aufklärung stehenbleiben, sondern muß auch soziale, kulturelle und praktische (politische) Maßnahmen

gegen suchtfördernde Verhältnisse wie Arbeitslosigkeit, Neue Armut, Werbeverbot für sogenannte Genußmittel beinhalten.
Weitere Voraussetzungen für eine wirkungsvolle Präventionsarbeit sind:
- Förderung der Suchtforschung; Experten- und Mitarbeiterschulungen.
- Unterstützung der Entwicklung neuer Modelle zur sinnvollen, gesunden Freizeitgestaltung, einer humaneren Arbeitswelt und sozialerer Lebensumfelder.
- Werbung für und Animation zu sportiven Freizeitmaßnahmen, gesunder Ernährung und einer positiven Lebenseinstellung.
- Aktive Teilnahme an der Diskussion um eine neue Ethik, die Erhaltung überkommener Werte, die Entwicklung neuer lebensbereichernder Wertvorstellungen, die Erweiterung unseres Bewußtseins zum ganzheitlichen Denken.

Wer über Suchtgefahren und AIDS-Risiken aufklären möchte, muß – um glaubhaft zu sein – sein eigenes Leben vielfach auf völlig neue Wertvorstellungen stützen, etwa zu seinem eigenen möglichen Suchtverhalten stehen und daraus die erforderlichen Konsequenzen ziehen.
Die Kenntnis des Bedingungsgeflechts der Suchtkrankheit ermöglicht es, gezielt diejenigen zur Mitarbeit zu aktivieren, die unmittelbar auf die Gestaltung des sozialen Umfeldes Einfluß haben oder nehmen können. Das sind beispielsweise hauptamtliche Helfer, Therapeuten, Berater usw. Sie tragen in der Regel die Hauptlast der Umsetzung und Auseinandersetzung mit Zielgruppen vor Ort.
Um möglichst wenig Streuverluste und eine hohe Zielgruppenakzeptanz der Präventionsarbeit zu erreichen, sollten Informationen
- emotionslos, wertneutral und ehrlich sein;
- nicht nur Rauschdrogen, Alltagssüchte, AIDS und Drogen, sondern auch das psychosoziale Ursachen- und Bedingungsgeflecht von Suchtkrankheiten berücksichtigen;
- die Menschen im sozialen Zielgruppenumfeld besonders ansprechen, da Betroffene ihre Sucht in der Regel verdrängen und nicht wahrhaben wollen (Ansprache der Angehörigen);
- längerfristig angelegt sein, örtliche Gegebenheiten, Begebenheiten und Besonderheiten (z. B. Sitten, Bräuche etc.) einbeziehen;
- von überörtlichen wie regionalen und privaten Trägern ständig reflektiert, gegebenenfalls korrigiert, ergänzt und weiterentwickelt werden.

In der Praxis ist es oft schwierig, die Zielgruppe zu erreichen. Zudem gelingt es nur selten, eine breite Basis zur Mitarbeit über ein Verdrängungsthema wie den Suchtbereich zu gewinnen, denn wir sind alle

mehr oder weniger Meister im Wegschauen. Oftmals fehlen auch ausreichende Mittel für Materialien, Berater und Forschung.
Ängste vor Umweltzerstörung, Atomkrieg, sozialem Elend, Existenznot usw. wirken sich bei geringsten Forcierungen, etwa durch eine neue Umweltkatastrophe, oftmals stärker als Präventivmaßnahmen aus und machen nicht selten Verhütungserfolge wieder zunichte.
Am wirksamsten ist Suchtprävention, wenn sie bereits im Kindesalter beginnt. Der folgende Abschnitt widmet sich daher der Frage, wie Eltern vorbeugen können. Obwohl die Vorschläge zur Suchtvorbeugung primär Anregungen für Eltern enthält und zeigt, wie suchtauslösende Persönlichkeits- und Erlebnisdefizite sowie Informationslücken geschlossen werden können, enthalten die Ausführungen auch wichtige Informationen für denjenigen, der selbst auf die „Krücken des Lebens" verzichten möchte.

Wie Eltern vorbeugen können

Eltern oder Personen, die auf die Erziehung bzw. Entwicklung Jugendlicher Einfluß nehmen, müssen zunächst einmal davon ausgehen, daß jedes Kind, jeder Jugendliche grundsätzlich suchtgefährdet ist.
Zu groß ist das vielfältige Angebot gefährlicher Suchtstoffe (von Alkohol über Medikamente bis hin zu Rauschdrogen), und zu zahlreich laden „günstige" Gelegenheiten dann ein, Stimulantien kennenzulernen, als daß Eltern behaupten könnten: „Unser Kind würde niemals Drogen nehmen!" Elternbekenntnisse aus Elternkreisen drogengefährdeter Jugendlicher wie: „Es traf uns wie aus heiterem Himmel ... wir waren erschüttert, daß unser Kind rauschgiftabhängig ist ...", zeigen, wie wenig Eltern über die Suchtgefährdung ihrer Kinder informiert sind oder wie leicht sie die Suchtproblematik verdrängen.
Doch nur wer weiß und nicht verdrängt, wie sehr er selbst und seine Kinder suchtgefährdet sind, kann zielgerichtet dort sein Verhalten ändern oder zu Maßnahmen greifen, wo die Chancen am größten sind, sein Kind vor einer Suchtkarriere zu bewahren.

Informationsarbeit

Eltern, die einer Suchtkrankheit ihrer Kinder vorbeugen möchten, müssen sich sachkundig machen über Suchtgefahren (und in der Folge über die AIDS-Problematik), Wirkungsweisen psychischer und physischer, stofflicher und nichtstofflicher Abhängigkeiten, über Fremd- und Selbsthilfe, Therapie und Rehabilitation.

Darüber hinaus empfiehlt es sich, Literatur über allgemeine Erziehungs-, Partnerschafts- und Familienfragen zu studieren sowie die Intaktheit der eigenen Familie zu hinterfragen, um auch neben dem rein suchtspezifischen Aspekt Aufklärung zum unmittelbaren, sozialen Beziehungsgeflecht der Kinder zu erhalten.
Informationen erhalten Eltern über verschiedene Medien, wie Fernsehen (z. B. ZDF-Suchtwoche, Herbst 1988), Hörfunk oder Presse. Zahlreiche kostenlose Faltblätter und Broschüren der Krankenkassen, Polizeidienststellen oder von Institutionen der Drogenhilfe und Gesundheitserziehung geben kurze Einblicke in die Sucht- und Drogenproblematik.
Zudem stehen Eltern zahlreiche Publikationen zu speziellen Suchtfragen, zum sozialen Umfeld, über Therapien und suchtrelevante Aspekte zur Verfügung (vgl. weiterführende Literaturhinweise S. 199ff.).
All diese Aufklärungsschriften sind, da sie sich an viele Menschen richten, allgemein gehalten. Sie haben das Ziel, leichtverständliche Erstinformation zu liefern, sie vermögen aber kaum situationsbedingte, individuelle Fragenkomplexe zu behandeln. Daher sollten Elltern zusätzlich das Beratungsangebot örtlicher Drogenberatungsstellen nutzen, und zwar bereits vor einer möglichen Abhängigkeit ihrer Kinder. Diese zunächst mühevolle und zeitaufwendige, aktive Vorbeugungsarbeit zahlt sich aus: So können Eltern nicht nur Fragen an einen Fachmann formulieren oder viel Wissenswertes über Drogenszene, Rauschmittel-, Tabletten- oder Alkoholmißbrauch erfahren, sondern auch Tips erhalten, wie sie mit ihren Kindern als sachkundige Vertrauenspersonen ins Gespräch kommen und den Dialog aufrechterhalten können. Wie wichtig der Dialog mit Kindern sein kann, zeigt folgendes Beispiel:
Stephanie und zwei Freundinnen, die die 9. Klasse eines Gymnasiums besuchen, beobachten auf dem Schulhof, wie ein fremder Schüler einem Klassenkameraden Haschisch anbietet. Ihr Klassenkamerad lehnt jedoch ab. Die Mädchen wissen nicht, ob sie nun den Klassenkameraden, ihren Klassenlehrer, den Vertrauenslehrer ansprechen oder über den Vorfall schweigen sollen.
Doch da fällt ihnen Stephanies Vater ein: „Mit dem kann man reden!" Stephanies Vater hört sich die Geschichte an, ohne gleich mit Belehrungen den Dialog zu ersticken. Er gibt zu, selbst etwas ratlos zu sein, und fragt die Mädchen, ob sie einverstanden wären, wenn er die Geschichte einem Drogenberater vortragen würde. Die Mädchen willigen ein und tragen dem Vater gleich noch eine ganze Fragenliste für den Drogenberater auf. Über Wirkungsweisen von Haschich gibt der Vater, der sich mit Drogenfragen auskennt, gleich Auskunft ...

Stephanies Vater, der sich über Suchtfragen sachkundig gemacht hatte, bevor seine Tochter mit der Drogenproblematik konfrontiert wurde, kann nicht nur gelassen reagieren, sondern die Initiative der Mädchen, etwas gegen Rauschmittelmißbrauch zu unternehmen, fördern.
Den Vertrauensvorschuß der Mädchen hat sich der Vater natürlich nicht durch seine Information über Rauschmittel erworben, sondern aufgrund eines auf gegenseitiger Achtung und Ehrlichkeit aufgebauten Verhältnisses verdient.

Achtung und Ehrlichkeit in der Erziehung

Schaut man in zahlreiche sogenannte intakte wie auch zerrüttete Familien, so wird rasch offensichtlich, daß sich die vielbeschworene Erziehungsmaxime „gegenseitiger Achtung und Ehrlichkeit" häufig auf ein unbedeutendes Lippenbekenntnis reduziert. Denn zeugen nicht die häufig beklagte Sprachlosigkeit zwischen Eltern und Kindern, die gegenseitigen Ängste, Machtspielchen oder subtilen Formen von Mißachtung deutlich genug von zu wenig Offenheit, gegenseitiger Kränkung und Einschränkung der Eltern-Kinder-Interaktion? Wo bleibt die Achtung vor dem Kind, wenn Eltern ihre Kinder andauernd erniedrigen, sie über Gebühr zu Boten- und Hilfsdiensten benützen, Liebesentzug zur Durchsetzung ihrer Erziehungsziele anwenden oder durch Abnahme aller Schwierigkeiten dem Nachwuchs seine Unselbständigkeit signalisieren, statt sie als junge, sich in einem Lernprozeß befindenden Partner zu behandeln? Wie steht es mit der Ehrlichkeit, wenn Eltern Kindern intakte Partnerschaft vorgaukeln, obwohl es Konflikte gibt, Eltern die Helden vorspielen, obwohl sie Angst haben, sich unfehlbar geben, wenn sie ihre Gefühle verbergen, ihren Kindern nur Halbwahrheiten erzählen und aus Angst vor kindlicher Indiskretion Informationen verschweigen; wo bleibt die Ehrlichkeit, wenn Eltern mit zweierlei Maß, für Erwachsene und Kinder unterschiedlich, messen?
Müssen Eltern nicht zum Aufbau einer vertrauensvollen Beziehung zu ihren Kindern zunächst Vorleistungen erbringen? Müssen sie ihnen nicht zuerst einmal praktizierte, selbstlose Aufrichtigkeit vorleben und Achtung zuteil werden lassen, bevor sie diese Tugenden von den Kindern fordern?
Der Wert aufrichtiger, liebevoller Beziehungen zwischen Eltern und Kindern geht weit über momentane Begegnungen und Dialoge zwischen den Generationen oder positiver, gegenseitiger Akzeptanz und Sichanvertrauen auch in Krisensituationen hinaus. Ein in frühester Kindheit erlebtes Vertrauensverhältnis hat maßgeblichen Einfluß auf das spätere Suchtverhalten des Menschen schlechthin.

Kinder, die von Geburt an uneigennützig um ihrer selbst willen als eigenständige Persönlichkeiten geliebt statt als Besitz erzogen und benützt werden, fühlen sich wertvoll, angenommen und geborgen. Sie haben eher die Chance, Vertrauen zu sich selbst, zu anderen und in ihr Leben zu gewinnen. Wo Vertrauen ist, da ist auch Geborgenheit, da haben Einsamkeit, Selbstzweifel, Minderwertigkeits- und Leere-Gefühle wenig Raum, sich auszubreiten. Hier haben, bezogen auf den seelischen Aspekt süchtigen Verhaltens, Alkohol, Tabletten und Drogen als Ersatzbefriediger, Beruhiger oder Stimulantien kaum Chancen, mißbraucht zu werden. Trotzdem garantiert ein ungebrochenes Vertrauensverhältnis zu sich selbst, zu anderen und zu den Eltern keine völlige Immunität gegenüber Drogenmißbrauch, da die Einstiegsursachen und -anlässe (vgl. S. 69ff.) viel komplexer sind.
In der Regel aber schützt der Aufbau einer ehrlichen, auf Achtung und Vertrauen begründeten Eltern-Kind-Beziehung Kinder noch am ehesten vor einem Abgleiten in die Drogenszene. Folgende Tips zeigen einige Ansatzpunkte für eine vertrauensvolle Eltern-Kind-Beziehung:

- Interessieren Sie sich ohne Aufdringlichkeit und Einmischung für die Belange ihres Kindes;
- hören Sie Ihren Kindern zu, ohne nebenbei Zeitung zu lesen, gelangweilt zu gähnen oder einfach das Thema zu wechseln; nehmen Sie die Belange, die kleinen und großen Sorgen ihrer Kinder so ernst, als beträfe es Sie selbst;
- erweisen Sie sich als vertrauenswürdig; nehmen Sie zum Beispiel ihren Kindern die Angst, ihr Ihnen entgegengebrachtes Vertrauen könnte mißbraucht und enttäuscht werden; nutzen Sie nicht Schwächen oder Fehlverhalten Ihrer Kinder als Druckmittel aus;
- verzichten Sie auf Belehrungen und Zurechtweisungen (insbesondere in Anwesenheit Dritter); versuchen Sie lieber, aus dem traditionellen hierarchischen Erziehungsstil auszubrechen und ihrem Nachwuchs ein wirklicher Partner zu sein;
- behandeln Sie Ihr Kind unabhängig von seinem Lebensalter als eigenständige, vollwertige Persönlichkeit. Trauen Sie ihm etwas zu, so daß es lernt, selbst Verantwortung zu tragen;
- vertrauen Sie ihrem Kind, selbst dann, wenn es Sie einmal hintergeht oder anlügt; nur durch ständig neu entgegengebrachtes Vertrauen erfährt das Kind Sicherheit – eine Grundvoraussetzung, um anderen gegenüber Vertrauen entgegenzubringen, um die Festigkeit zu finden, deren es zur Formung eines gradlinigen, ehrlichen Lebensstils bedarf;
- treten Sie Ihren Kindern von frühester Kindheit an mit absoluter Offenheit gegenüber; selbst Kleinkinder spüren jede Unaufrichtigkeit;

zeigen Sie Ihre wahren Gefühle, seien Sie so, wie Sie sind: ein fehlbarer, begrenzter Mensch mit Höhen und Tiefen, Bedürfnissen und Wünschen, mit Sehnsüchten, Hoffnungen und Enttäuschungen;

- leben Sie Ihren Kindern vor, wie man Probleme bewältigt, statt sie durch Lebenslügen zu verdrängen;
- mißbrauchen Sie Ihr Kind nicht als Ersatzgesprächspartner und Sorgenabladeplatz (die Gefahr besteht häufig bei Alleinerziehenden), sondern lassen Sie Ihr Kind Kind sein;
- akzeptieren Sie altersbedingte Interessenunterschiede;
- verzichten Sie auf Dankbarkeitshuldigungen und Liebesbezeugungen Ihrer Kinder; betrachten Sie Ihre Liebe und Leistungen als uneigennützige Geschenke; versuchen Sie nicht, die Zuwendung und Anerkennung Ihrer Kinder zu „erkaufen"; machen Sie Ihre Kinder nicht von sich abhängig, vermeiden Sie Überhütung und perfekten „Versorgungsservice", sondern fordern Sie Ihre Kinder!
- sagen Sie auch einmal nein, aber erklären Sie ehrlich Ihre Entscheidung; nehmen Sie Ihre Kinder mit in die Verantwortung, etwa durch Offenlegung der elterlichen Finanzen; es kann und darf nicht jeder Kindeswunsch erfüllt werden; erziehen Sie Ihr Kind dazu, richtig mit Geld umzugehen. Das monatliche Taschengeld ist ein Weg;
- vermeiden Sie, mit zweierlei Maß zu messen, mit doppelter Moral zu leben, um glaubwürdig zu bleiben (ein Vater, der abends seine drei Biere trinkt, braucht sich nicht wundern, wenn seine Kinder seine Warnungen vor den gesundheitlichen Schäden des Alkoholkonsums nicht ernst nehmen).

Zur Realisierung eines auf Ehrlichkeit aufgebauten Mit- und Füreinanders zwischen Eltern und Kindern spielt die Vorbildfunktion der Eltern eine Schlüsselrolle.

Vorbildfunktion der Eltern

Das Konsum- und Suchtverhalten der Eltern hat prägende Wirkung, da Kinder sich am elterlichen Vorbild orientieren. Kinder, die täglich mit Alkohol-, Nikotin- oder Tablettenkonsum ihrer nächsten Umgebung konfrontiert werden, passen sich insbesondere auf dem Genußmittelsektor rasch an, denn Alkohol und Nikotin versprechen ihnen nicht nur Reiz, Genuß und Abwechselung, sondern stärken als Quasi-Ausweise des Erwachsenseins das Selbstwertgefühl der Minderjährigen.
Genußmittelwerbung von der „großen weiten Welt" und das Imponiergehabe sich mit ihren Rausch- und Trinkerlebnissen brüstender Erwachsener verstärken den Eindruck, daß der Grad des Erwachsenseins von der Trink- und Rauchfestigkeit mitbestimmt wird.

Eltern, die Suchtprävention ernst nehmen, müssen nicht nur ein etwaiges negatives Suchtleitbild korrigieren, sondern sie müssen darüber hinaus ein positives Beispiel gegenüber ihren Kindern geben. Das bedeutet, daß es nicht ausreicht, wenn Eltern ihren Genußmittelkonsum einschränken, um bei Warnungen vor Suchtgefahren glaubwürdiger zu sein; viel wichtiger ist es zu zeigen, wie man vernünftig mit Arzneien, Alkoholika und anderen Genußmitteln umgeht. Es wäre aber wenig hilfreich und falsch, grundsätzlich Alkohol, Arzneien und Genußmittel zu verteufeln.
Ein erster Schritt, diesen Weg der Vorbildfunktion in der Suchtprävention einzuschlagen, besteht darin, daß Eltern versuchen, ihre Gewohnheiten, Schwächen und eingeschliffenen Rituale des Genußmittelverbrauchs zu erkennen, offen zu ihren Abhängigkeiten zu stehen und gegebenenfalls konsequent ihr Verhalten zu ändern.
Mittelfristiges Präventionsziel muß es sein, durch die eigene Bewußtseins- und Verhaltensänderung ein gesundes, lebensfrohes Familienklima zu schaffen: eine Atmosphäre, in der Genußmittel und Pillen eine untergeordnete Rolle spielen und nicht zur Überbrückung von zwischenmenschlicher Sprachlosigkeit, Langeweile, Phantasielosigkeit oder aus gesellschaftlichen Prestigegründen mißbraucht werden.
Bereits durch kleine Verhaltenskorrekturen können Eltern das Familienklima neu prägen, beispielsweise indem sie

- nichts verbieten, was sie nicht selbst einzuhalten bemüht sind, und sich den gleichen Regeln unterwerfen, die auch für ihre Kinder gelten;
- offen in ihrer Familie über ihre Konsumgewohnheiten und Schwächen und den Wunsch sprechen, Maß zu halten. Sie können ihre Kinder bitten, sie gegebenenfalls zu kontrollieren und an ihr Ziel, Maß zu halten, zu erinnern; Eltern zeigen hiermit, wie ernst es ihnen mit einem gesunden, unabhängigen Lebenswandel ist; ihre Glaubwürdigkeit steigt;
- Tees und andere alkoholfreie Getränke servieren, wenn Besuch kommt;
- sich das Rauchen abgewöhnen und Alkohol meiden;
- keine große Hausbar unterhalten oder alkoholische Getränke als Raumdekoration benutzen;
- Unehrlichkeit vermeiden, zum Beispiel zu Hause mit dem Rauchen aufhören, aber im Betrieb rauchen; Kinder bekommen das rasch heraus; schlimmer ist der Vertrauensbruch, der die ganze Eltern-Kind-Beziehung erschüttern kann;
- bei Problemen in der Ehe, im Betrieb oder überhaupt zeigen, daß Sie es nicht nötig haben, in die betäubende Wirkung von Alkohol oder

Tabletten zu flüchten, sondern sich den Schwierigkeiten stellen und sie zu bewältigen versuchen; Eltern sollten signalisieren, daß man an Schwierigkeiten wachsen, durch Erfahrungen lernen kann und somit im Leben weiterkommt;
- häufig alkoholfreie Feste feiern und somit ihren Kindern vorleben, daß man auch ohne Genußmittel lustig und vergnügt sein kann.

Eine solche familiäre Suchtprophylaxe kann aber letztlich nur dann erfolgreich sein, wenn stets der Mensch, nicht die Droge, im Mittelpunkt der Aufklärungs- und Aufbauarbeit steht. Das heißt, daß Elternvorbilder und Verhaltensänderungen nur dann fruchten, wenn sie dabei stets versuchen, das Selbstvertrauen und Autonomiebedürfnis der Kinder zu fördern, damit diese zu eigenständigen Persönlichkeiten heranreifen, die es gar nicht nötig haben, auf die „Krücken des Lebens" zurückzugreifen.

Vorbildfunktion der Eltern darf nicht heißen: Nabelschau oder selbstsüchtige Selbstdarstellung der Erzieher gegenüber Minderjährigen. Das würde gerade das Gegenteil, die Unterdrückung der Selbstentfaltung, zur Folge haben.

Das Selbstvertrauen der Kinder stärken

Selbstvertrauen schützt vor seelischer Abhängigkeit von anderen. Wer wirklich etwas von sich hält, ist auf Anerkennung durch seine Umwelt weniger angewiesen, ist nicht ständig auf der Suche nach äußerlicher Bestätigung, um mit sich selbst fertig zu werden.

Fähig, Selbstvertrauen zu entwickeln, ist das Kind, dem Vertrauen geschenkt und gezeigt worden ist, daß sich Vertrauen lohnt. Es fühlt sich geliebt und von den Eltern angenommen, da es glaubt, „o.k." zu sein. Es hat ein befriedigendes Selbstwertgefühl, es braucht keine Ersatzbefriedigung, Ablenkung oder Flucht in Scheinwelten.

Es wäre jedoch illusionär zu glauben, daß Jugendliche und Heranwachsende ein für allemal gegen Drogen und Süchtigwerden gewappnet seien, wenn sie durch Liebe und Vertrauen ihrer Eltern zu selbstbewußten Menschen herangereift sind. Denn trotz eines in frühester Kindheit begründbaren „Urvertrauens", das sicher eine wesentliche entwicklungsbeeinflussende Rolle im ganzen Leben spielen dürfte, muß Selbstvertrauen mit fortschreitendem Alter immer wieder neu erworben und gestärkt werden.

Das bedeutet einerseits, daß erzieherische Maßnahmen zur Stärkung des Selbstvertrauens zunächst nur so lange vorhalten, wie Eltern den „Zugriff" auf ihre Kinder haben. Das bedeutet aber auch, daß elterliche Erziehungssünden der Vergangenheit (Erziehung mit Druckmitteln; fehlende Anerkennung etc.) nicht irreparabel sein müssen, sondern durch Umstellung des Beziehungsstils zu den Kindern behebbar sind.

Ziel erzieherischer Maßnahmen zur Stärkung des Selbstvertrauens Jugendlicher muß sein, den Heranwachsenden zu befähigen, mehr und mehr das Selbstvertrauen aus sich selbst heraus zu regenerieren. Das bedeutet auch, ihm beizubringen, mit Ängsten fertig zu werden, so daß er aus der Bewältigung der – zunächst meist kleinen – Ängste gestärkt hervorgeht.

Eltern können beispielsweise das Selbstvertrauen ihrer Kinder fördern, indem sie

- ihre Kinder aufrichtig und bedingungslos lieben;
- ihre Kinder achten und ehrlich zu ihnen sind;
- die Meinung ihrer Kinder ernst nehmen, nicht gönnerhaft oder überheblich wirken;
- mit Lob und Anerkennung erziehen, statt mit Liebesentzug, Herabsetzung, Beschneidung oder Demütigung;
- ihren Kindern ihre wahren Gefühle zeigen, also auch kritisieren und tadeln, eigene Bedürfnisse durchsetzen oder Konsumwünsche beschränken, ohne jedoch den Kindern dabei Niederlagen beizufügen;
- ertragen können, daß ihre Kinder ihnen mitunter sogar überlegen oder konsequenter sind; Kinder sollen ruhig auf einigen Gebieten Fachmann der Familie sein;
- Kindern die benötigte Entwicklungszeit lassen, sie fordern, jedoch nicht überfordern und Leistung nicht zum Fetisch machen;
- ihren Kindern etwas zutrauen und anvertrauen, sie Risiken eingehen lassen;
- ihre Kinder von Geburt an als eigenständige Persönlichkeiten anerkennen und behandeln;
- ihren Kindern nicht stets ihren Willen (direkt oder indirekt) aufdrängen, sondern sie in ihren Entfaltungsmöglichkeiten fördern und ermuntern;
- den Arbeiten ihrer Kinder in der Wohnung einen angemessenen Stellenwert zukommen lassen;
- ihre Kinder die Wohnung, den Urlaub etc. mitgestalten lassen;
- bei privaten, schulischen oder beruflichen Mißerfolgen ihrer Kinder nicht gleich eingreifen, sondern sie selbst einen Neuanfang, eine Lösung finden lassen, jedoch für die Kinder verfügbar sind;
- Kinder unterstützen, Beziehungen zu anderen Menschen aufzubauen, die sie fröhlich und selbständig werden lassen;
- auch Lebensentwürfe und Einstellungen ihrer Kinder wertfrei akzeptieren, die ihnen gegen den Strich gehen;

- ihre Kinder nicht als Besitz, sondern als freie, gleichwertige Persönlichkeiten betrachten, die nicht als billige Hilfskräfte der Eltern fungieren;
- ihre Kinder zu lebensbejahenden Menschen erziehen, statt die eigenen Lebensenttäuschungen und Depressionen in den Familienmittelpunkt zu stellen und alle Familienmitglieder damit zu belasten;
- ihre eigenen Minderwertigkeitsgefühle nicht auf ihre Kinder übertragen, sondern sie aufarbeiten, statt sie durch ständige Herabsetzung von Mitmenschen und deren Leistungen abzureagieren;
- ihren Kindern vorleben, daß es auch noch etwas anderes als nur Geldverdienen und Besitzanhäufen gibt, für das es sich zu leben lohnt.

Wenn es Eltern glückt, das Selbstvertrauen ihrer Kinder zu stärken, dann haben Sie bereits den entscheidenden Schritt unternommen, um die Bereitschaft der Jugendlichen und Heranwachsenden zur Eigeninitiative zu wecken. Eigeninitiative, das Handeln aus eigenem Antrieb und eigenem Willen heraus, ist Grundvoraussetzung zur Teilnahme an einem erfüllten und aktiven Leben. Wenn Kinder und Jugendliche – zumindest auf einigen Gebieten – die Erfahrung gemacht haben, selbst ihr Leben bestimmen zu können oder etwas Positives in Gang gesetzt zu haben, erleben sie sich und ihre Situation positiv – und dafür lohnt sich ihr Einsatz. Solch positive Lebensstimmungen, die zu einer befriedigenden Gesamtsituation führen, lassen wenig Raum für mögliche Ersatzstimulantien.

Stärkung der Eigeninitiative

Eigenständigkeit und Eigeninitiative befähigen Kinder und Heranwachsende am ehesten zu Selbstvertrauen, Offenheit gegenüber anderen Menschen, zu Unternehmungsgeist und sozialer Verantwortung, kurzum: zu einem selbstbestimmten, erfüllten Leben.

Umgekehrt führen Ängstlichkeit, Verschlossenheit nach außen, mangelnder Unternehmungsgeist, Minderwertigkeitsgefühle und Identitätsdefizite in ein unselbständiges, fremdbestimmtes, passives Leben, kurzum: in ein selbstentfremdetes, sinnentleertes Dasein, das die Betroffenen früher oder später zu betäuben versuchen.

Somit fällt der Förderung der Eigeninitiative von Kindern und Jugendlichen in der Familie eine sehr wichtige Rolle zu. Falsch verstanden wäre diese Förderung jedoch dann, wenn Eltern glaubten, ihren Kindern ihre Vorstellungen von Aktivität überstülpen zu müssen, denn damit würden sie das Gegenteil erreichen, nämlich Unselbständigkeit und Verunsicherung ihrer Kinder, wie folgendes Beispiel belegt:

Der 13jährige Markus hat Kontaktschwierigkeiten und gilt auch in seiner Klasse als ängstlicher Sonderling.
Seine um ihn besorgten Eltern, die ihn aus seiner Isolation und Ängstlichkeit herausholen möchten, drängen ihn, sich doch mit Klassenkameraden zu verabreden.
Als Markus eines Tages stolz erzählt, er wolle in einen Karateclub eintreten, sind seine Eltern bestürzt: „So ein schrecklicher Kampfsport, so etwas Geistloses, und überhaupt: das Verletzungsrisiko ist doch viel zu groß, weißt du denn, ob dir das überhaupt liegt? Und die Kosten für die Ausrüstung und der lange Hin- und Rückweg ..."
Ein paar Monate später hat sich Markus überwunden, einigen Klassenkameraden zuzusagen, mit ihnen Schlittschuh zu laufen. Als Markus voller Freude davon berichtet, winken seine Eltern ab: „Schlittschuhlaufen ist zwar eine durchaus elegante, friedvolle Sportart, doch das Verletzungsrisiko ist ja unverantwortlich hoch – gerade für dich, der du kaum Sport treibst ... willst du denn vielleicht wegen eines schweren Sturzes dein ganzes Leben lang ein Krüppel sein?" Sie schlagen Markus vor, besser in einen Foto- oder Schachclub einzutreten: das fördere nicht nur auf ungefährliche Weise zwischenmenschliche Beziehungen, sondern rege den Geist an und wäre ein Hobby für das ganze Leben.
Markus lehnt ab. Er isoliert sich noch mehr ...
Markus' Tatendrang scheitert an der ängstlichen elterlichen Fehleinschätzung von „Aktivität". Obwohl sie ihren Jungen zur Selbständigkeit erziehen wollen, lassen sie ihn nicht das tun, was er gern möchte. Markus ist frustriert und verunsichert, da er einerseits durch wohlgemeinte Appelle wie: „Sei doch nicht so lahm!", „Jeder Mensch braucht ein Hobby!" zur Aktivität gedrängt, aber andererseits auf bittere Weise erlebt, wie die Eltern seinen Tatendrang unnötig begrenzen.
Die Eltern verstehen nicht, daß Markus sich abkapselt: Sie haben es doch so gut gemeint! Und sie fragen nicht: Wie lange kann Markus mit seinen Frustrationen allein fertig werden?
Wenn Markus beispielsweise eines Tages mit 16, 17 oder 19 Jahren seinen Eltern ganz den Rücken kehrt, sich vielleicht mit einer Sekte oder einer sonstigen Außenseitergruppierung identifiziert oder beginnt, mitzurauchen, mitzutrinken oder mitzufixen, um anerkannt zu werden, dann werden die Eltern vor einem Rätsel stehen und sich fragen: „Wie war das bloß möglich, bei uns hatte er doch alles?"
Vielleicht bleibt Markus auch ängstlich brav und schluckt seine Sorgen und Frustrationen in sich hinein, bis er eines Tages Beruhigungspillen, Alkohol oder einen anderen „Ersatzregler" benötigt. Soweit muß es nicht kommen, wenn Markus' Eltern ihren Erziehungs- und Beziehungsstil zu Markus ändern: Auch für Markus' Eltern heißt Förderung

der Eigeninitiative ihres Kindes zunächst: Sich behutsam aus dem Wirkungs- und Aktionsfeld ihres Sohnes heraushalten, damit genügend Freiraum zur Selbsterprobung von Talenten und sozialer Verantwortung zur Identitätsfindung zur Verfügung steht.
Eltern sollen Kinder einfach aktiv werden lassen und nur dann erklärend, beratend oder helfend eingreifen, wenn Gefahr für sie und andere besteht oder wenn die Aktivitäten den Freiraum anderer (auch der Eltern) beschneiden.
Hätten Markus' Eltern die Eigeninitiative ihres Sohnes wirklich fördern wollen, wäre vielleicht folgendes passiert:
Der 13jährige Markus hat Kontaktschwierigkeiten und gilt in seiner Klasse als ängstlicher Sonderling.
Seine um ihn besorgten Eltern, die ihn aus seiner Isolation und Ängstlichkeit herausholen möchten, drängen ihn, sich doch mit Klassenkameraden zu verabreden.
Als Markus eines Tages stolz erzählt, er wolle in einen Karate-Club eintreten, geben die Eltern zu, daß sie wegen ihrer Unkenntnis Vorurteile gegenüber dieser Sportart haben und mehr darüber wissen wollen. Markus kann seine fragenden Eltern als „Quasifachmann" über Sinn und Ziele des Karatesports sowie über seine Beweggründe aufklären. Markus' Eltern bekennen zwar, grundsätzlich seiner Entscheidung ängstlich gegenüberzustehen, doch entmutigen sie ihn nicht, sondern sprechen ihm ihr volles Vertrauen in seine Fähigkeiten aus, zu wissen, was für ihn gut sei. Sie versichern Markus, ihm jederzeit beizustehen zu wollen.
Ein paar Monate später hat sich Markus überwunden, einigen Klassenkameraden zuzusagen, mit ihnen Schlittschuh zu laufen. Als Markus voller Freude davon berichtet, fragen seine Eltern begeistert: „Leiht ihr euch die Schlittschuhe an der Eisbahn oder bringt jeder seine eigenen mit?" Bei den ersten Schritten auf der Eisbahn stürzt Markus und bricht sich das Bein. Die Eltern besuchen den Jungen sofort im Krankenhaus. Statt dem enttäuschten Kind Vorhaltungen zu machen, sprechen sie ihm Mut zu: „Das passiere jedem einmal", und den Karatekurs könne er ja nach Heilung des Beins noch einmal beginnen! Als sich Markus, wieder zu Hause, im Bett langweilt, fragt abends der Vater, ob ihn Schachspielen vielleicht ablenken würde, er würde all seine grauen Zellen zusammenpacken, um ihm Schach beizubringen. Nachdem der Sohn den Vater ein paarmal schachmatt gesetzt hat und mit Krücken wieder zur Schule humpeln kann, hat Markus das Steck-Schachspielen zur beliebten Unterrichtsbeschäftigung in Schulpausen oder langweiligen Stunden etabliert.
Markus' Bekanntenkreis und Unternehmungsgeist wachsen. Trotz ge-

legentlicher Rückschläge und Niederlagen, aus denen er lernt, fühlt sich Markus durch seine Unternehmungen und Freunde bestätigt, was ihn zu weiterer Eigeninitiative anregt.

Förderung der Kommunikationsfähigkeit

Je besser die Kontakt- und Beziehungsfähigkeit eines Menschen entwickelt sind, desto mehr wächst sein Talent, echte zwischenmenschliche Verbindungen aufzunehmen.
Einsamkeitsgefühle, die zum Beispiel von Suchtkranken als häufigste Ursache ihrer Sucht angegeben werden, haben wenig Raum, wenn Menschen durch Freund- und Partnerschaften oder anderweitige enge Kontakte in Familie, Nachbarschaft, Bekanntenkreis, Gemeinde oder Betrieb sozial fest eingebunden sind.
Ein festes Beziehungsnetz zu Menschen, von denen man sich angenommen fühlt, verleiht Bestätigung und gibt Geborgenheit, Orientierung und die Chance befriedigender zwischenmenschlicher Kommunikation.
Obwohl Kontaktfreudigkeit und Kommunikationsfähigkeit helfen, Einsamkeitsgefühle auf ein Minimum zu reduzieren, sind sie sicherlich kaum eine Schutzgarantie gegen Abhängigkeit und Süchtigsein. Zahlreiche Jugendliche geraten gerade durch ihre Neugierde und Kontaktfreudigkeit an Dealer, die die Unbekümmertheit und das ihnen entgegengebrachte Vertrauen ausnutzen.
Dieser Art Manipulation entgehen am ehesten Jugendliche, die gut über die Wirkungsweisen von Suchtmitteln Bescheid wissen und den Mut aufbringen, zur rechten Zeit auch nein zu sagen. Das setzt aber bei den Heranwachsenden eine gute Portion Zivilcourage voraus, denn nicht jeder hatte in seinem Elternhaus die Chance zu lernen, sich gegenüber Fremdbestimmung und Manipulation zu behaupten. Vielfach hat eine sicher gutgemeinte, aber verfehlte Erziehung die Kinder und Jugendlichen beeinflußbar gemacht. Dann beispielsweise, wenn Eltern auf Kritik und Gefühlsäußerungen ihrer Kinder mit Beleidigtsein, innerer Enttäuschung oder allzu großer Verletzbarkeit reagieren. Unter dem Eindruck, viel Schuld auf sich geladen zu haben und aus Angst, bei Nichterfüllung der elterlichen Erwartungen deren Liebe zu verlieren, entwickeln Kinder einen krankhaften Kommunikationsstil, der von Abhängigkeit geprägt ist. Er ist darauf gerichtet, für andere stets verfügbar zu sein, niemanden enttäuschen zu wollen, um dessen Zuneigung nicht zu verlieren. Was aber passiert, wenn der andere ein Guru, eine Sekte, ein Dealer, eine Trinkrunde oder ein anderer Verführer ist? Dann sind besonders jene mit Schuldkomplexen und Liebesdefizit den

falschen Propheten völlig ausgeliefert: einerseits, wenn Jugendliche durch Mitmachen (z. B. trinken, haschen etc.) bei den anderen die Bestätigung zu finden glauben, die ihre Eltern ihnen schuldig blieben; andererseits, wenn die von den neuen Freunden gleichzeitig kräftig gezogenen Manuale der vielfältigen Schuldgefühle bei den Jugendlichen ständig neue Gefühlswunden schlagen, so daß die Abhängigkeit von der Bestätigung durch andere ständig zunimmt, was im Extremfall bis zur völligen Selbstaufgabe führen kann.

Daher kommt es bei der Förderung der Kommunikationsfähigkeit als drogenprophylaktischer Maßnahme auf die Stärkung eines kritischen Kommunikationsstils an, der Jugendliche zu reifen und gesunden Beziehungen befähigt und Abhängigkeitsverhältnisse verhindert.

Das können Eltern beispielsweise beeinflussen, wenn sie so früh wie möglich

- ihre Kinder als vollwertige Persönlichkeiten betrachten, mit deren Kritik und Willensäußerungen sie sich wertfrei und fair, ohne Schuldzuweisungen und seelische Gefühlsüberreaktionen auseinanderzusetzen haben. Es gilt einerseits den Kindern durch eigenes Beispiel vorzuleben, wie man Kritik erträgt, und andererseits zu verhindern, Kindern Schuldkomplexe aus Gründen erzieherischer Gefügigkeitsforcierung einzuimpfen. Kinder müssen lernen zu widersprechen, ohne dafür ständig gerügt, unter seelischen Druck oder anderweitig persönlich bestraft zu werden. Sie brauchen das Gefühl, trotz anderer Meinung geliebt, also „o. k" zu sein. Nur so baut sich allmählich in ihnen das Selbstvertrauen auf, das ihnen die nötige seelische Unabhängigkeit gibt, selbst zu bestimmen, was für sie gut oder schlecht ist.
- bereit sind, auch Kritik ihrer Kinder zum Anlaß eigener Lebensveränderungen zu nehmen. Zahlreiche Heranwachsende kehren dem Elternhaus aus Protest gegen Stagnation und Starrsinn den Rücken. Sie halten es nicht aus, ohnmächtig gegen Wände von Uneinsichtigkeit und Einseitigkeit zu laufen, wenn ihre Ideen und Anregungen zu Hause niemals Berücksichtigung finden.
- ihren Kindern beibringen, daß Beziehungen und Kontakte zu Menschen von gegenseitiger Unabhängigkeit und der immer wieder neuen Hingabe der Betreffenden leben.
- die Beziehungen ihrer Kinder in Kindergarten, Schule, Uni, Nachbarschaft etc. unterstützen, indem sie zum Beispiel Kindern die Möglichkeiten einräumen, Treffen zu organisieren, Partys zu feiern und ungestört mit Freunden im Elternhaus umzugehen.
- ihre Kinder eigenständig Interessen und Hobbys finden lassen, statt sie mit ständigen Einwänden zu verunsichern und passiv zu machen.

- zeigen, daß Menschen aufeinander angewiesen sind. Eltern sollten als Vorbild beispielsweise soziale Aufgaben übernehmen, im Rahmen von Nachbarschaftshilfe oder von ehrenamtlicher Mitarbeit in den Verbänden der freien Wohlfahrtspflege.
- ihre Kinder in die Pflege oder Betreuung eines Menschen mit einbeziehen, ohne jedoch den Heranwachsenden zu überfordern oder zu Hilfsdiensten auszunützen.
- ihren Kindern innerhalb der Familie Verantwortung für einen oder mehrere Bereiche übertragen, ohne ständig in ihre Kompetenz hineinzureden und sie zu kritisieren. Überholte soziale Rollen sollten dabei aufgelöst werden.
- innerhalb der Familie ein Verantwortungsbewußtsein für Umwelt-, Zeit- und Gesundheitsfragen entwickeln.
- innerlich mit ihren Kindern mitgehen, sich interessieren, für die Belange des Kindes begeistern lassen und dem Kind die Chance geben zu zeigen, was es alles kann.

Die Förderung der Kommunikationsfähigkeit Heranwachsender sollte neben dem wohl wichtigsten, dem zwischenmenschlichen Beziehungssektor alle weiteren, das menschliche Leben beeinflussenden Bereiche umfassen, denn letztlich ist des Menschen Wirklichkeit das Ergebnis all seiner Kommunikation, also seines geistigen, seelischen und körperlichen Austausches mit seinesgleichen, den Menschen. Kurzum: die menschlichen Erwartungen vom Leben sind abhängig von der Qualität seiner Korrespondenz mit den Gegebenheiten und Begebenheiten der Welt, in der er lebt. Das menschliche Lebensglück wird unter anderem dadurch bestimmt, inwiefern die Erwartungshaltung des Menschen erfüllt werden kann. Die Diskrepanz zwischen Wunsch und Möglichkeit ist der Konfliktbereich. Je realistischer Menschen die Welt wahrnehmen und aus ihrer Wahrnehmung Rückschlüsse ziehen und entsprechend reagieren und agieren können, desto befriedigender, erfüllter verläuft ihr Leben.

Je größer die Diskrepanz zwischen Wunsch und Möglichkeit, desto konfliktreicher gestaltet sich ihre Wirklichkeit. Menschen, die nicht gelernt haben, nüchtern zu sehen, die fremdbestimmt von Werbung und Selbsttäuschungen illusionistischen Weltbildern nachhängen, vergrößern durch ihr realitätsverzerrtes Wirklichkeitsbild ständig die Diskrepanz zwischen ihrer Erwartung und dem Möglichen. Sie entfremden sich von sich und ihrer Welt – eine wesentliche Ursache süchtigen Verhaltens. Den durchlittenen Frustrationen möchte man mit Hilfe von Suchtmitteln entfliehen, was die Diskrepanz zur Wirklichkeit, das „Besoffensein" noch vergrößert. So betrachtet, bedeutet Kommunikation zur Selbstfindung: Anleitung zur Nüchternheit, zu einer möglichst von

Selbsttäuschungen, Lebenslügen und Klischees losgelösten, klaren Sicht der Dinge.

Wenn Menschen lernen, zu dem für sie Wesentlichen zu finden, wenn sie bewußt ihr eigenes Leben steuern können, wenn sie sich als gesunder Mikrokosmos im Makrokosmos erleben, dann verzichten sie gern darauf, ihre durch Nüchternheit erlangte Freiheit gegen eine „besoffene, unwirkliche Wirklichkeit", der sie hilflos ausgeliefert wären, zu vertauschen. Ein berauschtes Leben würde für sie Rückentwicklung bedeuten.

Eltern, die ihre Kinder zur Selbstfindung anleiten möchten, brauchen eigentlich nur das natürliche Bedürfnis der Kinder nach Selbstentfaltung, das leider oft wegerzogen wird, zu unterstützen. Denn „Kinder besitzen oft eine Genialität, die im Erwachsenwerden verlorengeht. Es ist, als ob wir mit den Jahren in das Gefängnis von Konventionen und Meinungen, der Verdeckungen und Unbefragtheiten eintreten, wobei wir die Unbefangenheit des Kindes verlieren" (Jaspers, Karl: Einführung in die Philosophie, München [26]1987, S. 11).

Von den Kindern lernen

Erwachsene, die den erziehungsbedingten Verlust ihres natürlichen Bedürfnisses nach Selbstentfaltung mit Suchtmitteln kompensieren zu können glauben, können vielleicht sogar von der „kindlichen Genialität", von der kindlichen Unvoreingenommenheit und Ehrlichkeit lernen. Denn Kinder befinden sich in den ersten Lebensjahren noch in ihrem Zentrum, in einem psychophysischen Gleichgewicht, das viele Menschen im Prozeß des Erwachsenwerdens verlieren und es dann mit Hilfe von Suchtmitteln – wenigstens scheinbar für wenige Stunden – wiederzuerlangen hoffen.

Jede erfolgreiche Suchtprophylaxe verlangt daher die Bewahrung beziehungsweise Wiederherstellung des seelischen und physischen Gleichgewichts, etwa durch die gesunde Stabilisierung eines ausgewogenen Verhältnisses zwischen Körper, Seele und Geist des Menschen und seiner sozioökologischen und soziokulturellen Umwelt.

Unüberschaubar ist die Flut von Empfehlungen und Techniken für ein sinnerfülltes, drogenfreies Leben. Einige wichtige Aspekte sind im Kapitel „Therapien" (vgl. S. 149ff.) zusammengetragen.

Alles fängt so harmlos an

Wenn es zur Sucht kommt

In der Regel beginnt eine Suchtkrankheit unmerklich, für den Betroffenen harmlos, wobei die Grenzen zwischen Genuß, Mißbrauch, Gewohnheit, Abhängigkeit und Suchtkrankheit fließend sind. Dennoch wäre es ein Irrtum, den Verlauf einer Suchtkarriere in aufsteigende Stufen – Genuß, Mißbrauch, Gewohnheit, Abhängigkeit und Suchtkrankheit – zu untergliedern. Denn wie man nicht ein wenig schwanger sein kann, so ist niemand, der süchtig ist, mehr oder weniger süchtig, sondern er ist suchtkrank oder nicht suchtkrank.
Wenn Verhaltensweisen wie Genuß, Mißbrauch und Gewohnheit, die nicht unbedingt eine Sucht zur Folge haben müssen, zu einer Suchterkrankung führen, ist anzunehmen, daß der Betroffene seelisch und körperlich für diese Suchterkrankung konditioniert war. In diesem Fall muß er auf den Genuß eines Stoffes, etwa Alkohol, verzichten, mit dem andere Menschen bei mäßigem Konsum keine Probleme haben. Beleg für diese These mag sein, daß Suchterkrankungen, wie Erfahrungen zeigen, selbst nach Jahren der Abstinenz wieder aufleben können. Rückfälle jahrelang trockener Alkoholiker bei Abstinenzübertretung bestätigen, stellvertretend für zahlreiche andere Suchtarten, die lebenslange Suchtveranlagung.
Folgendes Beispiel zeigt, wie eine Suchtkrankheit zum Ausbruch kommen kann, wenn ein für die Suchtart konditionierter Mensch unbedacht handelt:
Sabine, 32 Jahre alt, Sekretärin in Hamburg, erhält wegen einer Neuralgie im rechten Arm ein Schmerz- und Beruhigungsmittel.
Da Sabine die entspannende, schmerzlindernde Wirkung als sehr angenehm empfindet, verwendet sie das Präparat entgegen der ärztlichen Verordnung zur Kurierung anderer kleiner Beschwerden. Die Bedenken ihres Ehemanns zerstreut sie mit der Bemerkung, jederzeit aufhören zu können und es nicht ausufern zu lassen.
Sabine läßt den Medikamentenmißbrauch zur Gewohnheit werden: es wird ihr zur Regel, bei Verspannungen im Rücken oder innerem Aufgewühltsein zum Schmerz- und Beruhigungsmittel zu greifen.
Als nach einem dreiviertel Jahr ihr Hausarzt auf erhöhte Leberwerte

aufmerksam macht, möchte Sabine von ihrer gesundheitsschädigenden Gewohnheit lassen, doch: es geht nicht. Sabine ist derart abhängig von dem Präparat, daß sie sich beim versuchsweisen Absetzen des Medikaments fürchterlich unwohl fühlt und fürchtet, nicht mehr die Ruhe für eine erfolgreiche Arbeit aufzubringen.
Statt ihre Abhängigkeit zuzugeben, um die eigene Lebenssituation aufarbeiten zu können, fühlt sich Sabine von der ärztlichen Diagnose und ihren Ängsten vor nachlassender Arbeitsleistung derart unter Druck gesetzt, daß sie die Dosis zur Erhaltung der Wirkung steigern muß.
Die stark benebelnde Wirkung der Schmerz- und Beruhigungspillen bekämpft Sabine morgens mit ständig steigenden Dosen von Aufputschpräparaten, deren erregende Stimulanz nachmittags mit erhöhten Beruhigungsmittelgaben. Das Teufelsrad ihrer Suchtkrankheit beginnt, sich immer rascher zu drehen: zunehmend wird es Sabines Lebensinhalt, ihren Medikamentennachschub zu sichern, quälende Entzugserscheinungen zu verhindern und die Wechselwirkung zwischen Aufputsch- und Entspannungswirkung gekonnt zu timen ...
Warum Sabine wirklich süchtig wurde, kann niemand einwandfrei beantworten. Sicher ist jedoch, daß Sabine aus einem inneren Problem heraus Schmerz- und Beruhigungsmittel zur Realitätsflucht mißbrauchte. Auch der kurze Mißbrauch muß – wie der ärztlich verordnete Gebrauch über einen längeren Zeitraum hinweg – nicht unbedingt zur Abhängigkeit oder Suchtkrankheit führen, wenn keine spezielle psychische Konditionierung oder eine besondere körperliche Anfälligkeit vorliegt. Dies mag auch erklären, warum zahlreiche Menschen bei bereits relativ geringen Dosierungen innerhalb weniger Tage auf stimulative Stoffe suchtartig reagieren, während andere mit dem gleichen Medikament über Jahre hinweg problemlos leben können. Noch wissen Experten kaum, in welcher Wechselbeziehung psychische und physische Abhängigkeit zueinander stehen. Kann man überhaupt süchtiges Verhalten in seelisch beziehungsweise körperlich bedingt untergliedern? Wohl nur bedingt: So kann beispielsweise ein Jugendlicher, der nicht im Traum daran gedacht hatte, harte Drogen zu nehmen, durch „Anfixen" mit Heroin innerhalb kürzester Zeit süchtig werden.
Er hängt aber sicher nur dann auf Dauer an der Nadel, wenn eine psychische und physische Bereitschaft vorhanden ist. Dabei stellt sich die Hauptstreitfrage: Erhöht die Droge die psychophysische Suchtbereitschaft, ist eine Suchtkonditionierung immer angeboren oder lösen letztlich andere Faktoren, etwa das psychosoziale Ursachen- und Bedingungsgeflecht, im wesentlichen eine Suchtkrankheit aus?
Interessant ist in diesem Zusammenhang die Beobachtung britischer und amerikanischer Schmerzkliniken bei ihrer Opiatbehandlung von

Schmerzpatienten: So wurden Krebspatienten mit einer planmäßigen, von Ärzten unabhängig von den Schmerzintervallen durchgeführten Opiatverabreichung seltener drogenabhängig als Patienten, denen Opiate bei Schmerzzunahme gegeben wurden. Schmerzforscher, wie der Bochumer Professor Michael Zenz, nehmen an, daß der Patient, der Opiate nur nach Bedarf und nicht nach Plan bekommt, jede Opiatgabe als Belohnung empfindet – und da beginnt die Sucht, so Zenz. In diesen Fällen dürfte also im wesentlichen das psychosoziale Ursachen- und Bedingungsgeflecht, hier die Umstände und Art der Verabreichung, suchtverursachende Bedeutung haben.
Ist diese These auf alle Suchtarten anwendbar?
Warum gibt es sogenannte seelisch abhängige Raucher (sie sind z.B. vom Ritual des An-der-Zigarette-Ziehens usw. abhängig)? Warum gibt es nikotinsüchtige und nichtsüchtige Raucher? Was entscheidet darüber, welcher Alkoholkonsument Trinker wird oder trocken bleibt? Warum nehmen die nichtstofflichen Süchte, der sogenannten Alltagsdrogenmißbrauch, wie Fernseh-, Musik-, Arbeits- oder Spielabhängigkeiten, ständig zu? Was verursacht das Süchtigsein, wenn stoffliche Stimulantien als mögliche Suchtursache entfallen? Warum können sich zum Teil bei Alltagsdrogenabhängigen ähnliche Entzugserscheinungen zeigen, wie bei den sogenannten stofflich Abhängigen?
Um zumindest ein paar Antworten auf die Suchtverursachungsfragen zu erhalten, verlassen Wissenschaftler zunehmend ihren Ansatz von der zentralen Drogenbedeutung bei der Verursachung von Süchten. Der Mensch und seine gesellschaftliche Interaktion gewinnen in dem Maße an Aufmerksamkeit, wie frühere Ansätze bei der Suchtbekämpfung versagen oder unbefriedigend bleiben. Walther Lechler ist einer der ersten praktizierenden Wissenschaftler gewesen, der den Menschen inmitten seiner Umwelt mit einem kybernetischen System vergleicht und erkannt hat, daß süchtiges Verhalten dort entstehen kann, wo das System aus seinem Gleichgewicht geraten ist (vgl. S. 13ff.).
Auch der Psychologe Gregory Bateson vergleicht den Geist des Menschen mit einem kybernetischen System, in das er den Körper wie auch die Umwelt einbezieht. Hiernach kann das Entstehen einer Sucht nur in ganzheitlicher Denkweise erfaßt werden.

Suchtursachen

Süchtigsein signalisiert eine seelische Verwahrlosung. Charakteristisch hierfür ist der zwanghafte Drang des Menschen, die Diskrepanzen zwischen Erwartung und Realität, Wollen und Können, Schein und Sein,

Illusion und Wirklichkeit unersättlich mit „Ersatzmitteln“ zu überbrükken. Das Wesen eines Suchtkranken wird primär durch seine „Unersättlichkeit“ bestimmt.
Als wesentliche Ursache für die Entstehung einer Suchtpersönlichkeit vermutet Raymond Battegay frühkindliche Mangelerfahrungen und Sozialisationsdefizite (z. B. Geborgenheitsverlust oder Überhütung) in bezug auf Liebe und Stimulation. Diese Mangelerfahrungen versuchen die Süchtigen, die Battegay „Hungerkranke“ nennt, durch Objekteinverleibung wettzumachen. Diese zunehmende „Existenzweise des Habenmüssens“, die Habgier, die Habsucht, führt Erich Fromm auf eine kranke Gesellschaft zurück, die dem Kleinkind bereits Gefühls- und Wunschmuster aufnötigt und den „im Wachstum begriffenen Menschen“ zwingt, „die meisten seiner autonomen, echten Wünsche und Interessen und seinen eigenen Willen aufzugeben ... Eingeschränkt wird die freie, spontane Willensäußerung des Säuglings, des Kindes, des Jugendlichen und schließlich des Erwachsenen, sein Verlangen nach Wissen und Wahrheit, sein Wunsch nach Zuneigung“ (Fromm, E.: Haben oder sein, Stuttgart 1979, S. 81).
Der Mensch wird also entgegen seinem Naturell den Bedürfnissen einer Konsum- umd pathologischen Wachstumsgesellschaft angepaßt und von seinem wahrhaften Sein entfremdet. Die Folge ist: „Kinder, die als Kinder ihre sehr intensiven Gefühle mit Erfolg unterdrücken mußten, versuchen oft, mit Hilfe der Droge oder des Alkohols die verlorene eigene Erlebnisintensität – wenigstens für kurze Zeit – zurückzugewinnen“ (Miller A.: Das Drama des begabten Kindes und die Suche nach dem wahren Selbst, Frankfurt a. M. 1983).
Deshalb ist für den Betroffenen nicht die Sucht, sondern die Wirklichkeit das Problem: ein verzerrtes, entfremdetes Realitätsbild, von dem er sich durch Drogenkonsum zeitweise erlösen möchte. Im Kern der Problematik des „Zu-kurz-gekommen-Seins“ dürften starke Minderwertigkeitsgefühle stehen, die aufgrund von Liebesdefiziten, fehlender zwischenmenschlicher Bestätigung und Anerkennung gewachsen sind: Denn Betroffene glauben, daß die Schuld für das Nichtangenommensein in ihrer makelhaften eigenen Persönlichkeit liegt. Ihre Anerkennungs- und Liebesdefizite durchleiden Menschen in den verschiedenen Schattierungen von Einsamkeit. Statt die in der Kindheit verlorene eigene Erlebnisintensität zu reaktivieren, um ein Gefühl der Vollwertigkeit und von Mündigkeit zur Überwindung der Einsamkeit aufbauen zu können, versuchen Betroffene, auf Ersatzwegen ihre Einsamkeitsgefühle zu kompensieren.
Da niemand gegen Gefühle wie Einsamkeit, Versagen, Angst, Ohnmacht gefeit ist, sondern ständig von neuem sein Lebensgleichgewicht

herstellen muß, kann niemand behaupten, gegen eine Sucht immun zu sein. Sicherlich gibt es unterschiedliche Gefährdetengruppen. So hat der Psychologe Werner Gross ein Modell einer sogenannten „süchtigen Persönlichkeitsstruktur" mit folgenden Merkmalen entwickelt:

a) starke gefühlsmäßige und psychovegetative Sensibilität und Labilität;
b) geringe emotionale Integration, die sich in Abwehr von Gefühlen und impulsiv-selbstbezogenem Verhalten äußert;
c) Schwierigkeiten, reife Kontaktbeziehungen zu anderen Menschen aufzubauen;
d) angstbesetzte Befindlichkeit;
e) Stimmungslabilität;
f) hypochondrische und konversionsneurotische Symptome;
g) depressive Grundstruktur;
h) hohe Selbstachtung und hohes persönliches Anspruchsniveau"

(Gross, W.: Hinter jeder Sucht ist eine Sehnsucht. Hilfen für den Umgang mit unseren Alltagsdrogen, Freiburg i. Br. 1985).

Suchtauslösende Faktoren

Entscheidend für den Ausbruch einer Suchterkrankung dürfte das Zusammentreffen einer süchtigen Persönlichkeitsstruktur mit individuell mehr oder weniger suchtauslösenden Faktoren sein, etwa wie:

- Einsamkeitsgefühle, Empfindungen der Ungeborgenheit, des Ungeliebtseins, der Ausgrenzung oder Isolation;
- Ängste wie Kontakt-, Existenz-, Verlust- und sonstige Lebensängste;
- Minderwertigkeitsgefühle, Hemmungen, Komplexe, Behinderungen, Krankheiten und Gebrechen usw.;
- Alterungsprozeß, plötzliche Alternserfahrungen wie Nachlassen der Spannkraft, Eintritt ins Rentnerdasein, Auszug der Kinder usw.;
- Verfall von Wertvorstellungen, das Gefühl von permanenter Verunsicherung und Un-verläßlichkeit;
- Mangelndes Vertrauen ins Leben, zu sich selbst und anderen;
- Übertriebene Erwartungen an das Leben, an sich selbst, an andere;
- Versuche, Streß abzublocken, Distanz zu Problemen zu schaffen;
- Ablenkung und Zerstreuung suchen;
- Ablehnung von Eigenverantwortung, Unfähigkeit zur Selbstbestimmung und Selbständigkeit – der latente Wunsch, Kind bleiben zu dürfen, abhängig sein zu können;
- Erfüllung gesellschaftlicher Normen und Rollenerwartungen, zum Beispiel Trinken bei Betriebsfeiern, Fasching usw.;

- Erfüllung von Gruppenerwartungen, zum Beispiel Kiffen in Jugendcliquen;
- Suggestion, etwa durch Werbung oder Klischeeprägungen wie: Der harte Mann ist trinkfest und raucht; Alkohol bringt wohlige Entspannung oder fördert Geselligkeit usw.;
- Soziale Mißstände, wirtschaftliches Elend, ständige Entbehrungen, Schulden, Prozesse usw.;
- Endzeitstimmung aufgrund von Umweltzerstörung, AIDS-Gefahren, Hochrüstung usw.;
- Wunsch nach Bewußtseinserweiterung, Ekstase, Transzendenz, übersinnlichen Kräften usw.;
- Zugriffsnähe und schlechte Gesellschaft;
- Nachahmung der Erwachsenenrollen von Kindern, etwa durch Rauchen, Trinken usw.;
- Schicksalsschläge wie Tod eines Partners, Krankheit, Unfall usw.;
- Sinnentleerung des Lebens, Angst vor der inneren Leere, vor dem Ausgebranntsein, vor der Erkenntnis, nichts mit sich und seinem Leben anfangen zu können.

Aber: Einsamkeit, Angst oder andere dieser häufig genannten, suchtauslösenden Faktoren verursachen ebensowenig automatisch süchtiges Verhalten wie das gelegentliche Glas Wein oder Bier am Abend, die Kopfschmerztablette oder das Fernsehwochende.

Zur Sucht kommmt es erst dann, wenn die Umstände des Suchtmittelgebrauchs zusammen mit der Rauschwirkung einen Drang zur ständigen Wiederholung der Gesamtsituation erzeugen. Beispielsweise: Peter verliert nach dem zweiten Glas Bier seine Kontaktängste. Vor jedem Verkaufsgespräch, jeder Betriebsratsversammlung und am Wochenende im Kleingärtnerverein fühlt er sich ohne das gehopfte Betäubungsmittel hilflos, so daß er in diesen Streßsituationen stets den unwiderstehlichen Drang zum Biertrinken verspürt.

In der Erfahrungswelt des Betroffenen prägen sich nicht die Ängste, sondern die nach dem Suchtmittelkonsum angenehm empfundenen Gefühlszustände und Erlebnisse ein, etwa das Verschwinden der Einsamkeitsgefühle, die schönere Sexualerfahrung, das Gefühl der Geselligkeit, das gestärkte Selbstvertrauen, die vermeintliche Leistungssteigerung, eine positivere Lebenseinstellung usw.

Die Folge davon ist, daß nicht nur ein Defizit, zum Beispiel ein Angst- oder Einsamkeitsgefühl, sondern selbst ein nicht suchtmittelkonsumbedingtes Wohlbefinden zum Suchtmittelkonsum drängen kann. Das ist praktisch eine Umkehrung des Drogenkonsumanlasses. Beispielsweise: Peter hat zufällig in der Stadt Bekannte getroffen, mit denen er sich – ohne Alkohol – köstlich amüsiert, ohne Angstgefühle vor seinen

Kollegen. Dennoch verspürt er einen unwiderstehlichen Drang, die Bekannten zum Bier einzuladen. Denn Alkohol gehört bei ihm zur Abrundung des „Wir-Gefühls".
Dieses „Wir-Gefühl", die Gesamtsituation „Kollegen und Alkohol", drängt ihn, es zu wiederholen – daher die Einladung zum Bier.
Ob nun Suchtmittelkonsum mit Gefühlsmustern oder Gefühlsmuster mit Suchtmittelkonsum assoziiert werden, der Wechselwirkungsprozeß dürfte einer der zentralen Auslöser von Suchtkrankheiten, Abhängigkeiten oder Gewohnheiten sein.

Definition der Suchtkrankheit

Man unterscheidet zwischen Gewohnheit, Abhängigkeit und Suchtkrankheit, obwohl ihre Grenzen fließend sind. Hierbei könnte *Gewohnheit* definiert werden als ein sich in gewissen Zeitabständen wiederholendes, eingeschliffenes, korrigierbares Verhaltensmuster. *Abhängigkeit* ist dagegen ein eingeschliffenes, zwanghaftes Verhalten, das je nach Schweregrad wenig beziehungsweise ab einem gewissen Stadium gar keine Verhaltenskorrektur (im Sinne von Suchtmittelverzicht) zuläßt. In diesem Stadium empfinden Betroffene die Drogeneinnahme und -wirkung als existentiell unverzichtbar. Die Droge hat bereits einen festen Platz in ihrem Leben. Entzug bedeutet: schmerzhafte Ablösungsprozesse, Entzugserscheinungen.
Obwohl eine Abhängigkeit bereits die Suchtkrankheit ist, sprechen zahlreiche professionelle Suchtexperten erst dann von einer Suchterkrankung, wenn die Abhängigkeit beginnt, das ganze Leben des Betroffenen zu beherrschen: etwa, wenn alles Denken und Handeln weitestgehend auf die Beschaffung der Droge, die Verhütung von Entzugserscheinungen und die Vertuschung der Sucht gerichtet ist. Der anfängliche Genuß wird durch die eigendynamische Suchtspirale ad absurdum geführt. Aus dem anfänglich das Leben bereichernden Genußziel wird ein immer hoffnungsloserer Wettlauf gegen Entzugserscheinungen und zunehmende soziale, wirtschaftliche und gesundheitliche Probleme, ein Wettlauf, der ohne Therapie unweigerlich in den Abgrund führt.
Die Weltgesundheitsorganisation (WHO) hat vorgeschlagen, anstelle von Sucht von Drogenabhängigkeit zu sprechen, um Verwechslungen mit Begriffen wie Gelbsucht, Bleichsucht usw. zu vermeiden. Nach der WHO-Definition ist Drogenabhängigkeit „ein unbezwingbares, gieriges seelisches Verlangen, mit der Einnahme der Drogen fortzufahren, und das Bedürfnis, sich Drogen um jeden Preis zu beschaffen".

Suchtarten – Wirkungsweisen und Abstinenzvorschläge

Nach der Lektüre der vorangegangenen Beiträge drängt sich die Frage auf, ob es überhaupt notwendig ist, einige der wichtigsten und gefährlichsten Suchtarten aufzuzeigen. Denn wurde nicht eindeutig dargelegt, daß bei der Entstehung von Suchtkrankheiten weniger die Droge, sondern vielmehr der Mensch und sein psychosoziales Umfeld das Problem ist? Gewiß, aber es wäre ein leichtfertiger Irrtum, wegen einer eventuellen Ähnlichkeit der Suchtursachen zu sagen: „Sucht ist gleich Sucht!" Denn ganz abgesehen von den sehr verschiedenen Suchtmitteln, die vom stofflichen bis in den nichtstofflichen Bereich reichen, verlangen insbesondere schon die unterschiedlich dramatischen Wirkungsweisen, Leidenswege, Gesundheitsbeeinträchtigungen, sozialen, wirtschaftlichen und juristischen Folgen der Erkrankung eine sehr differenzierte Betrachtungsweise der Drogenproblematik. So wird wohl beispielsweise niemand ernsthaft eine Kokainabhängigkeit mit einer Joggingsucht auf eine Ebene stellen wollen, nur weil die Suchtursache, etwa der krankhafte Wunsch nach Leistungssteigerung, bei beiden Süchten ähnlich ist.

Analysiert man die Herstellungs-, Vertriebs- und Konsumwege von Suchtmitteln, erfaßt man ihr gesellschaftliches Ausmaß und die psychophysische Struktur des Konsumenten, des Süchtigen, so trifft man auf eine komplexe gesellschaftliche, politische und individuelle Verknüpfung. Sucht betrifft nicht nur eine Minderheit, sondern die gesamte Gesellschaft. Um sich selbst zu beruhigen, neigen Menschen allzugern dazu, Randgruppen, wie der drogenkonsumierenden Jugend oder den exzessiv trinkenden Stadtstreichern, das Problem Sucht zuzuschieben. Dabei sind letztlich Alkohol, Medikamente, Opiate, Fernsehen nur stofflicher Ausdruck einer Kulturkrankheit, einer rasch anwachsenden Sozialseuche, die analog zur Umweltverschmutzung und zu unserem vergifteten Jahrhundert steht.

Die Suchtkrankheit des einzelnen Menschen entspricht im kleinen der Destruktivität und Selbstzerstörung unserer Erde im großen.

Angesichts dieser Überlegungen erscheint es beinahe paradox, die miteinander verflochtenen Ausdrucksweisen süchtigen Verhaltens, wie Alkoholismus, Rauschdrogenkonsum, Magersucht etc., zu separieren und in jeweilige spezifische Wirkungsweisen und Abstinenz- bzw. Therapie-

vorschläge aufzulösen, wie die folgenden Abschnitte den Eindruck vermitteln könnten. Doch dieser Eindruck täuscht. Die isolierte Darstellungsweise der bekanntesten Suchtäquivalente ist lediglich eine Hilfskonstruktion zum besseren Verständnis.
Nur wer Einblick in die Verschiedenartigkeit möglicher Suchtformen hat, kann seine Haltung gegenüber Suchtmitteln korrigieren, sich und andere aktiv vor Suchtgefahren schützen, im Krankheitsfalle besonnen und zielgerichtet reagieren und effektiv gegen die Suchtgefahren arbeiten.

Illegale Drogen

Entwicklungstendenzen des illegalen Drogenkonsums

Die Bundesregierung hat in ihrem Suchtbericht vom 16.7.1986 versucht, die Entwicklungstendenzen des illegalen Drogenkonsums aufzuzeigen. Bei den illegalen Drogen handelt es sich vor allem um das wegen seines hohen Abhängigkeitspotentials besonders zu fürchtende Heroin und andere Opiate, um die ursprüngliche „Nobeldroge“ Kokain und um die weitverbreiteten Cannabisprodukte Haschisch und Marihuana; im Umfeld steht – als legale, zum Teil auch illegal produzierte Ersatzdrogen – ein schwer überschaubares Arsenal mißbrauchbarer Arzneimittel zur Verfügung. Größenordnungen und Tendenzen des Konsums illegaler Drogen werden in dem Regierungsbericht im wesentlichen so skizziert:
Knapp 10 % der jungen Menschen bis zu 24 Jahren – das sind immerhin 1,1 Mio. Bürger – haben irgendwann einmal eine illegale Droge genommen, etwa Haschisch probiert; diese große Zahl umfaßt auch alle einmaligen Probierer – sie besagt also wenig. Die eigentlichen, harten Drogenmißbraucher und meist auch -abhängigen haben wir in der Extremgruppe junger Opiatkonsumenten, die dagegen nur 0,4 % aller jungen Menschen umfaßt (rd. 46000). Faßt man unter den Drogenmißbrauchern insgesamt – also auch denen über 24 Jahren – alle Abhängigen zusammen, so dürften es nach den vorliegenden Umfragen in der Bundesrepublik knapp 50000 Personen sein.
Wenn man nun Entwicklungstendenzen des Drogenkonsums feststellen möchte, sollte man sich hüten, die von Polizei und Presse manchmal vordergründig präsentierten Rauschgift-Fahndungszahlen überzubewerten. Da haben wir einmal die sogenannten Sicherstellungen: 1986 war es mit 186 kg erstmals mehr Kokain als Heroin (157 kg); noch 1982

wurden 202 kg Heroin und nur 33 kg Kokain beschlagnahmt. 1987 brachte starke Zuwächse bei diesen Drogen: Heroin 320, Kokain 296 kg. Die jahrelang stark angewachsenen Sicherstellungsmengen des „weißen Pulvers“ mögen zwar einiges über die Intensität des Schmuggels aussagen, aber wenig Verläßliches über die Gesamtmenge des eindringenden Kokains, noch weniger über dessen Konsum. Sicherstellungen hängen stark mit ab von den Zufälligkeiten der Fahndungschwerpunkte und des Fahndungsglücks. So ist die beschlagnahmte Gesamtmenge von Cannabis 1985 vor allem durch erfolgreiche Großaufgriffe im Tonnenbereich sprunghaft angestiegen (1984 noch rd. 5650, 1985 rd. 11 500 kg); doch 1986 waren es nur 2675 kg, weniger als jemals in den 80er Jahren, 1987 2997 kg. Rückschlüsse auf den Konsum verbieten sich hier offensichtlich.
Ähnliches gilt von den polizeilichen Daten über Rauschgiftdelikte und Erstkonsumenten. Bei den Delikten gab es 1986 gegenüber dem Vorjahr zwar einen Anstieg um 2700 Fälle (= +9%, Cannabisverstöße sogar +17%); aber die Gesamtzahl um 63 000 Straftaten hält sich in dem seit Jahren gewohnten Rahmen. Eine gewisse Entspannung bezüglich des Drogenkonsums scheint allerdings der starke und kontinuierliche Rückgang der polizeilich registrierten Ersttäter im Zusammenhang mit Heroin anzuzeigen (1980: rd. 6850, 1987: rd. 3200); bei Kokain haben wir dagegen – auf viel niedrigerem Niveau – einen schwankenden Anstieg (1987: rd. 800). Auch die in der Presse häufig herausgestellten Zahlen der Drogentoten – jener Mortalitätspegel der Drogenflut – können nicht als verläßlicher Indikator für das Ausmaß des Drogenkonsums gelten, wenn sie auch eine sehr direkte Folge davon sind. Nach dem bisherigen Höhepunkt von 623 im Jahr 1979 sanken die Zahlen bis 1981 auf 360 ab, stiegen und sanken dann wieder und lagen 1986 bei 348, 1987 wieder bei 440.
Da sich Drogenkonsum in seiner Komplexität und begrifflichen Unschärfe für das exakte Instrument der Statistik wenig eignet – eine solche gibt es allerdings im Leistungsrecht der Rentenversicherungsträger für Entwöhnungsbehandlungen –, sind wir bezüglich des Ausmaßes und der Trends des Drogenkonsums vor allem auf epidemiologische Untersuchungen, auf Umfragen, angewiesen. Der Bund und mehrere Bundesländer haben solche Umfragen – Bayern schon viermal hintereinander – vor allem in der jungen Generation durchgeführt, in der das Drogenproblem ja immer noch seinen Schwerpunkt besitzt.
Zahlenmäßig steht danach der Konsum der Cannabisprodukte Haschisch und Marihuana ganz im Vordergrund. Eine im Auftrag des Bundesgesundheitsministeriums 1983 erstelle Studie belegt unter den jungen Menschen zwischen 12 und 24 Jahren – soweit sie Drogenerfahrung besitzen – 80 % Erfahrung mit Haschisch und 40 % mit Marihuana. Nach den

Studien aus Bayern, aus denen langjährige Trends abzulesen sind, steht dabei einem schwankenden Rückgang bei Haschisch (1984: 66 %) ein starkes Anwachsen des in der Bundesrepublik früher nicht besonders verbreiteten Marihuana gegenüber (1973 noch 19 %, 1980 schon 37 %, 1984: 49 %). Wesentlich kleiner ist die Größenordnung des Opiatkonsums (in der Bundesrepublik 8 %, Heroin allein: 2 %). In Bayern zeichnet sich bei Heroin seit etwa 10 Jahren der eingangs genannte Rückgang ab. Die Wiederholung der Bundesstudie im Jahr 1987 hat ergeben, daß sich der Drogenkonsum bundesweit kaum verändert hat: Marihuana stieg von 1981 bis 1987 von 43 auf 48 %, Haschisch nahm etwas ab (von 81 auf 72 %), Heroin veränderte seinen Anteil kaum (2 bzw. 3 %); dem starken Anwachsen der Sicherstellungen korrespondiert keine entsprechende Zunahme von Kokain (4 bzw. 6 %). Der Suchtbericht widmete dem Kokainproblem ein besonderes Kapitel.

Ebenfalls in diesem Bericht als Sonderproblem dargestellt ist die Gefährdung Drogenabhängiger durch die sich ausbreitende Immunschwäche AIDS. Ende 1987 waren von den bekanntgewordenen Erkrankungsfällen etwas über 9 % Drogenfixer. Der Kreis derer, die mit dem Erreger in Berührung gekommen und damit HIV-positiv sind, ist wesentlich größer; in manchen Einrichtungen der Drogentherapie geht der Anteil über 30 %. Der hohe Durchseuchungsgrad dieser Risikogruppe erklärt sich außer durch schleimhautverletzende Sexualpraktiken bei der Beschaffungsprostitution durch gemeinsam benutzte Injektionsnadeln. Auch in der Bundesrepublik werden als ungewöhnlicher Schritt einer AIDS-Prophylaxe Einwegspritzen über Apotheken verkauft und von anderen Stellen zum Teil kostenlos abgegeben. Von manchen Fachleuten wird befürchtet, daß Heroinabhängige – die bei uns ihre Droge in der Regel spritzen – aus Furcht vor einer AIDS-Infektion auf andere Drogen, wie etwa Kokain, das meist geschnüffelt wird, „umsteigen".

Insgesamt ist in der Entwicklung des Drogenkonsums das einzig Beständige der Wechsel – auch in dem Sinne, daß immer mehr Abhängige mehrere Drogen abwechselnd nehmen, auch Medikamente als Ausweichdrogen, oft auch begleitet von Alkoholmißbrauch. Der Polytoxikomane – der Mehrfachabhängige – ist längst von der Ausnahme zur Regel geworden. Dies macht die Entwicklung schwerer durchschaubar, als sie es früher war. Zugleich offenbart diese Erscheinung, daß Suchtmittelabhängigkeiten verschiedenster Art ihren gemeinsamen Nenner in psychosozialen Ursachen haben: der Aussteiger aus der Realität nimmt bei seiner „Flucht in die Sucht", was sich ihm bietet.

Rauschdrogen

Die übliche Unterscheidung zwischen legalen und illegalen Drogen orientiert sich am Betäubungsmittelgesetz, wobei „legal“ und „illegal“ kein Gefährlichkeitsgradmesser ist, sondern lediglich besagt, ob Benutzung, Handel oder Konsum von Mitteln frei, eingeschränkt oder völlig verboten ist. Das Gesetz über den Verkehr mit Betäubungsmitteln (Betäubungsmittelgesetz – BtMG) vom 28. Juli 1981 (BGBl. I S. 681) in der Fassung vom 23. Juli 1986 (BGBl. I S. 1099) unterscheidet in den Anlagen I bis III:

a) Nicht verkehrsfähige Betäubungsmittel:

Das sind Stoffe, die für medizinische Zwecke in der Regel bedeutungslos sind. Dazu zählen beispielsweise LSD (Lysergid), Cannabisprodukte (Haschisch und Marihuana), Heroin (Diamorphin) und Meskalin.

b) Verkehrsfähige, aber nicht verschreibungsfähige Betäubungsmittel:

Hierzu zählen Ausgangsstoffe für die pharmazeutische Industrie, die nicht verschreibungsfähig sind.

c) Verkehrsfähige und verschreibungsfähige Betäubungsmittel:

Zu dieser Gruppe gehören Medikamente, die verschrieben oder verabreicht und konsumiert werden dürfen.

In folgendem Abschnitt werden wesentliche Basisinformationen zu den Hauptgruppen der Rauschdrogen wie „Halluzinogene“, „Opiate“, „Kokain“ und „Synthetische Drogen“ zusammengetragen.

Halluzinogene

Hierzu zählen Substanzen wie Cannabis (Marihuana, Haschisch), LDS, Meskalin usw., die eine halluzinierende Rauschwirkung hervorrufen. Darunter versteht man Sinnestäuschungen, paranormale Erscheinungen, Pseudowirklichkeiten oder überdeutliche Sinneserfahrungen der Wirklichkeit durch Drogenkonsum, die ein Nüchterner nicht wahrnimmt.

Cannabis

Cannabis werden Rauschdrogen genannt, die aus Indischem Hanf (*Canabis sativa var. indica*) gewonnen werden (Marihuana, Haschisch). Hauptanbaugebiete sind der Vordere Orient, Afrika, Asien und Südamerika.

Marihuana besteht aus getrockneten Blüten und Blattspitzen der weiblichen Hanfpflanze, die zerkleinert, tee- oder tabakähnlich als soge-

Übersicht gängiger Halluzinogene

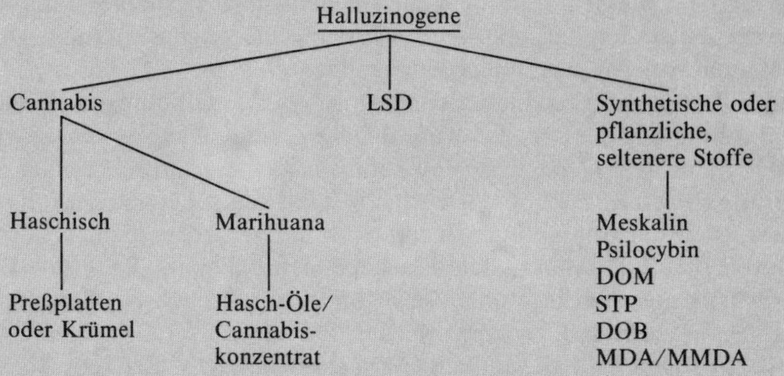

Cannabis:	hauptsächlich als Marihuana und Haschisch gewonnen. Rauschwirkstoffgehalt bis zu 60 % THC (Tetrahydrocannabinol – Delta-9-Tetrahydrocannabinol).
LSD:	Lysergsäurediäthylamid, LSD 25; wird aus dem Mutterkornpilz (Claviceps purpurea) oder auch synthetisch hergestellt.
Meskalin:	kommt in einer mexikanischen Kakteenart vor oder kann synthetisch hergestellt werden.
Psilocybin:	Nanacatl, Teo-Nanacatl, Quahtlananacatl sind Bezeichnungen für eine Droge, die in Varianten aus diversen Pilzen gewonnen wird.
DOM/STP	Vollsynthetische Rauschgifte, ähnlich LSD, aber wirksamer
DOB/MDA/ MMDA	Vollsynthetische Rauschgifte, die neben der halluzinogenen Wirkung auch oft aufputschend wirken können.

nanntes „Grass" auf den illegalen Drogenmarkt gelangt und für ca. DM 10,– pro Gramm angeboten wird.

Haschisch ist das reine, unveränderte Harz aus den Harzdrüsen der Blätter, Blüten und Stengel der weiblichen Hanfpflanze. Haschisch gelangt in der Regel in Stangen-, Platten-, Krümel- oder Pulverform auf den Markt.

Die Anwendungsformen sind manigfaltig: So wird Cannabis mit Tabak gemischt oder pur geraucht, als Plätzchen gegessen oder als Tee getrunken oder inhaliert.

Rauschwirkung

Cannabisräusche stehen in ihrer Wirkungsweise zwischen den Rauschformen von Stimulanz- und Beruhigungsmitteln, LSD und Narkotika. Bekannt sind Erregungs- wie Müdigkeitszustände. Subjektiv werden

Sinneswahrnehmungen intensiver erlebt, obwohl die objektive Leistungsfähigkeit, das Reaktions- und Differenzierungsvermögen nachweislich nachlassen. Die Bewußtseinshelligkeit gegenüber äußeren Reizen schwindet, dafür, so die Auffassung zahlreicher Cannabiskonsumenten, wüchse das innere Universum.

Die Wirkung breitet sich über das Gehirn in den Hals-Lungen-Bereich (z. B. Hemmung der Speicheldrüsen), ins Herz-Kreislauf-System bis zur Muskulatur aus. Der Herzschlag kann um fast ein Drittel zunehmen, was für Herzkranke lebensgefährlich werden kann. Zunächst tritt nach einer Phase der Angst ein angenehmes Gefühl der körperlichen Schwerelosigkeit auf. Parallel zu dem Elevationsgefühl können Redefluß, Gesprächsfreude, Glücksgefühle, Bewegungslust wie auch das Bedürfnis, vor sich hinzusinnen, verstärkt werden. Dabei sind rasche Stimmungsschwankungen und Befindlichkeitswechsel möglich. Bei sehr hohen Dosen kann es bei entsprechender ungünstiger Disposition des Konsumenten zu psychotischen Reaktionen, etwa zum Auftreten schizophrenieähnlicher Zustandsbilder, kommen.

Die oftmals als „Einstiegsdroge“ bezeichneten Cannabisprodukte sind lange Zeit, insbesondere zu Beginn der 70er Jahre, allgemein unterschätzt worden. Cannabisprodukte sind beispielsweise nicht, wie es einst hieß, harmloser als Alkohol; denn der Alkoholrausch läßt sich auf seinem Höhepunkt nicht mehr steigern, wohingegen der Cannabisrausch bereits mit voller Wirkung einsetzt und noch enorm steigerungsfähig ist.

Langzeitwirkungen

Nach hohem Cannabiskonsum über einen längeren Zeitraum hinweg können Leberschäden auftreten, die männliche Zeugungsfähigkeit sowie der weibliche Hormonhaushalt beinträchtigt und das genetische Material durch eine Verlangsamung der Zellteilung und DNS-Bildung (DNS = Bausteine der Chromosomen) geschädigt werden, so daß Mißbildungen bei Kindern haschischrauchender Eltern nicht auszuschließen sind.

In extremen Fällen besteht sogar die Gefahr von Geisteskrankheiten. Besonders bedrückend ist die Tatsache, daß sich bei Dauerkonsum praktisch immer die Persönlichkeitsstruktur des THC-Konsumenten (THC = Tetrahydrocannabinol, Wirkstoff des Cannabis) massiv ändert, was bis zum psychischen und physischen Verfall führen kann.

Entgegen früherer Hypothesen glauben heute zahlreiche Wissenschaftler, daß Cannabis ein psychologisch hohes Suchtpotential enthält, da das Verlangen nach den euphorischen Wirkungen des THC allmählich wächst. Obwohl man bisher noch keine Beweise dafür hat, wird angenommen, daß Cannabis eine Art „Schrittmacherfunktion“ zum Umstieg auf pharmakologisch potentere Drogen ausübt. Der insbesondere nach LSD-Konsum mögliche und gefürchtete „flashback“ kann auch nach Cannabisgenuß eintreten. Es handelt sich hierbei um rauschähnliche Zustände, die Tage nach dem eigentlichen Rauschmittelkonsum auftreten und derart beängstigende, sinnestäuschende Erlebnisformen annehmen können, daß äußere Hilfe nötig wird.

Cannabis-Produkte auf einen Blick

Acapulco Gold: Marihuanaform aus Mexico.
Bhang: Aus Blattspitzen der weiblichen Hanfpflanze und mit Gewürzen angereichertes, ursprünglich indisches Getränk.
Blue Sky Blon: Marihuana aus Südamerika (Kolumbien).
Brauner Pakistani: Haschplatten aus Pakistan.
Cannabinol: Hanföl, zähflüssig. Es ist hochprozentig wirksam und kann an die 80 Varianten beziehungsweise Verfeinerungen des Tetrahydrocannabinol (THC) enthalten.
Charas: Indisches Haschisch, das aus der ganzen Pflanze, in der Regel durch Pressen und Auskochen, gewonnen wird.
Grass: Szenenjargon für Hanfblüten und Blattspitzen (Marihuana).
Grüner Marokkaner: Haschsorten aus Marokko.
Grüner Türke: Haschsorten aus der Türkei.
Haschisch-Öl: Für Endverbraucher meistens nicht im Handel. Dieses hochkonzentrierte THC-Öl (etwa zehnfacher THC-Gehalt gegenüber gewöhnlichem Haschisch in Plattenform, hundertmal stärker als Grass) dient als Grundsubstanz in Drogenküchen der Herstellung von Haschplatten und anderen gestreckten Haschprodukten.
Heu: Anderer Ausdruck für Grass, Marihuana.
Humboldt Homegrown: Marihuanasorte, die aus der von Hawaii nach Kalifornien exportierten Spezialzüchtung des Sinsemilla gewonnen wird.
Joint: Übergroße, oftmals konisch zugespitzte „Zigarette“ aus einer Tabak-Marihuana-Mischung. Geraucht werden auch Haschkrümel oder Opiate.
Kenia-Grass: Afrikanisches, intensiv wirksames Marihuana.
Kif: Tabak-Marihuana-Mischung.
Nepalese: Haschischplatten aus Nepal (Himalaya-Gebiet).
Pot: Aus dem Mexikanischen stammender Begriff für Marihuana, der der amerikanischen Slangsprache zuzuordnen ist.
Roter Libanese: Haschisch und Marihuana aus dem Libanon.
Schimmel-Afghan: andere Bezeichnung für den „Schwarzen Afghan“, da dessen Platten eine leicht weißlich schimmernde Oberfläche haben.
Schwarzer Afghan: Hochwirksame Haschischsorte aus Afghanistan.
Shit: Im Szenenjargon Bezeichnung für Haschisch.
Sinsemilla: Eine Hanfhochzüchtung, die ein höherprozentiges Marihuana ergibt.
Synhexyl: Synthetisch hergestelltes, bei wissenschaftlichen Versuchen gut zu kontrollierendes Tetrahydrocannabinol.
Tee: Im Szenenjargon für Marihuana.

LSD, Meskalin, Psilocybin

Die Halluzinogene LSD (Lysergsäure-Diäthylamid), Meskalin (Peyote-Pilz) und Psilocybin (Nanacatl-Pilz) spielen, anders als in den 70er Jahren, gegenwärtig in der Drogenszene eine untergeordnete Rolle (vgl. S. 75ff.). Während LSD (im Mutterkornpilz entdeckt) künstlich hergestellt wird, haben Meskalin und Psilocybin eine rein pflanzliche Basis. Bekannte Darreichungsformen: Trips (Minitabletten) oder als Lösungen in Kapseln, auf Zucker, Löschpapier usw.
Die Rauschwirkungen ähneln einander: starke Halluzinationen, Wahrnehmungsverschiebungen wie Synästhesien (farbige Erscheinungen, Töne werden gefühlt, Farben geschmeckt), Bewußtseinsveränderung, Desorientierung, gesteigerte Einbildungskraft, Intensivierung positiver wie negativer Gefühle, unerwartete und unkontrollierbare Handlungen, auch gegen die eigene Persönlichkeit gerichtet, Suizidgefahr, Gefahr von „bad-trips" (Horrortrips mit Wahnvorstellungen) und „flashback" (Nachhall-Effekt bzw. -Psychose).
Ein „flashback" kann den Betroffenen noch Wochen oder Monate nach dem letzten Trip überfallen. Es handelt sich hierbei um ein Wiederaufleben der Rauschwirkung aus heiterem Himmel. Angstzustände, Verfolgungswahn und unkontrollierbare Reflexhandlungen zählen zu den häufigen Symptomen des „flashback".
Körperliche Abhängigkeit konnte bisher nicht nachgewiesen werden. Es kommt jedoch rasch zu einer seelischen Abhängigkeit.

DOM/STP

STP, DOM oder „speed" genannt, ist eine hochwirksame synthetische Rauschdroge (2,5-Dimethoxy-4-methylamphetamin), die durch Synthese von Amphetamin und Meskalin gewonnen wird.
Bei der 1967 erstmals von einem kalifornischen „underground-Chemiker" gemixten Droge, die später als „Super-LSD" auf den Markt kam, handelt es sich um ein schweres Gift: Die psychische Wirkung ist stärker als die von LSD und Meskalin und kann Bewußtseinsveränderungen im Sinne einer toxischen Psychose mit Wahnsinnszuständen, völliger Desorientierung bis hin zum Zusammenbruch der Realitätswahrnehmung führen. Der Rausch dauert 72 Stunden an (LSD: 9–12 Stunden; Meskalin: 4–5 Stunden). Bei akuten Angstzuständen und Horrortrips beenden die bei LSD-bad-trips meistens erfolgreich eingesetzten Neuroleptika den Horrortrip nicht, sondern können ihn noch steigern. Muskelkrämpfe, Atemlähmung und Übelkeit sind die körperlichen Folgen.

Opiate

Im Gegensatz zu den Halluzinogenen, den Sinnestäuschungen hervorrufenden Präparaten, wirken Opiate eher dämpfend, beruhigend, schmerzlindernd. Das aus den 600 Sorten des Schlafmohns (*Papaver somniferum*) gewonnene Rohopium, meistens in kugelförmige Klumpen zu „Broten" geformt, kann gegessen, getrunken oder auch injiziert oder geraucht werden. Eine verbreitete Lösung ist beispielsweise die „O-Tinke". Das Opium enthält etwa 40 verschiedene Wirkstoffe (Alkaloide: hauptsächlich giftige stickstoffhaltige Verbindungen basischen Charakters). Neben den Alkaloiden Narcotin (5–6 %), Kodein (0,15–1 %), Papaverin (0,1–0,4 %), Narcein, Thebain, Laudanosin, Anthalin und Noscapin ist das Morphin das stärkste und für die Rauschwirkung wichtigste Alkaloid.

Morphin oder *Morphium* wird direkt aus dem Schlafmohn oder über die Zwischenstation des Rohopiums gewonnen. Auf dem illegalen Drogenmarkt tritt Morphin hin und wieder als Morphinbase in Erscheinung. In dieser Form kann es allerdings nicht konsumiert werden. Mit geeigneten Lösungsmitteln läßt sich eine Flüssigkeit herstellen, die man als „M-Tinke" bezeichnet. Obwohl die eben erwähnte Morphinbase eigentlich noch kein Heroin ist, wird sie als *Heroin 1* bezeichnet. Das *Heroin 2*, die sogenannte Heroinbase, ist wie das Heroin 1 ein Zwischenprodukt, das für den Handel eigentlich ungeeignet ist. Erst nach weiterer Aufbereitung kann es injiziert werden. Bei *Heroin 3* (Hong-

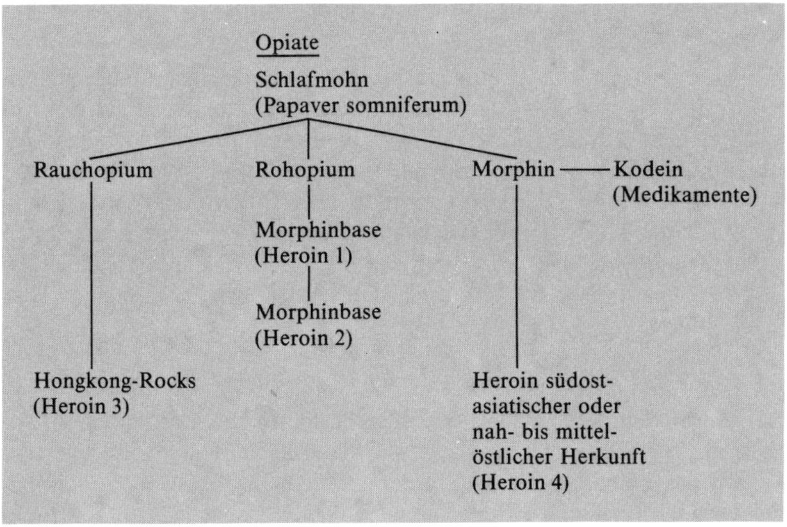

kong-Rocks) handelt es sich um ein weitgehend verbrauchsfertiges Produkt, bei dessen Aufbereitung der Heroinsüchtige den sogenannten „Fixerlöffel“ benutzt. Hergestellt werden „Hongkong-Rocks“ in illegalen Labors in Südostasien. Heroin 3 weist normalerweise einen Reinheitsgrad von etwa 40 % auf. Aus Heroinbase läßt sich einfach das Heroinhydrochlorid herstellen. Nahezu reines Heroinhydrochlorid kommt als *Heroin 4* in den Handel. Das ist die Sorte Heroin mit den höchsten Reinheitsgraden.

Rauschwirkungen

Opium: „Der Raucher gerät in einen Dämmerzustand zwischen Schlafen und Wachen. Traumbilder steigen auf, ohne daß das Bewußtsein völlig verlorengeht ... In diesem Dämmerzustand verblassen alle körperlichen und seelischen Beschwerden – der Hauptgrund für die psychische Abhängigkeit, die sich bald einstellt. Nach einigen Stunden schläft man ein. Das Aufwachen ist häufig mit einem scheußlichen Katzenjammer verbunden. Zu Übelkeit treten oft Schuldgefühle und andere seelische Reaktionen“ (Schmidbauer, W. und Scheidt, J. vom: Handbuch der Rauschdrogen, München [6]1981, S. 308).

Morphium und Heroin: Stärker als Opium wirkt Morphium. Es betäubt körperliche und seelische Schmerzen, läßt die Welt mit Distanz wahrnehmen, euphorisiert. Noch stärker ist die Heroin-Rauschwirkung. Die Sinne gehorchen nicht mehr. Der Mensch fühlt sich wie von der Erde losgelöst und glücklich. Sein Selbstwertgefühl ist völlig übersteigert. Bei Nachlassen des Rausches erfolgt ein fürchterlicher Absturz in die „Realität“, je nach Suchtgrad mit Angstzuständen, Händezittern und starken Entzugserscheinungen.

Methadon: Methadon ist eine starke, dem Betäubungsmittelgesetz unterliegende Rauschdroge aus der Gruppe der Opiate. Es ist der Heroinwirkung sehr ähnlich, jedoch stärker dämpfend und geringer euphorisierend. Methadon kann, anders als beim Heroin, oral verabreicht werden. Im Rahmen der Diskussion über die Infektionsprophylaxe gegen AIDS ist Methadon in der letzten Zeit wieder in die Schlagzeilen geraten, denn Methadonprogramme sollen Fixern den Beschaffungsdruck nehmen und sie als potentielle AIDS-Risikogruppe aus der Szene holen (vgl. S. 154ff.).

Risiken

Das Heroin ist eine der stärksten illegal erhältlichen Drogen mit einem hohen psychischen und physischen Abhängigkeitspotential. So werden Betroffene, die vielleicht nur einmal probieren wollen oder von einem Dealer angefixt werden, in der Regel nach einem „Schuß“ (einer Injek-

tion) süchtig. Heroinsucht endet tödlich. Zunächst schwindet die Leistungsfähigkeit. Alles wird gleichgültig. Konzentrationsschwierigkeiten treten auf. Wird kein „Stoff" zugeführt, treten akute Entzugserscheinungen wie Unruhe, Nervosität, Schlaflosigkeit, Schüttelfrost, Angstreaktion, Verfolgungswahn, Schweißausbrüche, Krämpfe und Schmerzen ein.
Es beginnt eine Auflösung und Versandung der Persönlichkeit. Der reizbare, verstimmte, aggressiv-egozentrische „Stoff"-Suchende kennt als „Lebensinhalt" nur noch den nächsten „Schuß" oder „Snif" (geschnupftes Heroin). Läßt sich legal kein Geld mehr beschaffen, wird es entweder durch Prostitution (hohe AIDS-Gefahr) oder durch Abrutschen in die Kriminalität (Raub, Einbrüche, Banküberfälle etc.) beschafft. Die häufigste Einnahmequelle Heroinsüchtiger besteht aus eigenem Dealen. Um immer neue Kundschaft zu erhalten, ist es üblich, Jugendliche (auf Schulhöfen, in Diskotheken, Lokalen etc.) zum ersten Schuß zu überreden oder mit Gewalteinwirkung gegen ihren Willen „anzufixen", um sie abhängig zu machen.
Bei regelmäßiger Verwendung zeigen sich allmählich Wahnideen. Die irrationale „Rausch- oder Scheinwelt" wird zur „Realität". Verstimmungen, Initiative und Selbstvertrauen schwinden. Darm- und Magenstörungen treten ein. Abmagerung. Die Dosierung muß ständig erhöht werden. Zuletzt tritt völliger körperlicher Verfall ein, da die hohen Dosen nicht mehr verarbeitet werden können. Bei Überdosierungen, dem „Goldenen Schuß", führen Atemlähmung und Herzversagen zum Tod. Ohne Therapie endet *jede* Heroinsucht tödlich.

Weitere Gefahren:
Fixer laufen besonders Gefahr, sich mit dem AIDS-Virus zu infizieren, wobei in der Regel unsaubere, von mehreren Süchtigen benutzte Spritzbestecke Infektionsträger sind. Die Prostitution stellt eine weitere Infektions- und Verbreitungslinie von AIDS-Erregern dar.
Heroin wird gewöhnlich mit anderen Stoffen vermischt, gestreckt oder zur Erzielung einer anregenderen Wirkung bewußt mit Strychnin oder Coffein angereichert. Hierbei kann der Käufer nie sicher sein, welche Mischungen (Verhältnis reines Heroin zu Trägersubstanzen wie Glucose, Lactose oder Zitronensäure) dem Dealer gerade zur Verfügung stehen. Gelegentlich werden keine Streckmittel beigemischt, so daß das Heroin hochprozentig ist und tödliche Wirkungen haben kann.

Kokain

Kokain gehört wegen seiner hohen suchtbildenden und psychophysischen Zerstörungspotentiale neben Morphium und Heroin zu den gefährlichsten illegalen Rauschdrogen. Es wird als Extrakt aus den Blättern des Coca-Strauches (*Erythroxylon coca*), der im tropischen Südamerika, in Indien, auf Sri Lanka und Java beheimatet ist, gewonnen. Als weißes Pulver („Schnee") kommt es auf den Schwarzmarkt, wo es wegen seines hohen Preises als sogenannte „Champagner-Droge" von Abhängigen einkommenshöherer Schichten geschnupft (koksen), als wässrige Lösung gespritzt, in alkoholischen Getränkemixturen getrunken oder wie Haschisch geraucht wird. In Form des weitaus wirksameren Kokaindestillates „Crack", das erheblich billiger abgegeben wird als Kokain, gewinnt Kokain im illegalen Drogenhandel vor allem der USA auch in sozial schwachen Schichten zunehmend als „Fastfood-cocain" oder „Volkskokain" an Bedeutung. In der Bundesrepublik ist Crack fast noch nicht aufgetreten.
Eine Unze (28 Gramm) Kokain kostet beispielsweise auf dem Amsterdamer Schwarzmarkt ca. 1000 bis 1500 US-Dollar. Aus einem Gramm Kokain lassen sich in jeder „Küche" ohne großen Aufwand rund 6 „Crack-Brocken" (Szenenausdruck) destillieren, die zu einem Preis von rund 28 Dollar je Brocken abgesetzt werden können. Auf 28 g bezogen, bleiben dem Dealer als Profit rund 2700 Dollar.

Psychophysische Wirkung

Der „Schnee" macht ebenso abhängig wie Heroin. Der Irrtum der 70er Jahre, Kokain mache nicht abhängig und sei relativ harmlos, ist unhaltbar. „Neue Einblicke in neurologische Entstehungsmechanismen der Kokain-Sucht zeigen, daß es verhängnisvoll ist, zwischen physiologischer Sucht und einer angeblich ‚nur' psychischen Abhängigkeit zu unterscheiden ... Kokain, so Neurologe Roger M. Brown vom Nationalen Institut der USA für Drogenmißbrauch, störe die Funktion der Neurotransmitter, chemischer Substanzen, die Reize weiterleiten und auf diese Weise Nerven im Gehirn aktivieren.
Die Überträgerstoffe überspringen dabei Schaltstellen an den Endigungen der einzelnen Nervenzellen (‚Synapsen'); ist die Botschaft auf den Weg gebracht, werden die Transmitter wieder in ihre Ausgangszellen aufgenommen oder unwirksam gemacht.
Kokain – und in verstärktem Maße die Kokainzubereitung ‚Crack', die sich gegenwärtig in den USA ausbreitet – blockierte diese notwendige Inaktivierung der drei Neurotransmitter Dopamin, Noradrenalin und Serotonin, die Stimmungen und Bewegungen steuern. Die normale

Wirkung der Substanzen wird durch den Kokaingebrauch ständig gesteigert, die Neurosignale, so Drogenforscher Brown, ‚hämmern unablässig weiter'.
Andererseits führt das ständige Schnupfen von Kokain (oder Rauchen von Crack) offenbar zu einer Verknappung der drei Neurotransmitter: Der Organismus kann die Botenstoffe nicht so schnell nachliefern, wie sie verbraucht werden, die Speicherung in den Nervenzellen ist blokkiert.
Die wenigen verbliebenen Transmitter reichen schließlich nicht mehr aus, um eine normale Stimmung aufrechtzuerhalten. Nach langem Kokainkonsum, so meinen die Forscher, sei der Vorrat so weit abgebaut, daß auch die ersehnte Euphorie im Rausch nicht mehr erreicht wird – tiefe Depressionen gewinnen dann die Oberhand.
Die gleichen Störmechanismen bei der Reizübertragung können nach Ansicht von Charles R. Schuster, Chef des Instituts, auch körperlichen Verfall auslösen: Bei Dauergebrauch der Droge stellen sich Hirnkrämpfe ein, Herzfrequenz und Blutdruck steigen bedrohlich, die Kokainsüchtigen magern ab und werden immer anfälliger gegen Infektionen ...
Anatom Michael Trulson von der A&M University in College Station untersuchte die Produktion des Neurotransmitters Dopamin im Gehirn kokaingewöhnter Ratten. Gemessen wurde die Menge eines Enzyms, das für die Erzeugung des Dopamins unentbehrlich ist; demzufolge schrumpften die Dopaminbestände der süchtigen Nager auf etwa die Hälfte.
‚Der Mißbrauch von Kokain', so schließt Trulson aus seinen Experimenten, ‚läßt Zell-Material vor der Zeit zugrundegehen': Kokser und Cracker altern schneller.
Eher als üblich stellen sich bei ihnen Nervenleiden wie der Parkinsonismus ein, der auf eine Unterversorgung mit Dopamin zurückgeht und sich in dem typischen, nicht beherrschbaren Zittern äußert ...
Selbst für diejenigen, die endgültig vom Kokain loskommen, kann es zu spät sein: Die einmal reduzierten Mengen des Dopaminenzyms nahmen im Tierversuch auch nach Absetzen der Droge nicht wieder zu. ‚Der Schaden' so Trulson, ist ‚vermutlich irreparabel'" (Spiegel, Nr. 36/1986, S. 202 ff.).

Wirkungsweisen

Nach dem aktualisierten Muster des Psychiaters Hans W. Maier, der vier Suchtstadien der Kokainabhängigkeit unterschied, ergeben sich folgende Wirkungs- und Folgestufen:
1) Augenblickliche Kokainwirkung ohne oder mit Rauscherlebnissen:

Aufputschende Wirkung, Sinnestäuschungen wie optische Halluzinationen (ähnlich wie im Alkoholdelirium), zum Beispiel das Sehen weißer Mäuse, von Höllenhunden usw. Die „Halluz“ sind allerdings extreme Formen.
Betäubung von Kälte-, Hunger-, Durst- und Müdigkeitsgefühlen. Erlebnis intensiver Gefühle. Diese erreichen derart hohe Intensitätsgrade, daß betäubende Gegenmittel, etwa Heroin zusätzlich genommen werden.
Auftreten von Gefühlen übermenschlicher Stärke, Rededrang, Bewegungsdrang, übermotorisches Verhalten. Steigerung der Sexualkraft – allerdings nicht aufgrund hormoneller oder aktivierender Stoffe, sondern lediglich durch Lähmung möglicher sexualhemmender Einflußfaktoren, zum Beispiel Versagensängste etc. Rasche Abhängigkeit.
2) Chronische Wirkungen:
Irreparable Schädigungen von Körper- und Nervenzellen.
Depressionen, Schlaflosigkeit, Impotenz, paranoide Gefühle usw. Gier nach Reizsteigerung, schließlich zentriertes Interesse auf Beschaffung der Droge. Beschaffungskriminalität wie bei Heroin und Halluzinogenen. Völlige Abhängigkeit. Dosissteigerung.
3) Delirien:
Halluzinationen, etwa Wahrnehmung eines Heeres von Spinnen oder Flöhen, entsetzliches Hautkribbeln usw. Delirien treten auch ohne unmittelbare Kokain- oder Crackeinnahme ähnlich des „flash-back“ bei LSD aus heiterem Himmel auf. Verfolgungswahn oder Euphorien lösen sich bisweilen ab.
Diese Erkrankungen halten unter Umständen noch Jahre nach der letzten Einnahme an.
4) Der Kokainwahnsinn (Intoxidationspsychose):
Ein tagelang andauerndes Kokain- oder Crackdelirium. Wahnhaft verzerrte Umweltwahrnehmung. Zusammenbruch der Realitätswahrnehmung. Kokainpsychose mit begleitender Gewalttätigkeit. „Dann folgt völliger körperlicher Zerfall – gelegentlich mit schweren Leberschäden ... Starke Gehirnschäden, sogenannte Paralyse (Gehirnerweichung), die zur Verblödung führen kann“ (LKA Baden-Württemberg: Rauschgift. Das tödliche Spiel mit dem Leben, Stuttgart 1986, S. 30).

Synthetische Drogen

Die Bundesrepublik und auch andere mitteleuropäische Staaten werden von einer aus den USA kommenden, neuen Rauschgiftwelle heimgesucht: die Zunahme der vollsynthetischen Drogen.

Charakteristisch für die neue Rauschdrogenszene ist die Abkehr vom reinen Schmuggeln und Verfeinern herkömmlicher illegaler Drogengrundstoffe wie Cannabis, Kokain oder Opium. Statt dessen mixen gewissenlose Geschäftemacher die „Superstoffe" in „Underground-Labors" (1986 hob die Polizei allein in der BRD 41 Giftküchen aus). Zutaten: Frei verkäufliche Grundstoffe oder die Isolierung von anregenden oder beruhigenden Substanzen aus nicht verschreibungspflichtigen Schmerz-, Husten- und Abführmitteln, aus Appetitzüglern oder Beruhigungstabletten. Fehlende Stoffe werden durch Diebstahl beschafft. Welche Mittel unter die Bestimmungen des Betäubungsmittelgesetzes fallen wird in der Anlage I bis III zum Betäubungsmittelgesetz bestimmt.
Eine Variante der synthetischen Rauschdrogen ist das in vielen verschiedenen Sorten produzierte „Speed", dessen Ausgangsprodukt stets eine Amphetaminbasis (Weckamine) ist, die gegebenenfalls mit anderen Stoffen gemischt oder durch chemische Prozesse verändert, angeboten wird. So wurde beispielsweise aus dem Stoff „MDMA" der chemische „Speed"-Abkömmling „MDA", der sich in Diskotheken, Bars und auf Partys wachsender Beliebtheit erfreut. Beide Stoffe sind seit August 1986 in Anlage I des *BtMG* eingefügt.
Leider erkennen viele kleine Dealer und ihre Klientel (von 10jährigen Schülern bis ins Management großer Firmen hinauf) kaum die großen psychophysischen Gefahren der Supertrips oder verdrängen sie. Bereits heute wird vollsynthetisches Morphin hergestellt, das 200mal stärker ist als Heroin natürlicher Morphinbasen und sogar 4000mal wirksamer ist als Opium. In Pulverform, wie Heroinschnee, oder in kleinen Pillen findet es auf dem Schwarzmarkt seinen Absatz. Bereits Dosierungen von einem millionstel Gramm können über tödliche Überdosis oder „Normaltrip" entscheiden. Synthetische Morphine werden als „weltbestes Heroin" oder entsprechend ihrer Molekularmanipulationen als MPP, MPTT oder MPPP auf dem Drogenmarkt angeboten.
Andere Trips wie „Loads" (Mischung aus Amphetaminen, Appetithemmern oder Tranquilizern), die wie eine „Rakete unter die Schädeldecke jagen", oder Mixturen wie „American Cocktails" (aus Alkohol, Schmerzmitteln mit einer Kokainprise), „Comics-Space" (angereichert mit Halluzinogenen) stehen hier stellvertretend für die unüberschaubare, wachsende Zahl des relativ leicht zu habenden „Power-Stoffs", den „Ecstacys" oder „Adam an Eve's".
Zur Herstellung von Designerdrogen müssen lediglich ein paar Bausteine an den Molekülketten der unter das Betäubungsmittelgesetz fallenden Präparate verändert werden, schon entsteht ein neues Präparat-

design, ein legales Design, da es im Betäubungsmittelgesetz nicht verboten ist. Das erleichtert Dealern den Absatz.
Die Gefährlichkeit der Designer-Drogen zeigt beispielsweise die Umwandlung eines hochpotenten Analgetikums, des Betäubungsmittels „Fentanyl“, in Designerdrogen. Das Betäubungsmittel läßt sich im Labor preiswert zu einer Droge umwandeln, die Heroin und Kokain an Rauschgiftwirkung weit übertrifft und stärker ist als die neue Superdroge „Crack“. Die Fachärzte Enno Freye und Erhard Hartung haben nachgewiesen, daß Fentanyl rund 100- bis 300fach stärker als Morphium ist. Entsprechend intensiv ist die Wirkung auf das zentrale Nervensystem, zudem mit den Risiken tödlicher Nebeneffekte. Schon bei einmaliger Injektion kann sich auch eine physische Abhängigkeit entwickeln. Das bestätigt der Anästhesist Will Spiegelman vom Stanford University Hospital: „Es kann Jahre dauern, bis man alkoholsüchtig ist, aber es bedarf nur eines einzigen Schusses Fentanyl.“
Stark im Kommen sind auch Drogen wie „Peace Pills“, „PCE“, „PCM“ oder „PCP“, deren Ausgangsstoffe Tiernarkosemittel sind.
Am bekanntesten ist der sogenannte „Engelsstaub“, der aus Phencyclidin (PCP, Tiernarkotikum) gewonnen wird. Die PCP-Droge kann als Pulver, in Tablettenform oder als Flüssigkeit eingenommen, injiziert, inhaliert, geschluckt oder geraucht werden. Besonders bei Teenagern ist diese Droge wieder „in“. PCP macht, nach Erfahrungen amerikanischer Polizisten und Suchtexperten, aggressiv, gewalttätig und kann bis zu Wahnsinnsreaktionen führen. Polizisten berichten von Fällen, in denen sich Berauschte, ohne mit der Wimper zu zucken, auf Beamte stürzten, Handschellen sprengten, sich in kugelsicheren Westen festbissen und im Tobsuchtsanfall Zähne und Knochen brachen. Die Wirkung kann bei chronischen Konsumenten von PCP dazu führen, daß sich die psychotischen Anfälle, die an Schizophrenie erinnern, wiederholen, obwohl der Süchtige schon lange kein PCP mehr genommen hat. In der Regel handelt es sich bei PCP-Süchtigen um Polytoxikomane, die jeden Stoff, den sie erhalten können, konsumieren.

Drogenkarriere

Der bekannte Münchener Psychologe und Drogenexperte Dr. Jürgen vom Scheidt hat als einer der ersten praktizierenden Wissenschaftler ein dynamisches Modell einer Drogenkarriere entwickelt. Dr. vom Scheidt unterscheidet zwischen einer „Vorbereitenden Phase“, der „Einstiegs-“ und „Verzweiflungsphase“, wobei der Psychologe von fließenden Übergängen zwischen den einzelnen Stadien ausgeht.

Die *vorbereitende Phase* beginnt bereits in frühester Kindheit, wo seelische Schädigungen (Liebesverlust, soziale Prägungen, Abtötung von Initiativen und Erlebnisfähigkeit etc.) prägend für die ganze Entwicklung des Menschen sein können (vgl. S. 52ff.).
Die *Einstiegsphase* ist das für Betroffene und ihre Umgebung sichtbare Ausleben süchtigen Verhaltens in Form von Drogenkonsum:
- Neugierde und unwiderstehlicher Drang nach Rauscherlebnissen;
- positive Rauscherfahrungen;
- vermeintliche Stabilisierung der eigenen Persönlichkeit, des Selbstvertrauens;
- affektive Verknüpfung (z. B. gefühlsmäßige Bindung oder Hörigkeit) von Rausch und suchtstoffvermittelnder Person;
- Einengung von Wahrnehmung, Aktions- und Reaktionsfähigkeit, verstärktes Loslösen äußerer Bindungen, Tendenz zur Introversion.

In der *Verzweiflungsphase* beginnt aus der Abhängigkeit eine Suchtkrankheit zu werden. Das heißt, daß die Sucht nicht nur wichtiger Teil des Lebens geworden ist, wie bei der Abhängigkeitsphase, sondern beginnt, das Leben völlig zu beherrschen. Diese Phase ist zunehmend von Kontrollverlust, dem Verlust der Gewalt des Menschen über seinen Geist und Körper, gekennzeichnet:
- Mißlingen reifer menschlicher Beziehungen – Kontakte zunehmend zu Gleichgesinnten;
- völliger Rückzug von äußeren Objekten und verstärkte Hinwendung nach innen (Intensivierung der Introversionstendenz);
- Aufwertung der Rauscherlebnisse (Fetischierungsphase);
- gänzliche Entwertung der normativen Wertvorstellungen und ihrer Objekte – Auflösung der Sozialisation, asoziales Verhalten;
- Kontakte zu sich selbst weitestgehend nur noch über den Rauschzustand möglich;
- Selbstzerstörung – das Leben kennt nur noch einen Sinn: Verhinderung von Entzugserscheinungen und Besorgung des nächsten Rausches;
- schwere gesundheitliche Schädigungen.

Drogensuchtsignale

Drogenkonsumenten fallen oftmals durch körperliche, seelisch-geistige und soziale Verhaltensbesonderheiten auf. Nachfolgende Signale des Körpers und der Seele könnten Verdachtsmomente einer beginnenden oder fortgeschrittenen Sucht sein. Die Schwierigkeit solcher Symptomauflistungen liegt insbesondere in der möglichen Ursachenvariabilität der Merkmale, die auch völlig andere Entstehungsursachen haben können als eine unterstellte Drogensucht. Anzeichen eines möglichen Drogenkonsums können unter anderem sein:

- andauerndes blasses, ungesundes Aussehen;
- ständige, übertriebene Schläfrigkeit, apathisches, resignatives Verhalten;
- permanente Appetitlosigkeit;
- plötzliche, unbegründete Gewichtsabnahme;
- erhöhte Berührungs-, Schmerz- und Lichtempfindlichkeit;
- Kreislaufschwächen und unerklärliches Schwindelgefühl, Kopfdruck etc.;
- ständig laufende Nase, ohne daß ein Schnupfen oder eine Allergie (z. B. Heuschnupfen) vorliegt;
- unerwartet auftretender Reizhusten mit dem Gefühl einer ausgetrockneten Kehle, Würge- und Erstickungsgefühle;
- Magen-Darm-Störungen über einen längeren Zeitraum, die nicht auf eine Krankheit zurückgeführt werden können;
- Heißhungerattacken, ohne zuzunehmen;
- extrem erweiterte oder verengte Pupillen;
- häufig gerötete Augen;
- unmotiviert auftretender Juckreiz auf der Haut;
- extremes, unbegründetes Schwitzen;
- Neigung zu eitrigen Geschwüren an den Extremitäten;
- Gelbsucht;
- Leberentzündung;
- Händezittern.

Ein sicheres und untrügliches Zeichen für Drogenkonsum sind Einstichstellen (am ganzen Körper möglich, häufig an Armen und Beinen). Sie sehen zum Teil ähnlich aus wie Mückenstiche und sind mitunter vereitert.

Zu den verdachtsbegründenden Verhaltensweisen, die auf möglichen Drogenkonsum schließen lassen, zählen:

- auffällig verlangsamtes Sprechen;
- entgegen dem üblichen Verhalten verstärktes Lügen;
- plötzlicher Wechsel des Freundeskreises mit Hinwendung zum Drogenmilieu;
- plötzlicher Leistungsabfall;
- Vernachlässigung und Aufgabe von Hobbys, ohne Interessenneuorientierung;
- ungewöhnliche Vernachlässigung der Körperpflege, Verwahrlosungstendenzen;

- unbegründetes, affekthaftes Sichzurückziehen (z. B. zur Drogeneinnahme);
- auffälliges Tragen langärmeliger Kleidungsstücke selbst bei großer sommerlicher Hitze (z. B. zur Verdeckung der Einstichstellen);
- betrunken scheinen, ohne Alkoholkonsum; dabei häufig Zustand der Stumpfheit, einer herabgesetzten Sensibilität.

Erhärtet werden die Verdachtsmomente einer möglichen Drogensucht, wenn Gegenstände auftauchen, die zusätzlich auf einen Drogenkonsum hinweisen:
- Rauchgeräte wie Pfeifen, Wasserpfeifen und ähnliches;
- Räucherstäbchen, um Haschischgeruch zu überdecken;
- Brief- oder Apothekerwaage, um Verbrauchseinheiten abwiegen zu können.

Auffällig sind zudem gepreßte oder verkrümelte Klümpchen von roter, schwarzer und grüner Farbe, getrocknete und zerriebene Blüten und Blätter sowie Silberpapierfetzen, die zum Verpacken dienen. Das Auffinden von Gegenständen, die auf Haschischkonsum hindeuten, bietet keine Sicherheit, daß der Umstieg auf härtere Drogen nicht bereits vollzogen wurde.
Der Verdacht des Heroinkonsums ist begründet, wenn sich folgende Gegenstände finden lassen:
- gefaltetes, ca. zwei Quadratzentimeter großes Papier-, Zellophan- oder Stanniolbriefchen, in denen das Heroin verpackt wird (sog. Hits);
- Glas- oder Plastikeinwegspritzen;
- verrußte Löffel, in denen das Heroin gelöst wird; Kerzenstummel zum Erwärmen der Lösung;
- Wattebäuschchen oder abgerissene Zigarettenfilter, durch die das gelöste Heroin in die Spritze gezogen und gereinigt werden soll;
- Band, Schnur, Riemen, Gummischlauch oder ähnliches zum Abbinden der Vene vor der Injektion.

Heroin kann auch geschnupft werden, so daß Spritzen, Löffel usw. nicht erforderlich sind. Auffällig ist häufig auch das anscheinend unbegründete Vorhandensein von Milch- oder Traubenzucker, Talkum, Puder usw. Mit solchen Stoffen werden Drogen für den Konsum und den Weiterverkauf gestreckt.
Kokainabhängige verraten sich beispielsweise auch durch spezielle Schnupfutensilien (Kokainlöffel), oder sie tragen kleine „Portionsbriefchen“ (Hits) mit sich herum.

Hilfebrücken bauen

Eltern, Bekannte, Partner und andere Angehörigen, die für einen nahestehenden Menschen Mitverantwortung spüren und Drogenkonsum vermuten, sollten ihrem Angehörigen Hilfebrücken bauen, damit er wieder in ein normales Leben zurückfinden kann. In der Regel empfiehlt sich der Gang zum Arzt, Jugendamt, Elternkreis, zu einer Drogen-, Erziehungs- oder Partnerschaftsberatungsstelle, bevor der Angehörige auf eigene Faust handelt und vielleicht in bester Absicht ungewollt Fehler macht (vgl. Die Beratungs- und ambulanten Behandlungsstellen für Suchtkranke, S. 157f., und Wiedereingliederung, S. 189f.).
Man sollte statt zur Polizei zu einer Beratungsstelle sozialer Verbände oder der Kommunen gehen, da die Beratungsstellen bei Drogenmißbrauch nicht wie die Polizei zu einer Anzeige verpflichtet sind. Es droht daher bei Bekanntwerden illegalen Drogenkonsums oder Drogendealens keine Strafverfolgung.
Kommt es, etwa bei einer Razzia, zur Festnahme oder Anzeige durch die Polizei, erhält der Betroffene in einer Gerichtsverhandlung unter bestimmten Voraussetzungen die Möglichkeit, zwischen Therapie und Gefängnis zu wählen. Drogensozialarbeiter vermitteln Anwälte und klären über das Verfahren auf.

Drogentherapie

Eine stationäre Drogenbehandlung erfolgt in mehreren, aufeinander abgestimmten Schritten:
Phase 1: Der Abhängige entscheidet sich nach Beratungsgesprächen mit einem „Streetworker“ (Drogenberater, der auf Süchtige zugeht und ihnen weiterhilft) oder einem Drogenberater, ein Leben ohne Drogen führen zu wollen und sich einer Therapie zu unterziehen (*Motivationsphase*).
Phase 2: Durch Vermittlung einer Drogenberatungsstelle (Suche des Therapieplatzes, Hilfe bei den Formalitäten mit Kostenträgern und Ärzten etc.) überweist ein Arzt (Haus- oder Amtsarzt) den Süchtigen zum körperlichen Entzug in eine Klinik. Der Entzug dauert in der Regel 2 Wochen. Hier werden zugleich körperliche Begleiterkrankungen wie Hepatitis, Haut- und Geschlechtskrankheiten, Abszesse und eventuell eitrige Zahnerkrankungen behandelt. In diese Phase fällt auch ein HIV-Antikörpertest und die gründliche Untersuchung des Immunstatus, um festzustellen, ob der Betroffene fähig ist, die Entwöhnungsbe-

handlung in einer Langzeittherapie durchzustehen. Der HIV-Antikörpertest ist nicht obligatorisch, da die Krankenkassen (bislang) immer die Kosten der Entgiftung und der Behandlung drogenbedingter Begleiterkrankungen tragen. HIV-Positive werden mit Nichtinfizierten gleichbehandelt und nach der Entzugsphase in eine Drogentherapieeinrichtung vermittelt. AIDS-Kranke, die Symptome einer AIDS-Erkrankung zeigen, werden im Krankenhaus so lange behandelt, bis sie therapiefähig sind.

Phase 3: Nach der Entgiftung folgt das Kernstück der Therapie, die 8- bis 12monatige Entwöhnungsbehandlung in einer Drogentherapieeinrichtung. Durch intensive Gruppentherapie, gemeinsames Arbeiten und Zusammenleben soll ein sozialer Lernprozeß nachvollzogen und die persönlichen Schwierigkeiten intensiv bearbeitet werden.

Der Süchtige gilt, wie „Daytop" (Gesellschaft zur Behandlung Drogenabhängiger mit zahlreichen Einrichtungen, vgl. S. 169) sagt, „im sozialen Sinne" als „charakterlich oder in bezug auf seine Persönlichkeit als ‚unterentwickelt' oder ‚eingeschränkt'. Diesen Aspekt gesondert hervorzuheben und durch ein spezielles Therapieprogramm nach den Prinzipien der therapeutischen Gemeinschaft aufzugreifen, ist mit ein Schwerpunkt unserer Arbeit."

Verändert hat sich der konzeptionelle Rahmen der Drogentherapie trotz einer anfänglichen AIDS-Hysterie, die sich inzwischen gelegt hat, kaum. HIV-Positive machen in der Regel dort nicht mit, wo Verletzungsgefahr und die Möglichkeit eines Bluttransfers bestehen könnte. Beratungsstellen geben hier genau Auskunft (vgl. „Ambulante Hilfestellung", S. 144f. und „Stationäre Langzeitbehandlung HIV-infizierter Drogenabhängiger", S. 146).

Phase 4: Nach der stationären Langzeitbehandlung übernimmt, wie zum Beispiel bei „Daytop" in München, ein teilstationäres Übergangshaus die soziale und berufliche Wiedereingliederung. Man nennt diese Phase den Übergang von der Stammphase zur Kontaktphase. Das ist eine Art Übergangsphase, vergleichbar mit der Pubertät, in der der Jugendliche sich von den Eltern abgrenzt, obwohl er noch auf sie angewiesen ist. Der Drogensüchtige, der „Ex-User", gehört zwar noch zur Stammgruppe, aber sein Status, seine Rollen und Aufgaben sind anders als in der vorhergehenden Intensivphase. Er beginnt, sich abzugrenzen und sucht einen eigenen Standort in der therapeutischen Gemeinschaft. Dieser Prozeß ist wichtig für die Selbstfindung, um später ein eigenständiges Leben führen zu können.

Phase 5: Nach Abschluß der teilstationären Therapiephase, in der bereits versucht wurde, einen Arbeitsplatz zu finden oder sich zum Beispiel mit anderen ehemaligen Süchtigen selbständig zu machen, folgt die ambulante Phase, das heißt eine Betreuung durch eine Beratungsstelle und der Übergang in eine Selbsthilfegruppe. Seit der Zunahme der AIDS-Problematik im Drogenbereich wurden zunehmend Selbsthilfegruppen von HIV-infizierten ehemaligen Drogensüchtigen gegründet (vgl. „Selbsthilfegruppen HIV-Infizierter, S. 147).

Therapie-Aufnahmevoraussetzung
Bei „Daytop“ (Mitglied des Bayerischen Roten Kreuzes) wird die Erfüllung von einigen Punkten erwartet, bevor ein Drogensüchtiger eine Therapie beginnen kann:
1) Nach dem klinischen Entzug muß der Abhängige eine Bewerbung schreiben, in der er seine Situation schildert und erklärt, warum er die Therapie machen möchte.
2) Er muß in einem Lebenslauf seine persönliche Entwicklung im Hinblick auf seine Familie, Freunde etc. beschreiben.
3) Ebenso muß er seine Drogengeschichte berichten, niederschreiben, wann, wie, wo und warum er begonnen hat, Drogen zu nehmen, ob er schon eine Therapie gemacht hat und wann der klinische Entzug stattgefunden hat.
4) Er muß eine Kostenübernahmezusicherung oder vorläufige Zusicherung von einer Krankenkasse, Rentenversicherung oder dem Sozialamt seines Bezirks vorlegen. Einen AIDS-Test als Voraussetzung für die Kostenübernahmezusage verlangt gegenwärtig nur die Bundesversicherungsanstalt für Angestellte. Sind andere Kostenträger zur Kostenübernahme verpflichtet (zunächst in der Regel die Krankenkassen), bedarf es keines AIDS-Testes, sondern lediglich einer ärztlichen Bescheinigung (Befundbericht).
5) Der Betroffene muß einen ärztlichen Befundbericht vorlegen, aus dem hervorgeht, daß: a) ein klinischer Entzug erfolgt; b) daß er frei von Krankheiten ist (wie z. B. Hepatitis, TBC, Haut- und Geschlechtskrankheiten, Salmonellen usw.); c) daß die Zähne in Ordnung sind.
Nicht zu dem ärztlichen Befundbericht zählt eine Angabe darüber, ob der Betroffene HIV-infiziert oder -negativ ist. Der Klinikarzt darf den HIV-Antikörpertest nicht ohne Zustimmung des Patienten vornehmen (Ausnahme: Gefahr im Verzug) (vgl. AIDS und Drogen, S. 139 ff.)

Legale Drogen

Alkoholismus

Helmut trank zum erstenmal im Alter von 15 Jahren bei einem Schulausflug Alkohol. Klassenkameraden, die von zu Hause eine Flasche Schnaps gemopst hatten, überredeten ihn dazu. Obwohl „das Zeug fürchterlich brannte“, überwältigte den eher schüchternen Jungen die Wirkung: „Ich fühlte mich plötzlich stark und unheimlich gut und hatte den Mut, ein Mädchen anzumachen.“ „Dieses Erlebnis war“, so Helmut, „doch sehr prägend für mein späteres Verhältnis zum Alkohol.“ Und dies, obwohl Helmut bis zum 25. Lebensjahr außer auf Feten kaum Alkohol konsumierte. Damit begann er erst mit seiner Außendienstlaufbahn. Es war Usus, mit Kunden nach Abschlüssen den Verkauf zu begießen, wobei es sich in der Regel um ein „harmloses“ Glas Sekt oder Bier handelte. Doch Helmut hatte Probleme mit dem Alkohol: Er konnte mit dem Trinken nach dem Umtrunk nicht aufhören, sondern setzte es in seinem Büro oder zu Hause fort. „Anfangs lediglich mit einer Flasche Bier oder zwei Schnäpsen“, erinnert sich Helmut. „Schlimmer wurde es, als die Montagsrunde, das Bezirksvertreter-Arbeitsgespräch, ins Leben gerufen wurde. Denn aus dem Erfahrungsaustausch, bei dem Bier konsumiert wurde, wurde immer häufiger ein Saufgelage, das manchmal bis Dienstag dauerte.“

Allmählich hatte Helmut den Alkohol mit der Arbeit so gut verbinden gelernt, daß er ihn regelrecht als Antriebsdroge brauchte: „Mit Alkohol funktionierte ich toll, war abschlußsicher und belastbar.“

Zehn Jahre stand Helmut mit Alkohol den Außendienst durch: „Ich war wohl Spiegeltrinker, doch irgendwann reichte es nicht mehr, den Alkoholpegel aufzufüllen. Ich brauchte immer mehr Stoff. Konnte ich früher immerhin noch zwischendurch mal zwei drei Trage oder eine ganze Woche mit dem Alkohol aussetzen, um mir zu beweisen, daß ich kein Trinker bin, wurden die trinkfreien Perioden immer kürzer und die Alkoholdosis immer höher.“

Als die Arbeitsanforderungen stiegen, reagierte Helmut auf den neuen Druck mit noch mehr Alkohol.

Der Arbeitgeber kündigte ihm wegen alkoholbedingter, mangelhafter Arbeitsergebnisse.

Die schlimmste Zeit begann als Arbeitsloser, die er gelegentlich mit bis zu einem Kasten Bier täglich zu betäuben versuchte ...

Helmuts Suchtkarriere ist dank einer konsequenten Ehefrau doch noch gut ausgegangen. Auch mit körperlichen Symptomen hatte er Glück.

Hätte Helmut mehr über Wirkungsweisen und Gefährlichkeit des Nervengiftes „Alkohol“ gewußt, hätte er sich vielleicht beim Trinken zurückgehalten. Wäre er dabei aber trocken geblieben?

Definition und Typologie

Helmut wäre vielleicht selbst bei geringem Alkoholkonsum alkoholabhängig geworden. Denn für Therapeuten und Betroffene gilt, daß Alkohol keine Dosisfrage, sondern für die Betroffenen das Problem schlechthin ist. Menschen, die keine Probleme mit Alkohol haben, können Alkohol trinken, auch in größeren Mengen, ohne deshalb abhängig zu sein.

Alkoholkrank ist, so eine gängige Definition, wer sich durch Alkoholkonsum somatisch (körperlich), psychisch (seelisch-geistig) oder sozial (gesellschaftlich) schädigt.

Als exzessive Trinker bezeichnet die Weltgesundheitsorganisation (WHO) diejenigen Alkoholabhängigen, die deutlich alkoholbedingte seelische oder körperliche Störungen und Beeinträchtigungen aufweisen oder eine andere Beeinträchtigung ihrer Gesundheit, ihrer mitmenschlichen Beziehungen und ihrer sozialen und wirtschaftlichen Funktionen bzw. wenigstens Anzeichen einer solchen Entwicklung zeigen. Demnach sind exzessive Trinker

- unfähig, auch für kürzere Zeit abstinent zu bleiben,
- unfähig, ihren Alkoholkonsum zu steuern (Kontrollverlust).

Im Alkoholismusvorfeld ist häufig ein gezieltes Trinken zur Stimmungsregulierung, mitunter auch zu unpassender Gelegenheit, beobachtbar.

Alkoholismus ist eine sozialrechtlich anerkannte Krankheit.

Alkoholverträglichkeitsgrenzen aufzustellen ist schon aufgrund der individuell unterschiedlichen Reaktion des Menschen auf Alkohol kaum möglich und unter Umständen gefährlich.

Es gibt keinen typischen Alkoholkranken. Aus der Masse der Alkoholkranken heben sich allenfalls sogenannte Prägnanztypen, fiktive Persönlichkeitsstrukturen, heraus, die hilfsweise das Trinkverhalten etwas greifbarer charakterisieren sollen.

Nach Vorschlag E. M. Jellineks, eines bekannten Alkohol- und Suchtexperten, kann man zum besseren Verständnis folgende Alkoholikertypen unterscheiden:

- *Alpha-Trinker:* Konflikt- und Erleichterungstrinker. Kein Kontrollverlust, Entwicklung psychischer Abhängigkeit möglich.
- *Beta-Trinker:* Gelegenheitstrinker, Abhängigkeit tritt erst relativ spät auf.

- *Gamma-Trinker:* süchtiger Trinker mit psychischer und physischer Abhängigkeit sowie Kontrollverlust.
- *Delta-Trinker:* Gewohnheitstrinker, ausgeprägte psychische und physische Abhängigkeit mit der Unfähigkeit zur Abstinenz. Man nennt ihn auch Spiegeltrinker, weil er zur Aufrechterhaltung seines „Wohlbefindens“ einen bestimmten Alkohol-„Spiegel“ benötigt.
- *Epsilon-Trinker:* episodischer Trinker mit Kontrollverlust (Quartalssäufer).

Phasen der Alkoholkrankheit

Die Alkoholkrankheit verläuft in einer phasenähnlichen Entwicklung, wobei die einzelnen Suchtschritte ineinander übergehen. Jellinek lieferte auch hierfür zur Orientierungshilfe eine Einteilung:
- *Präalkoholische Phase* (voralkoholische Episode): gehäuftes Erleichterungstrinken.
- *Prodomalphase* (Episode der ersten Anzeichen): Der Betroffene trinkt heimlich, weil er fürchtet, als übermäßiger Trinker erkannt zu werden. – Er denkt dauernd an Alkohol. – Er sammelt Alkoholvorräte. – Er trinkt – die ersten Gläser – gierig. – Er hat Schuldgefühle. – Er vermeidet es, über Alkohol zu reden, reagiert heftig auf das Reizwort Alkohol und hat zunehmend Schwierigkeiten, sein Verhalten zu rechtfertigen. – Er hat Erinnerungslücken (Filmriß).
- *Kritische Phase:* Der alkoholkranke Mensch verliert die Kontrolle (Nicht-mehr-aufhören-Können). Er weicht Einflußnahmen seitens seiner Umgebung aus. – Er gibt sich großspurig und überangepaßt. – Er macht sich Selbstvorwürfe und leidet unter häufigen Stimmungsschwankungen. – Er macht vergebliche Versuche, enthaltsam zu leben. – Es kommt zur Interesseneinengung, zur Einbuße zwischenmenschlicher Beziehungen, zu Konflikten am Arbeitsplatz, schließlich zum Arbeitsplatzwechsel und zum sozialen Abstieg. – Es treten erste alkoholbedingte körperliche Symptome, auch sexuelle Störungen etc. auf.
- *Chronische Phase:* Sie ist durch deutliche Schädigungsfolgen und schließlich durch eine nachlassende Alkoholtoleranz gekennzeichnet. – Es treten tagelange Räusche auf. – Der Betroffene trinkt mit Personen weit unter seinem Niveau, zum Beispiel anderen heruntergekommenen Alkoholkranken, und nimmt eventuell sogar technische Alkoholika zu sich, etwa Parfüm etc.

Früherkennung

Für den Arzt können neben einer Alkoholfahne seines Patienten oder einem Blutalkoholspiegel ganz verschiedene Symptome eine Früh- oder Fortgeschrittenenphase einer Suchterkrankung seines Patienten signalisieren, sofern er den Alkoholismus in seine Diagnosemöglichkeiten einbezieht. Solche Beschwerden können beispielsweise sein:
- Kreislaufstörungen,
- Blässe, großporige stumpfe Hautstruktur,
- aufgedunsenes Gesicht (Teiggesicht), rote Nasenspitze,
- reduzierter Allgemeinzustand, Erschöpfung, Müdigkeit,
- hohe Leberwerte,
- Konzentrationsmangel,
- Schlafstörungen, Depressionen,
- Appetitlosigkeit,
- Potenzprobleme,
- morgendlicher Tremor (Händezittern, Augenlidflackern usw.).

Im Frühstadium der Krankheit hat der Arzt eher die Chance, mit dem Patienten ein „Arbeitsbündnis" einzugehen und somit die Annahme von Hilfe, etwa eine Therapieeinwilligung, zu erreichen. Unbehandelt gewinnt die Alkoholkrankheit zunehmend an Eigendynamik, gerät immer mehr außer Kontrolle des Betroffenen und wird von wachsenden somatischen, psychischen und sozialen Folgen begleitet.

Eigendiagnosetest

Oftmals wissen Alkoholkonsumenten nicht, daß sie bereits alkoholkrank sind beziehungsweise in welchem Suchtstadium sie sich befinden.
E. M. Jellinek hat für diese Menschen ein einfaches Eigendiagnoseverfahren entwickelt (vgl. folgende Seite).

Alkoholismustherapie

Die Deutsche Hauptstelle gegen die Suchtgefahren e. V. hat den Therapieverlauf in einzelnen Phasen eingeteilt und wie folgt beschrieben:
Multifaktiorelle Bedingungen des Alkoholismus erfordern multidisziplinäre Therapie unter Einbeziehung des sozialen Umfeldes der Familie. Unter solchen Umständen ist Alkoholismus in vielen Fällen behandelbar. Die Ergebnisse sind außerdem von der rechtzeitigen Diagnose und der Intensität der Bemühungen aller Beteiligten abhängig. Die Therapie erfordert in der Regel die Zusammenarbeit des Arztes mit

Ja	Nein	**Vorstadium**
☐	☐	1. Leiden Sie an Gedächtnislücken nach starkem Trinken?
☐	☐	2. Trinken Sie heimlich?
☐	☐	3. Denken Sie häufig an Alkohol?
☐	☐	4. Trinken Sie die ersten Gläser hastig?
☐	☐	5. Haben Sie wegen Ihres Trinkens Schuldgefühle?
☐	☐	6. Vermeiden Sie in Gesprächen Anspielungen auf Alkohol?
		Kritische Phase
☐	☐	7. Haben Sie nach den ersten Gläsern ein unwiderstehliches Verlangen weiterzutrinken?
☐	☐	8. Gebrauchen Sie Ausreden, warum Sie trinken?
☐	☐	9. Zeigen Sie ein besonders aggressives Benehmen gegen die Umwelt?
☐	☐	10. Neigen Sie zu innerer Zerknirschung und dauerndem Schuldgefühl wegen des Trinkens?
☐	☐	11. Versuchten Sie periodenweise, völlig abstinent zu leben?
☐	☐	12. Haben sie ein Trinksystem versucht (z. B. nicht vor bestimmten Zeiten zu trinken)?
☐	☐	13. Haben Sie häufiger den Arbeitsplatz gewechselt?
☐	☐	14. Richten Sie Ihre Arbeit und Ihren Lebensstil auf den Alkohol ein?
☐	☐	15. Haben Sie einen Interesseverlust an anderen Dingen als an Alkohol bemerkt?
☐	☐	16. Zeigen Sie auffallendes Selbstmitleid?
☐	☐	17. Haben sich Änderungen im Familienleben ergeben?
☐	☐	18. Neigen Sie dazu, sich einen Vorrat an Alkohol zu sichern?
☐	☐	19. Vernachlässigen Sie ihre Ernährung?
☐	☐	20. Wurden sie wegen des Alkoholmißbrauches in ein Krankenhaus aufgenommen?
☐	☐	21. Trinken Sie regelmäßig am Morgen?
		Chronische Phase
☐	☐	22. Haben sie mitunter tagelang hintereinander getrunken?
☐	☐	23. Beobachten sie einen moralischen Abbau an sich selbst?
☐	☐	24. Wurde ihr Denkvermögen beeinträchtigt?
☐	☐	25. Trinken Sie mit Personen, die weit unter ihrem Niveau stehen?
☐	☐	26. Trinken sie gelegentlich technische Alkoholprodukte (Haarwasser oder Brennspiritus)?
☐	☐	27. Wurde die Verträglichkeit für Alkohol geringer?
☐	☐	28. Beobachten Sie morgendliches Zittern?
☐	☐	29. Wurde das Trinken zum Zwang?
☐	☐	30. Hatten Sie bereits ein Alkoholdelir?

Wenn Sie bei ehrlicher Selbstprüfung mehr als fünf Fragen mit „Ja“ beantworten müssen, so besteht die Wahrscheinlichkeit, daß Sie Alkoholiker sind.

Vertretern anderer Disziplinen, vor allem mit Sozialarbeitern und Psychologen.
Entscheidend für den Behandlungserfolg sind:
- Die Einstellung des Arztes
- Die Motivierung des Patienten zur Therapie
- Die Reaktionsmuster der Umgebung.

Ziel der Behandlung
Die Behandlung versucht die Wiederherstellung des Kranken. Als körperlich und psychisch beschwerde- und symptomfreier Mensch soll er in sozialer Selbständigkeit leben. Allerdings kann dieses Behandlungsziel nicht in allen Fällen erreicht werden. Nicht selten wird man sich damit zufrieden geben müssen, daß der Patient mit seinen Lebensschwierigkeiten zu leben lernt. Ohne andauernde Alkoholabstinenz ist dieses Ziel nicht zu erreichen.

Behandlungsphasen
Behandlung und Wiedereingliederung des Alkoholikers lassen sich in vier nicht immer scharf voneinander abgrenzbare Phasen unterteilen:
- Kontaktphase
- Entgiftungsphase
- Entwöhnungsphase
- Nachsorgephase.

Die Therapie kann prinzipiell ambulant und/oder stationär erfolgen.

Kontaktphase: Die Kontaktphase spielt sich im ambulanten Bereich ab, kann aber auch bei der stationären Behandlung von Folgeschäden, anderen Erkrankungen oder auch Unfällen beginnen.
Sie dient der Klärung der Situation des Kranken, der Information der unmittelbaren Umgebung über die Alkoholkrankheit und der Motivierung zur Einleitung von Therapiemaßnahmen. Dem ärztlichen Gespräch kommt dabei vorrangige Bedeutung zu. Selbst wenn es gelingt, bei dem Patienten die Verschleierungs- und Verdrängungstendenzen abzubauen, bleibt in der Regel eine zwiespältige Einstellung zur Behandlung bestehen. Einerseits spürt der Kranke, daß „es so nicht weiter geht", andererseits möchte er die Diagnose Alkoholismus nicht akzeptieren, weil er sich scheut, den beschwerlichen und mit Vorurteilen gepflasterten Weg eines Alkoholkranken zu gehen. Angstbesetzt verweigert er die aktive Problemlösung, welche an die Stelle der bisherigen passiven, vordergründigen und nur scheinbaren Konfliktbereinigung durch Alkohol treten muß. Daher sind *nicht* die Fragen „Trinken Sie regelmäßig?" oder „Wieviel Alkohol nehmen sie täglich zu sich?" und

mit den Fragen verbundene Ratschläge hilfreich, sondern ein intensives Eingehen auf die aktuellen Probleme des Kranken, die für sein Trinkverhalten mitbestimmend sind. Unter Umständen kann es sich als notwendig erweisen, konfrontativ und kompromißlos zu argumentieren, zunächst mit dem Ziel „Das erste Glas stehen lassen"; erst später wird er alternative Verhaltensmuster erlernen.
Die Kontaktphase kann Tage bis Monate dauern. Frühzeitig sollte der Arzt eine Beratungsstelle oder das zuständige Gesundheitsamt einschalten, um gemeinsam einen Therapieplan zu entwerfen und organisatorische Fragen, insbesondere die Kostenübernahme, abzuklären. Die Entscheidung, ob eine Entgiftung notwendig ist oder ob die Entwöhnungsbehandlung ambulant, stationär, kurz-, mittel- oder langfristig durchgeführt werden soll, steht am Ende der Kontaktphase.

Entgiftungsphase: Die Entgiftung wird im allgemeinen stationär durchgeführt. Die durch Alkoholentzug möglicherweise auftretenden Entzugserscheinungen und eventuelle Komplikationen müssen sachgerecht behandelt werden. Die Entgiftungsphase dauert eine bis vier Wochen.

Entwöhnungsphase: Auch die Entwöhnung kann ambulant oder stationär durchgeführt werden. Hierfür muß man mehrere Monate veranschlagen.
Stationäre Behandlungen führen Fachkrankenhäuser für Alkoholkranke, Psychiatrische Fachkrankenhäuser oder Psychiatrische Universitätskliniken und Fachabteilungen an Allgemeinkrankenhäusern durch.
Ambulant kann die Entwöhnung in einer psychosozialen Beratungsstelle, Poliklinik oder Fachambulanz durchgeführt werden. Erfolgt sie in der ärztlichen Praxis, ist eine intensive Betreuungsmöglichkeit des Patienten – auch an den Wochenenden – mit zeitlich kurzen Gesprächsabständen und der Möglichkeit zu schneller Krisenintervention notwendige Voraussetzung. Erfolgt die Behandlung ambulant, kann generell auf die verständige und sachgerechte Mitarbeit von wesentlichen Bezugspersonen, wie Familie, Arbeitsplatz u. a., nicht verzichtet werden.
Ein dauerhafter Therapieerfolg wird am besten durch eine sich über mehrere Jahre hinziehende Nachsorgephase gewährleistet. Zwischen dieser Phase und der Entwöhnungsphase kann bei gegebenen institutionellen Voraussetzungen der Aufenthalt in einem Übergangsheim, in einer Nachtklinik oder in einer therapeutischen Wohngemeinschaft zweckmäßig sein.

Nachsorgephase: In der Nachsorgephase müssen niedergelassener Arzt, Beratungsstelle, Sozialamt, Arbeitsamt, Arbeitgeber, Selbsthilfe- und Abstinenzgruppen sowie familiäre Bezugspersonen sehr eng und reibungslos zusammenarbeiten. Es gilt, wieder persönliche Bindungen an Familie und Freunde aufzubauen, neu eingeübte Lebensformen zu stabilisieren, einen gesicherten Arbeitsplatz zu finden und neue Freizeitinteressen zu entwickeln und zu festigen.
Grundsätzlich sollte kein Alkoholiker aus ärztlicher Behandlung entlassen werden, der nicht einen engen persönlichen Kontakt zu einer Nachsorgeorganisation gefunden hat, denn internationale Erfahrungen haben ergeben, daß ohne Nachsorge durch Selbsthilfegruppen die Chance einer dauerhaften Besserung wesentlich geringer ist als bei einem Anschluß an solche Gruppen. Viele Selbsthilfe- und Abstinenzgruppen haben sich in der Weiterbetreuung sehr bewährt (Anonyme Alkoholiker, Blaues Kreuz, Guttempler, Kreuzbund, Freundeskreise u.a.).
Kontaktpersonen von Selbsthilfegruppen, Beratungsstellen, Nachsorgeeinrichtungen, stationären Einrichtungen oder des öffentlichen Gesundheitsdienstes sollten dem Arzt bekannt sein. Anschriften können zumeist bei den örtlichen Gesundheitsämtern erfragt werden.

Zusätzliche Behandlungshinweise

Die Behandlung des Alkoholismus geschieht vorrangig psychotherapeutisch. Verschiedene Verfahren (Verhaltenstherapie, analytische Psychotherapie u.a.) stehen als Einzel- oder Gruppentherapie nebeneinander. Auch ihre Kombination ist möglich. Für den Behandlungserfolg ist weniger die angewendete Methode als vielmehr das Können des Therapeuten beziehungsweise des therapeutischen Teams wesentlich. – Medikamentös wird nur ausnahmsweise und immer nur vorübergehend behandelt. Zu den Ausnahmen gehört die sachgerechte Therapie mit Antidepressiva im Falle der mit Alkoholismus larvierten Depression.
Die Entscheidung, ob in der Entwöhnungsphase Medikamente gegeben werden sollen, die zur Alkoholunverträglichkeit führen, kann nur der Facharzt treffen.
Alle Formen der Aversionstherapie sollten immer nur Bestandteil eines langfristigen, psychotherapeutisch ausgerichteten Therapieplans sein.
Der Zustand des Alkoholkranken und seine soziale Situation bestimmen die Behandlungsart, den Behandlungsort und auch die Dauer der Behandlung. Insbesondere wird die Entscheidung beeinflußt von:
- Der unterschiedlichen Bereitschaft des Patienten zur Behandlung und der sich daraus ergebenden Rechtslage
- Alter und Geschlecht

- Art, Schwere und Dauer der Alkoholkrankheit
- Persönlichkeitsstruktur
- Folgeschäden
- Psychosoziale Situation
- Verfügbarkeit von Behandlungsmöglichkeiten einschließlich Vor- und Nachsorge.

Wegen aller Schwierigkeiten, einen zuverlässigen Indikationskriterienkatalog aufzustellen, resultieren die folgenden Empfehlungen vor allem aus Erfahrungen der Praxis. Sie sind nach den jeweiligen individuellen Erfordernissen elastisch zu handhaben.

Indikationskriterien für ambulante Behandlung:
- Abhängige, die ausreichend motiviert, relativ gut sozial integriert und frei von schweren Störungen auf seelischem, körperlichem und/ oder sozialem Gebiet sind
- Abhängige, die sich in der Vorbereitungsphase für eine anschließende stationäre Therapie befinden
- Abhängige, die aus stationärer Behandlung in einem Fachkrankenhaus für Suchtkranke entlassen wurden.

Ein Versuch kann auch angezeigt sein bei Abhängigen mit psychischer und physischer Abhängigkeit mit leichteren körperlichen, seelischen und sozialen Störungen.
Voraussetzung für jede ambulante Behandlung ist die Verfügbarkeit eines qualifizierten Nachsorgesystems.

Indikationskriterien für mittelfristige stationäre Behandlung (bis zu ca. 6 Monate):
- Abhängige mit körperlichen, seelischen und/oder sozialen Schäden
- Mehrfachabhängige.

Indikationskriterien für langfristige stationäre Behandlung (mehr als 6 Monate):
- Abhängige mit schweren Sozialisationsschäden, auch Jugendliche und Nichtseßhafte
- Abhängige mit schweren körperlichen und psychischen Alkoholismusfolgeschäden, zum Beispiel organisches Psychosyndrom, Wesenswandlung, Voralterung, verlangsamte Rückbildungstendenz
- Abhängige mit schweren primären und sekundären Persönlichkeitsstörungen.

Man muß davon ausgehen, daß bei diesen Abhängigen in der Regel die Behandlung durch eine Kombination von körperlichen, seelischen und sozialen Schäden besonders erschwert ist.

Indikationskriterien für bisher nicht berücksichtigte Patienten:

- Abhängige ohne Behandlungsbereitschaft. Die fehlende Motivierbarkeit sollte allerdings erst nach mehreren Jahren als erwiesen gelten (z. B. nach mehreren gescheiterten Behandlungsversuchen).
- Abhängige mit alkoholismusbedingter Selbst- und/oder Fremdgefährdung durch schwerste psychische und soziale Folgeschäden, Dissozialität und Kriminalität.

Bei Kranken der zuletzt genannten Kategorie müssen vorrangig die rechtlichen Voraussetzungen für einen etwa zweijährigen Aufenthalt in einer zuverlässig alkoholfreien Umgebung geschaffen werden. Dann ergeben sich auch für sie noch reelle rehabilitative Chancen. In einem psychiatrischen Krankenhaus kann sicher am besten der Zeitpunkt bestimmt werden, von dem an noch eine eigentliche Alkoholentwöhnungsbehandlung begonnen werden kann.

Arzneimittelmißbrauch und Arzneimittelabhängigkeit

Arzneimittelmißbrauch ist so alt wie die Arzneitherapie selbst. Hanfprodukte (enthalten Cannabinoide), Opium (enthält Opiate) und pflanzliche Halluzinogene wurden schon vor Jahrtausenden als Medikamente eingesetzt, aber auch zu Suchtzwecken mißbraucht. Auch verschiedene alkoholische Getränke wurden in früheren Zeiten als Arzneimittel verwendet; in diesem Rahmen ist Mißbrauch vorgekommen und überliefert. Allerdings wurde von vielen pflanzlichen Suchtstoffen im Lauf der Jahre erkannt, daß sie keine wirklichen Heilwirkungen haben. Deshalb sind sie aus dem Arzneischatz verschwunden; sie werden heute nur noch als illegale Drogen verwendet (z. B. die Cannabinoide als Bestandteile des indischen Hanfs).

Keineswegs wird jedes Arzneimittel süchtig mißbraucht. Die große Mehrzahl der heute verwendeten Medikamente hat kein „Suchtpotential". Vielmehr sind dafür bestimmte pharmakologische Eigenschaften notwendig, die von disponierten Menschen gesucht werden. Wenn der Prozentsatz der „Disponierten" groß ist, schreibt man dem betreffenden Stoff ein hohes Suchtpotential zu.

Arzneimittelmißbrauch und -abhängigkeit unterscheiden sich von anderen chemischen Süchten dadurch, daß jeder Mensch gelegentlich oder ständig irgendwelche Arzneimittel braucht, vor allem im höheren Lebensalter. Es ist daher nicht möglich, ständig medikamentenfrei zu leben. Dagegen sind für praktisch alle medizinischen Indikationen heute auch suchtstofffreie Medikamente erhältlich. Ein wichtiges Ziel der Arzneimittelforschung ist es, Medikamente ohne oder mit möglichst geringem Suchtpotential zu entwickeln. Diesem Ziel ist man in vielen Indikationsbereichen nahegekommen, zum Beispiel bei Hustenmitteln, Arzneimitteln zur örtlichen Betäubung und Narkosemitteln. Bei den Schmerzmitteln dagegen gibt es in einigen Indikationsbereichen bis heute keinen geeigneten Ersatz für das hochgradig suchterzeugende Morphin; die moderneren Abkömmlinge haben zwar ein geringeres Suchtpotential als die Muttersubstanz, sie haben aber eben doch eines.

Da heute in den Industriestaaten eine sehr große Zahl von Arzneimitteln mit außerordentlich unterschiedlichen pharmakologischen Eigenschaften zur Verfügung steht, sind auch die Formen von Mißbrauch und Abhängigkeit sehr verschieden. Unterschieden werden:

1) *Arzneimittelabhängigkeit:* Dies ist in der Bevölkerung der BRD zur Zeit die häufigste Form. Die Betroffenen haben ständig oder episodisch eine unter normalen Umständen unwiderstehliche Gier nach Zufuhr „ihres“ Stoffes; dies Phänomen wird psychische Abhängigkeit genannt. Außerdem bekommen sie Entzugserscheinungen beim Absetzen des Stoffes (physische Abhängigkeit). Sie brauchen auch im Lauf der Zeit immer höhere Dosen „ihres“ Stoffes (Toleranzentwicklung). Im Einzelfall stehen unterschiedliche Teilaspekte im Vordergrund. Eine Abhängigkeit kann sich auch im Rahmen einer notwendigen Therapie entwickeln.

2) *Arzneimittelabusus:* Hier bestehen keine medizinischen Indikationen für die Zufuhr des Suchtstoffes. Die Betroffenen nehmen geeignete Stoffe wegen der psychischen Wirkung ein; meist wollen sie einen Rauschzustand erreichen. Vor allem jugendliche Drogenabhängige nehmen häufig auch Arzneimittel zu Rauschzwecken ein.

3) *Einfacher Arzneimittelmißbrauch:* Hier werden geeignete Arzneimittel zur Manipulation von Körperfunktionen eingenommen. Im Gegensatz zum Arzneimittelabusus haben die verwendeten Medikamente keine psychische Wirkung. Besonders Abführmittel und harntreibende Medikamente (Diuretika) verführen Disponierte zum Mißbrauch.

Insgesamt ist mißbräuchliche oder abhängige Einnahme von Arzneimitteln wahrscheinlich eher selten. Allerdings existieren hierüber kaum verläßliche Zahlen. Man schätzt die Zahl der Betroffenen in der Bundesrepublik auf 150000–700000. Schon aus dieser großen Streubreite ist ersichtlich, wie unsicher die heutigen Schätzmethoden sind. Weit über die Hälfte dieser Menschen mißbraucht außerdem Alkohol und/oder illegale Drogen. In jedem Fall verwendet nur eine Minderheit der Medikamentenkonsumenten Arzneimittel abhängig oder mißbräuchlich. Deshalb kann hier nicht von einer süchtigen Gesellschaft gesprochen werden.

Wer wird medikamentensüchtig?

Mehr als die Hälfte aller Menschen mit Abhängigkeit oder Mißbrauch von Arzneimitteln hat bereits vorher Alkohol und/oder illegale Drogen mißbraucht oder war sogar davon abhängig. Es sind also „Umsteiger" oder „Kombinierer". Damit ist eine vorbestehende andere Suchtkrankheit der wichtigste Risikofaktor für Medikamentenmißbrauch oder -abhängigkeit. Es ist für den Beobachter immer wieder erstaunlich, mit welcher Geschwindigkeit ein Alkoholiker zum Beispiel eine Abhängigkeit von Beruhigungsmitteln entwickeln kann.

Bei Suchtproblemen mit Arzneimitteln überwiegen Frauen – im Gegensatz zu fast allen anderen Suchtkrankheiten. Dies hängt damit zusammen, daß Frauen psychosoziale Probleme traditionellerweise auf Grund ihrer unterschiedlichen gesellschaftlichen Rolle im Vergleich zum Mann nicht so häufig mit Alkoholmißbrauch, sondern mit Tablettenkonsum bewältigen. Damit unterliegen sie auch mehr dem Risiko, von diesen Stoffen abhängig zu werden. Suchtprobleme mit Arzneimitteln sind auch typische Erkrankungen der zweiten Lebenshälfte; für Tranquilizer liegt das mittlere Erkrankungsalter bei 42 Jahren. Und in der zweiten Lebenshälfte gibt es mehr Frauen als Männer.

Relativ häufig entwickelt sich eine Medikamentenabhängigkeit aus einer therapeutisch gerechtfertigten Anwendung des Arzneimittels. So können Menschen mit schweren chronischen Schmerzen eine Opiatabhängigkeit entwickeln, wenn sie diese Schmerzmittel über lange Zeit erhalten haben. Die Abhängigkeit wird aber erst sichtbar, wenn die Schmerzen abgeklungen sind und die Betroffenen trotzdem weiter Opiate fordern. Viele Menschen mit schweren, quälenden Angstzuständen erfahren zunächst Erleichterung durch Tranquilizer. Bei regelmäßiger Einnahme können sie dann abhängig werden. Erstaunlicherweise haben Tranquilizerabhängige nach jahrzehntelangem Tranquilizer-Gebrauch häufig während der Einnahme mehr Angst als vor Beginn der Medikation, sie sind also tolerant geworden. Wenn diese Menschen entziehen, kommt es in der Entzugsphase zu einer weiteren Angstverstärkung, die dann nach einiger Zeit wieder abklingt. Eine Betroffene hat ihr Schicksal während der Tranquilizer-Einnahme und danach sehr plastisch in einem Buch geschildert (Barbara Gordon: Ich tanze, so schnell ich kann, Reinbek 1983). Es handelt sich allerdings um einen Extremfall, bei der großen Mehrzahl der Betroffenen ist der Entzug längst nicht so schwer wie hier. Wenn sich eine Medikamentenabhängigkeit im Rahmen einer therapeutischen Indikation entwickelt, kommt es zur sogenannten „Niedrigdosisabhängigkeit", das heißt, die Betroffenen nehmen keine Überdosen ein. Sie sind zudem oft durch die

Einnahme nicht behindert, nur nach dem Absetzen entwickeln sich Entzugserscheinungen.
Schließlich ist auch bekannt, daß Menschen in Lebenskrisen besonders anfällig für eine Medikamentensucht sind. Solche Lebenskrisen sind Verluste geliebter Angehöriger, Zerbrechen von Partnerschaften, berufliche Rückschläge, Berentungen und schwere Kränkungen. In solchen Fällen lindern Tranquilizer (ebenso wie Alkohol) die Beschwerden, unter ihrer Wirkung wird das Leiden an der Situation nicht mehr so schmerzhaft erlebt. Wenn dann die Tranquilizer zu lange genommen werden, kann sich eine Abhängigkeit entwickeln. Diese Wende zum Bösen wird dann deutlich, wenn der Grund für die Trauer entfällt, die Medikamente aber weiter genommen werden. Wenn zum Beispiel eine Frau nach einer sehr kränkenden Scheidung ihre Angst und Verzweiflung mit Tranquilizern bekämpft hat, dann aber einen neuen Partner findet und trotzdem ihre Beruhigungsmittel weiternimmt, hat sie höchstwahrscheinlich eine Tranquilizer-Abhängigkeit entwickelt.

Ursachen von Medikamentenmißbrauch und -abhängigkeit

Suchtkrankheiten (nur davon ist in diesem Kapitel die Rede) lassen sich nicht monokausal erklären, das heißt, sie haben nicht nur eine Ursache. In jedem einzelnen Fall müssen Teilursachen aus Gesellschaft, Individuum und Suchtstoff zusammenkommen. Nur so läßt sich erklären, warum bei gleicher Stoffexposition einige Menschen abhängig werden, die Mehrzahl aber nicht.
1) *Gesellschaft:* Gesellschaftliche Faktoren bestimmen über Verfügbarkeit und Preis eines Suchtstoffes. Bei Arzneimitteln ist hier die „Griffnähe" wichtig. Die Griffnähe wird in diesem speziellen Fall durch die Gesundheitserziehung, Beratung durch den Apotheker und Verschreibungsgewohnheiten der Ärzteschaft bestimmt. Je größer die Griffnähe, desto höher ist das Risiko einer Suchtentwicklung.
2) *Individuum:* Früher gebrauchte man häufig die Begriffe „Suchtpersönlichkeit" oder „süchtige Persönlichkeitsstruktur". Heute weiß man, daß die Mehrzahl der psychischen Auffälligkeiten von Suchtkrankheiten Folge der langjährigen süchtigen Lebensführung sind, nicht aber ihre Ursache. Trotzdem gibt es einige persönliche Dispositionen, vor allem aber Situationen, die besonders häufig Ausgangspunkt für eine Suchtkarriere sind. Grundsätzlich werden Suchtstoffe genommen, um auf chemischem Weg angenehme Gefühle zu erzeugen oder unangenehme Gefühle zu vermindern. Dabei ist bei den Arzneimitteln der zweite Punkt wichtiger. Von schmerzgeplagten Menschen werden eher Schmerzmittel, von Ängstlichen eher Tranquilizer oder Alkohol und

von Schlafgestörten eher Schlafmittel genommen. Antriebsschwache und selbstunsichere Menschen greifen eher zu „Aufputschmitteln". Da alle diese leidvollen Zustände nicht nur als unveränderliche Persönlichkeitszüge, sondern häufiger in kritischen Lebenssituationen auftreten, kann der einzelne Mensch zu manchen Zeiten empfänglich für Suchtstoffe sein, zu anderen nicht. Diese sogenannte „Selbstmedikationshypothese" erklärt gut, warum verschiedene Menschen zu unterschiedlichen Suchtstoffen neigen.

3) *Suchtstoff:* Suchtstoffe haben zwei Eigenschaften, die eine süchtige Entwicklung begünstigen: Zum einen tritt der unterdrückte Zustand im Abklingen erneut und sogar verstärkt auf. Das heißt, der Ängstliche ist nach Abklingen der Tranquilizer-Wirkung eher noch ängstlicher, der Schmerzgepeinigte hat noch mehr Schmerzen usw. Zum anderen verlieren Suchtstoffe bei langdauernder Einnahme ihre Wirkung, was zur Dosiserhöhung verführt. Der Rückschlag beim Absetzen erklärt auch beim einfachen Mißbrauch die Tendenz zur andauernden Fortsetzung: Wer wegen einer vermeintlichen Verstopfung Abführmittel einnimmt, bekommt zwar zunächst Stuhlgang, hinterher hat er aber noch mehr Verstopfung. Das heißt, auch bei Stoffen ohne psychische Eigenwirkung kann auf diese Weise eine Dauereinnahme in Gang kommen. Die einzelnen Stoffe haben außerdem ein unterschiedliches „Suchtpotential". Dies ist bei Opiaten am höchsten, das heißt, hier entwickelt sich eine schwere Abhängigkeit am schnellsten und beim höchsten Prozentsatz der Dauereinnehmer.

Grundsätzlich kann davon ausgegangen werden, daß das Risiko von Abhängigkeit, Abusus und einfachem Mißbrauch um so größer ist, je länger und je höher dosiert der Suchtstoff eingenommen wurde.

Welche Arzneimittel machen süchtig?

Nur Stoffe mit psychischen Effekten können zu Abhängigkeit und/oder Abusus führen. Dies sind bei den Arzneimitteln nur wenige:

1) Opiate und Opioide (starke Schmerzmittel mit überwiegender Wirkung auf das Gehirn)
2) Barbiturate und barbituratähnliche Stoffe (stark wirksame Schlaf- und Beruhigungsmittel)
3) Tranquilizer (auch Anxiolytika oder Ataraktika genannt)
4) Aufputschmittel und Appetitzügler (auch Psychostimulantien oder Amphetamine genannt).

Einige dieser Stoffgruppen sind Psychopharmaka (Tranquilizer und Aufputschmittel). Es gibt aber auch Psychopharmaka ohne Suchtpotential, zum Beispiel Antidepressiva, Lithium und Neuroleptika. Psy-

chopharmaka und Suchtstoffe dürfen daher nicht gleichgesetzt werden. In der Bundesrepublik gibt es (leider) noch viele Mischpräparate, die für andere Indikationen gedacht sind, die aber einen Stoff aus den obengenannten vier Gruppen enthalten.
Für den einfachen Mißbrauch sind vor allem Arzneimittel mit schnell einsetzender und gut wahrnehmbarer Wirkung geeignet. Das sind:
1) Abführmittel
2) Mischanalgetika (Schmerzmittel mit einem Gemisch von Stoffen)
3) Harntreibende Mittel (auch Diuretika genannt).

Behandlung und Selbsthilfe

Für Arzneimittelabhängige gelten die gleichen Therapieprinzipien wie für Alkoholabhängige. Die Behandlung wird in vier Phasen unterteilt:
1) Motivationsphase
2) Entgiftungsphase
3) Entwöhnungsphase
4) Rehabilitationsphase
Das Akzeptieren der eigenen Suchtproblematik ist bei Arzneimitteln schwieriger als zum Beispiel beim Alkoholismus. Die Betroffenen verstecken sich schnell hinter der ärztlichen Verschreibung. Angehörigen und Ärzten fällt es ebenfalls schwer, die eingetretene Abhängigkeit zu akzeptieren und Konsequenzen daraus zu ziehen. Wenn die Sucht auch für die Betroffenen selbst eindeutig ist, muß energisch auf die notwendige, lebenslange Totalabstinenz von Suchtstoffen hingearbeitet werden. Zum Glück gibt es Alternativen: nichtmedikamentöse Behandlungen und suchtstofffreie Arzneimittel.
Die Entzugserscheinungen können leicht bis sehr schwer sein. Auch bei der sehr verbreiteten Tranquilizer-Abhängigkeit können sie so schwer werden, daß der Entzug im Krankenhaus durchgeführt werden muß. Insgesamt sind Tranquilizer-Entzüge aber weniger gefährlich als zum Beispiel Alkoholentzüge, wenn auch oft länger dauernd und quälender. Auch wenn die akuten Entzugserscheinungen mit Schlafstörungen, Ängsten, Händezittern, Appetitlosigkeit usw. abgeklungen sind, kann es noch Monate dauern, bis sich die Lebensfreude wieder einstellt.
Die klinische Entgiftung bei Medikamentenabhängigen ist notwendig, wenn schwere körperliche Folgeschäden bestehen, lebensbedrohliche Entzugserscheinungen zu erwarten sind oder ambulante Entgiftungsversuche gescheitert sind. Die Körperschäden durch Suchtstoffe werden behandelt wie die entsprechenden Krankheiten. Entzugserscheinungen werden erträglich gehalten, indem der vorher verabreichte Suchtstoff kontrolliert vermindert wird (jeden Tag 10% weniger). Gele-

gentlich müssen Krampfanfälle durch Antikonvulsiva verhindert werden. Wenn es zu einem Entzugsdelir kommt, kann dies medikamentös behandelt werden. In der großen Mehrzahl der Fälle ist das Therapieziel Medikamentenfreiheit; die Entgiftung ist abgeschlossen, wenn der Patient medikamentfrei und einigermaßen körperlich und seelisch stabil ist. Wenn neben der Suchtkrankheit noch eine andere psychische Krankheit besteht (was nur selten der Fall ist), wird diese bei Bedarf mit suchtstofffreien Psychopharmaka behandelt. Allerdings sind die meisten psychischen Störungen Folge von Medikamentenmißbrauch und -abhängigkeit, sie verschwinden bei langfristiger Abstinenz spontan.

Auch bei einfachem Mißbrauch ist manchmal ein Entzug im Krankenhaus notwendig, zum Beispiel wenn die dauernde Tabletteneinnahme nicht anders überwunden werden kann. Bei Menschen, die zuviel Kopfschmerzmittel einnehmen, kommt es im Entzug vorübergehend zu einer Verschlimmerung der Kopfschmerzen, nach einiger Zeit der Abstinenz können sie allerdings sogar ganz verschwinden.

Menschen mit Medikamentenproblemen können bei folgenden Institutionen Hilfe finden:

1) Suchtberatungsstellen
2) Allgemeinärzte und Nervenärzte mit Spezialisierung auf das Suchtgebiet
3) Psychiatrische Polikliniken
4) Sozialpsychiatrische und psychosoziale Dienste.

In schweren Fällen sind stationäre Langzeitentwöhnungen (sogenannte Entziehungskuren) möglich und erfolgreich. Sie werden von den gleichen Kliniken durchgeführt wie Alkoholentwöhnungen. Auch das Antragsverfahren entspricht dem beim Alkoholismus.

Grundsätzlich ist das Selbsthilfeprinzip für Menschen mit Arzneimittelproblemen gut geeignet. Viele gemischte Alkohol-Medikamenten-Abhängige haben auch in Selbsthilfegruppen zu stabiler Abstinenz gefunden, zum Beispiel den Anonymen Alkoholikern. Die Wirkung von Alkohol, Beruhigungsmitteln und Schlafmitteln ist ähnlich, deshalb könnten theoretisch auch von Barbituraten oder Tranquilizern Abhängige an Gruppen abstinenzwilliger Alkoholiker teilnehmen. Sie müßten dann in Gedanken nur das Wort Alkohol gegen die Bezeichnung „ihres“ Suchtstoffs austauschen. Das gelingt erfahrungsgemäß nur selten. Selbsthilfegruppen für Medikamentenabhängige werden nur in größeren Städten zu finden sein. Wegen der Vielzahl der verwendeten Stoffe und wegen der großen Verschiedenheit der Betroffenen werden sich in jeder Selbsthilfegruppe nicht alle Betroffenen angesprochen fühlen. Vor allem Menschen mit einfachem Mißbrauch (Stoffe ohne psychische Wirkung) finden hier kein akzeptables Angebot. Auch hohes Alter (Medikamentenabhängige sind die älteste Gruppe von Suchtkranken) hindert viele Betroffene an der Teilnahme. Das Alter sollte aber kein Hindernis sein und durch Ermutigung von außen überwunden werden, weil erfahrungsgemäß auch ältere Menschen von Selbsthilfegruppen profitieren.

Der neue Suchttyp Polytoxikomanie

Die Polytoxikomanie, die sogenannte Mehrfachabhängigkeit, ist nicht die Ausnahme, sondern die Regel – im Kombinationsbereich Drogen-Alkohol-Medikamente mit wachsender Tendenz. Man spricht von einem neuen Suchttyp. Eine Sucht kommt selten allein: So gehören arbeitssüchtige Raucher, die vielleicht mit Kaffee, Tee, Kopfschmerzmitteln, Süßigkeiten, Alkohol, Aufputschmitteln oder Kokainpräparaten ihren Körper und Geist ständig unter „Strom" halten, ebenso zu den Polytoxikomanen wie die eßsüchtige Kleptomanin usw.
Polytoxikomane im medizinischen Sinne kommen vornehmlich in den Kombinationsbereichen Drogen–Alkohol, Alkohol–Drogen, Alkohol–Medikamente, Medikamente–Alkohol, Drogen–Medikamente, Medikamente–Drogen und Medikamente–Drogen–Alkohol vor.
Bei den anerkannten Mehrfachabhängigkeiten stellen die politoxikomanen Alkoholiker beziehungsweise Medikamentenabhängige die größte der Gruppe der Mehrfachabhängigen.
Man unterscheidet in der Kombination Alkohol–Medikamente zwischen zwei polyvalenten Mißbrauchsmustern. Die eine Gruppe bilden diejenigen Alkoholiker, die beispielsweise angst- und spannungslösende Medikamente (z. B. Benzodiazepin-Derivate) zufällig kennenlernen und diese Angst- und Spannungslöser als Alkoholergänzung oder -ersatz mißbrauchen. Zahlreiche Alkoholkranke haben auch zur ambulanten Behandlung von Alkoholentzugssymptomen ein Clomethiazol-Präparat verschrieben bekommen. Dieses Präparat sollte unter Aufsicht zur klinischen Therapie bei Entzugsdelirien maximal für 10 Tage, ambulant nur in Ausnahmefällen, verschrieben werden, da es sehr abhängig macht.
Dabei erfahren die Alkoholkranken zwangsläufig, daß der Alkoholrausch mit diesen und ähnlichen Medikamenten rascher eintritt, also billiger ist. Oder sie nehmen die Medikamente gegen die lästigen Entzugserscheinungen (z. B. Kopfschmerzen, Zittern etc.), so daß sie den Alkoholkonsum nicht zur Dämpfung von Entzugssymptomen, sondern zur Berauschung einsetzen können. Zu dieser Gruppe zählen beispiels-

weise auch Trinkerinnen, die vormittags Alkohol trinken und nachmittags die Entzugserscheinungen mit Medikamenten dämpfen oder ihre „Betrunkenheit“ medikamentös verlängern, um so zu vermeiden, daß der Partner den Alkoholgeruch bemerkt.
Eine zweite Gruppe bilden die primär Medikamentenabhängigen, die zur Dämpfung ihrer Entzugserscheinungen im Medikamentenentzug Alkohol konsumieren und schließlich nach beiden Substanzen süchtig sind. Zu dieser Gruppe zählen auch Medikamentenabhängige, die Alkohol zur Steigerung der sedierenden und dämpfend-äquilibrierenden Wirkung von Medikamenten einnehmen.
Substanzen, die häufig von Suchtkranken mißbraucht werden (Auf Handelsnamen wurde verzichtet, um keine Hinweise auf „Ersatzdrogen“ für Süchtige zu liefern):

Clomethiazol
Gehört zu den am häufigsten mißbrauchten Substanzen. Medikamente mit Clomethiazol dienen zur Behandlung von Delirium tremens, werden aber häufig zur ambulanten Behandlung von Entzugssymptomen verschrieben, so daß das Mittel im Entzugsdelir zur Therapie häufig untauglich wird. Clomethiazol macht abhängig.

Benzodiazepin-Derivate (Tranquilizer, Sedativa)
Diese Angst- und Spannungslöser besitzen zum Teil bemerkenswerte Suchtpotentiale und sollten gerade bei Alkoholkranken niemals als Dauermedikation angewendet werden. Denn ihre dem Alkohol hinsichtlich des Scheinproblemlösungspotentials ähnliche Wirkung verstärkt die Ambitionen des Alkoholikers, seine Probleme und Konflikte noch mehr zu vernebeln, also die Entzugsbereitschaft zu bremsen.

Barbiturate
Hierunter fallen die sogenannten Hypnotica oder Schlafmittel. Sie haben eine allgemein psychovegetativ dämpfende Wirkung und einen ähnlichen „Vernebelungseffekt“ wie die Benzodiazepin-Derivate.

Schmerzmittel
Die verschiedenen Substanzen zahlreicher Schmerzstiller werden von Alkoholikern häufig weniger wegen ihrer schmerzstillenden Eigenschaften, sondern wegen ihrer alkoholverstärkenden Wirkung verwendet.

Stimulantien
Zahlreiche, auch nicht verschreibungspflichtige Substanzen aus der Gruppe anregend wirkender Stoffe, werden von Alkoholikern sekundär mißbraucht. Diese Präparate wirken über das Zentralnervensystem und verursachen, kombiniert mit Alkohol, eine verstärkende rauschähnliche Wirkung. Diese Präparate machen abhängig.

Feste Mißbrauchsmuster polyvalenter Alkohol-Medikamenten-Einnahme gibt es nicht, da jeder Fall anders gelagert sein dürfte.
Eine dritte, für die Suchtbekämpfung an Bedeutung gewinnende Gruppe der Mehrfachabhängigen sind Drogensüchtige, die nicht, wie bis zu Beginn der 80er Jahre, Medikamente oder Alkohol nur zur Überbrückung einer Heroinversorgungslücke nehmen, sondern deren Suchtkrankheit in der polyvalenten Zufuhr stimulierender, einander gleichrangiger Stoffe besteht. US-Mediziner bezeichnen den ausschließlich Heroinsüchtigen als „auslaufendes Modell", die Zahl derer steigt, die jeden Stoff einnehmen, den sie bekommen können, egal ob Alkohol, Kokain, Medikamente, Crack etc. Insbesondere Methadontherapierte nutzen häufig die Komplementärwirkung des Alkohols: Methadon mit Alkohol kann die gleiche Wirkung hervorrufen, wie das „high", das einst das Heroin brachte (vgl. Methadon-Diskussion, S. 154ff.).
Bei der Behandlung Polytoxikomaner müssen Primärsucht und Sekundärabhängigkeiten gleichermaßen berücksichtigt werden. Psychosomatische Kliniken und psychiatrische Kliniken stellen sich zunehmend auf die Zunahme polytoxikomanischer Süchte ein. Lediglich im Bereich der für die Nachsorge unverzichtbaren Selbsthilfegruppen hat ein Umdenken und ein Sicheinstellen auf die neuen Süchte erst im geringen Maße gefunden, da die klassischen Abstinenz- und Temperenzbewegungen, zum Beispiel im Fall der Alkoholismusbekämpfung ausschließlich auf die Alkoholismusproblematik ausgerichtet sind. Hier muß eine verstärkte Neuorientierung stattfinden, die eigentlich nicht schwer sein dürfte, wenn man davon ausgeht, daß weniger die Droge, sondern der Mensch das Problem ist. In diesem Fall ist es sicher unerheblich, ob die Mitglieder einer Selbsthilfe-Abstinenzgruppe alle gleichermaßen alkoholkrank oder etwa mehrfachabhängig sind. Denn die Gruppenwirkung, das die Einzelpersönlichkeit stabilisierende Element, bleibt unabhängig der Suchtart jedes einzelnen Gruppenmitglieds erhalten.
Wer sich zu einem Entzug entschlossen hat, wendet sich am besten an seinen Hausarzt oder eine Psychosoziale Beratungsstelle (Adressen sind über das Gesundheitsamt, das Sozialamt, die Kirchengemeinde oder die Verbände der freien Wohlfahrtspflege zu erfahren. Vgl. auch Anschriften im Anhang auf Seite 207ff.).

Nikotinabhängigkeit

Rauchen – vom Versuch zur Gewohnheit

Wer hat nicht schon zumindest einmal in seinem Leben eine Zigarette probiert? Oft ist es Neugier, die das Kind oder den Jugendlichen dazu verlockt, zur Zigarette zu greifen, häufig sind die Beweggründe sozialer Natur. Beeinflußt beispielsweise durch das Vorbild von Eltern oder anderen wichtigen Bezugspersonen, versucht ein Kind, mit dem Rauchen das Verhalten der Erwachsenen nachzuahmen, es ihnen quasi gleichzutun. Eine Änderung in der Motivation des Rauchens findet mit zunehmendem Alter statt. Für einen Jugendlichen gewinnen die Einflußfaktoren außerhalb des Elternhauses wie Schule, Lehrstelle und Werbung an Bedeutung.
Durch den Kontakt mit Gleichaltrigen werden mehr Erfahrungen im Umgang mit der Zigarette gemacht. Für manchen wird sie zum Mittler in der Kommunikation. Die Kontaktaufnahme wird zum Beispiel durch das Anbieten einer Zigarette oder dem Fragen nach Feuer wesentlich vereinfacht. Das Rauchen in Gesellschaft kann einen integrativen Faktor darstellen beziehungsweise verstärken. Der Jugendliche erlebt, daß sich seine Unsicherheit mit einer Zigarette in der Hand besser überspielen lassen und das Rauchen Spannungen vermindern kann. Nach den anfänglichen Schwierigkeiten beim Inhalieren des Tabakrauches wird es bald als Genuß empfunden. Die Erfahrungen also, die ein Jugendlicher im Umgang mit der Zigarette macht, werden in den meisten Fällen positiv erlebt und bewertet. „Vernünftige“ Gründe, die gegen das Rauchen sprechen, wie zum Beispiel gesundheitliche Risiken, liegen in allzu weiter Ferne. Mit der Zeit gehört das Rauchen eben zum Alltagsverhalten, und aus anfänglichen sporadischen Rauchversuchen entwickeln sich Gewohnheiten.

Psyche – Nikotin, der Stoff für alle Situationen

Warum Kinder eine Zigarette probieren, darüber herrscht im allgemeinen unter den Experten Übereinstimmung. Nicht so bei den Thesen über die Ursachen, die den Erwachsenen dazu zwingen, weiterzurauchen. Psychologische, physiologische und sozialpolitische Theorien über das Rauchen, wobei letztere den sozialen Status als eine wichtige Determinante des Raucherverhaltens beschreiben, werden angeboten, und mit Sicherheit haben viele dieser Theorien ihre Berechtigung. Klar scheint aber auch zu sein, gäbe es beispielsweise nur die körperliche Abhängigkeit vom Nikotin, wäre die Rückfallquote der Entwöhnungswilligen wesentlich geringer. Bis zu 90% der Raucher würden ihren Zigarettenkonsum gerne aufgeben, aber nur etwa die Hälfte davon unternimmt überhaupt den Versuch, diesen Wunsch in die Tat umzusetzen, und drei Viertel derjenigen, die es wagen, werden rückfällig. Für viele löst schon die Vorstellung allein, das Rauchen aufzugeben, Unsicherheit, aber auch Angst aus. Im Alltag eines Rauchers nämlich hat die Zigarette viele Funktionen zu erfüllen, und Rezepte, wer oder was bei dem Verzicht darauf an ihre Stelle treten könnte, gibt es nicht. Traditionen und gesellschaftliche Rituale beispielsweise vermitteln Sicherheit im Umgang mit anderen Menschen. So werden zum Zeichen der Höflichkeit Zigaretten oder Zigarren angeboten und häufig genug mitgeraucht. Wer die gesellschaftlichen Regeln seines persönlichen Umfelds nicht einhält, läuft Gefahr, zum Außenseiter zu werden. Dies gilt für Erwachsene, besonders aber für Jugendliche, deren Preis für die Zugehörigkeit zu einer Gruppe oftmals Tabakkonsum ist. Gesellschaftliche und persönliche Rituale vermitteln gleichfalls Sicherheit im Umgang mit der Zeit. Die Zigarette ist für deren Strukturierung ein nicht zu unterschätzendes Hilfsmittel. Zum Ausdruck kommt dies in den vielen Zigaretten, die zeitliche Akzente setzen: „Die Frühstücks"-Zigarette, die Zigarette „danach", die „Erst-mal-rauchen-bevor-ich"-Zigarette, die „Langeweile"-Zigarette, die „Warten-auf"-Zigarette. Die Aufzählung kann sicherlich jeder Raucher noch um einige Varianten erweitern. Des weiteren ist die Zigarette, vermittelt durch die Werbung, zum Symbol für Selbstbewußtsein, Freiheit und Abenteuer geworden, Erlebnisse und Erfahrungen also, die von der üblichen Realität eines Rauchers meilenweit entfernt sind. Letztlich entscheidend für das Rauchverhalten bleibt natürlich die Funktion, die die Zigarette für den einzelnen erfüllt. Auf das Hilfsmittel Zigarette verzichten, bedeutet dann unter Umständen: in Streßsituationen nichts mehr zum Festhalten zu haben, sich mit Langeweile und Frustration auseinanderzusetzen, Verhaltensunsicherheiten zu spüren.

Körper – eine Belastung und ihre Folgen

Behandelt man das Tabakrauchen, kommt man nicht an den körperlichen Auswirkungen vorbei. Sie gehören untrennbar zusammen, sozusagen wie das Streichholz zum Dunstkreis des Rauchens. Gerade die Verbindung zwischen Zigarettenrauchen und verschiedenen Krankheitsbildern ist durch viele langfristige Studien ausreichend belegt. Gegen dieses erdrückende Zahlenmaterial hilft auch nicht, die bei Rauchern weitverbreitete Beschwörungsformel: „Die anderen vielleicht, mich wird es schon nicht treffen ..."

Durch den immer weiter fortschreitenden Kenntnisstand über die körperlichen Folgen des Rauchens ist dieser „Katalog“ sehr umfänglich geworden. Hier kann der Kürze wegen nur auf die wichtigsten Krankheitsformen eingegangen werden.
Einer der deutlichsten Zusammenhänge ist zwischen Rauchen und Lungenkrebs (in der Bundesrepublik jährlich etwa 25 000 Todesfälle) festzustellen. Ca. 90% der festgestellten Lungenkrebse traten bei Rauchern auf. Das Risiko steigt mit der Anzahl der konsumierten Zigaretten, einem frühen Beginn des Rauchens, der Dauer der Raucherjahre und dem Grad des Inhalierens. Dies trifft im wesentlichen auch auf den Bereich der oberen Atemwege zu, wenngleich mit etwas geringeren Risikoraten. Bei dem Herzinfarkt ist das Rauchen einer der hauptsächlichen Risikofaktoren. Auch hier gibt es wieder einen eindeutigen Zusammenhang zur Intensität des Rauchens. Außerdem wächst die Bedeutung des Rauchens, bezogen auf den Herzinfarkt, vor allem im jüngeren Lebensalter. Ein Synonym für Erkrankungen, die im Zusammenhang mit dem Rauchen stehen, ist das sogenannte Raucherbein. Dabei handelt es sich um eine Mangelversorgung des Beines mit Sauerstoff, die zum Absterben der betreffenden Körperpartie führt. Nach Schätzungen gibt es in der Bundesrepublik etwa 10 000 Amputationen pro Jahr, die durch Raucherbeine notwendig werden. Zuletzt sei noch das Thema Rauchen in der Schwangerschaft genannt. Nachgewiesenermaßen hat das Rauchen Auswirkungen auf den Embryo, auf das Neugeborene und die Entwicklung des Kindes. Besonders sichtbar wird dies im deutlich geringeren Geburtsgewicht solcher Kinder.
Auch das *Passivrauchen* gehört zu den physischen Belastungen. Gerade in dem nebenher abziehenden Rauch sind besonders hohe Konzentrationen gefährlicher Substanzen festgestellt worden. Wird in geschlossenen Räumen geraucht, kann dies zu einem Kohlenmonoxydgehalt führen, der auch für Nichtraucher eine Belastung ist.
Einen entscheidenden Anteil an der Sensibilisierung der Öffentlichkeit für das Thema Passivrauchen hat ein vom obersten schwedischen Versicherungsgerichtshof ausgesprochenes Urteil. Darin wird in einem Fall von Lungenkrebs ein ursächlicher Zusammenhang zum Passivrauchen am Arbeitsplatz hergestellt mit der Konsequenz der Anerkennung als Berufskrankheit. Aber auch in Deutschland wurde durch die Aufnahme des Passivrauchens in der MAK-Liste (Maximale Arbeitsplatzkonzentration und biologische Arbeitsstruktur 85) unter bestimmten Bedingungen eine Krebsgefährdrung nicht ausgeschlossen. Die durch diese Maßnahmen in der Öffentlichkeit ausgelösten Diskussionen hat das Thema Gefährdung und Belastung durch das Rauchen für alle Raucher und Nichtraucher eine neue Qualität gegeben.

Entwöhnung – Manche Probleme, viele Programme

Die derzeitige Situation im Bereich des Rauchens ist eigentlich sehr günstig für eine Überprüfung der Rauchgewohnheit. Die Öffentlichkeit reagiert inzwischen empfindlicher auf dieses Thema, das allgemeine Klima beginnt sich zugunsten der Nichtraucher zu verändern. Dies sind jedoch bisher nur Tendenzen. Der Ist-Stand auf dem Sektor des Tabakrauchens macht aber deutlich, wie schwierig es ist, beziehungsweise für viele sein muß, sich vom Rauchen zu befreien. Neben den unmittelbar spürbaren Wirkungen des Rauchens auf Psyche und Körper gehören dazu auch die mit dem Rauchen zusammenhängenden Rituale und Traditionen in den Lebenszusammenhängen des einzelnen. Viele bedürfen offensichtlich, um sich vom Rauchen zu lösen, flankierender Unterstützung, die über Hinweise auf die mit dem Rauchen eingegangenen Risiken hinausgehen. Diese Art „Hilfestellung“ hat ihre Nutzlosigkeit längst bewiesen. Das Angebot von Raucherentwöhnungsprogrammen hat also durchaus seinen Sinn. Bevor wir einen Blick auf die sich auf dem Markt befindlichen Angebote zur Raucherentwöhnung werfen, muß der Klarheit wegen gesagt werden: die Eigenverantwortung des einzelnen Rauchers kann auf kein Raucherentwöhnungsprogramm delegiert werden. Eigentlich ist das selbstverständlich, aber in der Raucherentwöhnungspraxis wird man häufig genug mit der gegenteiligen Auffassung konfrontiert, es ist so auch bequemer. Klappt es nicht, war das Programm schlecht. Gefragt ist also eine ganz klare Entscheidung des jeweiligen Rauchers. Dieser eindeutigen Motivationsarbeit kommt unseres Erachtens eine zentrale Bedeutung zu. Die eindeutige Entscheidung beinhaltet natürlich noch keine Erfolgsgarantie, aber sie ist Grundvoraussetzung für eine einzuleitende Veränderung. Kein Anbieter von Raucherentwöhnungsprogrammen sollte der Versuchung unterliegen zu glauben, mit Hilfe „seines Programms“ werde man den jeweiligen Betroffenen zu dieser klaren Entscheidung schon hinbiegen können.

Zwei hauptsächliche Wege der Entwöhnung werden praktiziert:

1) das abrupte Aufhören oder Schlußpunktmethode und
2) die Entwöhnung mittels Reduzierung durch Selbstkontrolle.

Bei dem großen Kreis der angesprochenen Raucher kann es natürlich *die* Raucherentwöhnungstherapie nicht geben. Bei der vorliegenden Grundvoraussetzung – klare Entscheidung – wird der betroffene Raucher in der Regel selbst einschätzen können, welche Form für ihn persönlich von größerem Nutzen ist. Die Vielzahl der Ansätze, die in den Entwöhnungsprogrammen praktiziert werden, vermitteln sich über die dabei eingesetzten Mittel. Der Bogen reicht von der Akupunktur,

Hypnose, dem Verhaltenstraining bis zur Medikamentenunterstützung, und diese Liste ist sicherlich nicht vollständig.

Zusammenfassung

Rauchen mit seinen körperlichen Folgen hat aller Problematisierung zum Trotz nichts von seiner Brisanz eingebüßt. Auch die Vielzahl der Entwöhnungsprogramme hat daran nichts Wesentliches zu ändern vermocht. Hat eine Gruppe reduziert, siehe Männer, wurde dies durch eine andere Gruppe, siehe Frauen, ausgeglichen. Sind die Preise der Packungen in die Höhe geklettert, hat die Rauchergemeinde dies durch Selbstdrehen oder Reduzierung der gedrehten Tabakmenge weitestgehend aufgefangen. Der Markt bleibt bis auf einige Verschiebungen relativ stabil. Dies bedeutet, daß das Potential der über diese Programme anzusprechenden Raucher nahezu gleichbleibend ist. Nach wie vor wird bei vielen erst der entscheidende Druck durch akute körperliche Symptome geschaffen. Dies bedeutet, der Ablauf: Versuch – Gewohnheit – körperliche Symptomatik – Bereitschaft zur Entwöhnung, konnte auch durch die bisherigen Maßnahmen nicht wesentlich verändert werden. Setzt man nicht auf repressive Maßnahmen, zum Beispiel Verbot des Rauchens auf öffentlichen Plätzen, deren Nutzen sehr zweifelhaft ist, so bleibt eigentlich nur die Ausweitung der gezielten Arbeit im Vorfeld, der Versuchsphase. Dabei kommt der Altersgruppe der Acht- bis Zehnjährigen eine entscheidende Bedeutung zu. Sie sind quasi die Akteure der Versuchsphase. Dies bedeutet Prophylaxe im Sinne kindgerechter Projekte und nicht – wie in der Regel – per zeitlich genau vorgeschriebener Lehrplanstunden. Modelle in dieser Richtung sind bereits jetzt vorhanden.
Die einzige Irritation im Bereich dieses abgesteckten Marktes scheint momentan von den Nichtrauchern auszugehen. Beunruhigt über die zunehmenden Erkenntnisse des Passivrauchens wollen sie sich keinen blauen Dunst mehr vormachen lassen.

Eßstörungen: Bulimia und Anorexia nervosa

Immer mehr junge Frauen (und inzwischen auch immer mehr junge Männer) leiden an einer suchtartigen Störung ihres Eßverhaltens. Im Vordergrund und als Auslöser dieser Erkrankung steht eine übersteigerte Angst, „dick zu werden“ oder ein übertriebener Wunsch nach Schlankheit. Diese überwertigen Bedürfnisse veranlassen die Betroffenen zu extremen Diäten und Fastenkuren, um das Gewicht dorthin zu

zwingen, wo es nach den herrschenden gesellschaftlichen Idealvorstellungen sein soll.
Heißhungerattacken und selbstherbeigeführtes Erbrechen sind die Folge, es entwickelt sich ein Teufelskreis, aus dem sich die Betroffenen selbst kaum mehr befreien können.
1980 entschied die American Psychiatric Association in der dritten Ausgabe des Diagnostic and Statistical Manual of Mental Disorder (DSM III), die Bulimia nervosa (Fettsucht) als eigenständiges Krankheitsbild zu definieren und zur Anorexia nervosa (Magersucht) abzugrenzen. Als Diagnosekriterien wurden gewählt:
- Aufnahme großer Mengen hochkalorischer Nahrungsmittel;
- Bewußtsein des Patienten, an einer Eßstörung zu leiden; er fürchtet seine Unfähigkeit, das Essen beenden zu können, leidet an depressiver Verstimmung und selbstabwertenden Gedanken nach einer Heißhungerattacke.

Die Folgen sind:
- es treten Gewichtsschwankungen von mehr als 5 kg auf;
- in der Regel finden die „Freßanfälle" heimlich statt;
- wiederholte Versuche, durch Diät abzunehmen, Gebrauch von Laxantien und Diuretika, selbstinduziertes Erbrechen;
- Ausschluß einer Anorexia nervosa oder einer organischen Erkrankung.

Seit der Londoner Psychiater Gerald Russel den Begriff der Bulimia nervosa („Stierhunger") 1979 in die Literatur einführte, hat eine intensive Erforschung dieses Krankheitsbildes begonnen.
Zwar waren die Symptome der Freßattacke und des selbstinduzierten Erbrechens mit dem Ziel einer Gewichtsregulation seit langem bekannt, sie wurden aber lediglich in Verbindung mit anderen Erkrankungen, nämlich der Anorexia nervosa, gelegentlich aber auch mit der Fettsucht, beobachtet, da bis zu 50% der anorektischen Patientinnen über Heißhungerattacken berichten, auf die sie mit Erbrechen, aber auch mit Laxantienabusus reagieren.
Etwa ein Drittel der – insbesondere weiblichen – fettsüchtigen Patienten berichtet von hyperphagen Reaktionen, ausgelöst durch Streß, ohne in der Regel mit Erbrechen zu reagieren. Dieses Phänomen ist unter dem Begriff „Kummerspeck" bekannt.
Diese beiden Patientengruppen sind unschwer durch ihr extremes Körpergewicht (Unter- bzw. Übergewicht) charakterisierbar. Personen dagegen mit einem relativen Körpergewicht im Ideal- bis Normalbereich wurden im Hinblick auf ihr Eßverhalten zumeist als unauffällig angesehen. Allerdings bestehen auch für diese Gruppe bereits seit Jahren experimentell gesicherte Konzepte wie das des „latent Adipösen" oder

das des „restrained eating“, um jene Personen zu charakterisieren, die einer Disposition zum Übergewicht durch fortgesetzte, kognitive Verhaltenskontrollen ihrer Nahrungsaufnahme entgegenwirken.
Bei der Bulimia nervosa existiert primär eine hochgradige Angst vor einer Gewichtszunahme. Eine stark aversiv besetzte Vorstellung von der Möglichkeit, „fett zu werden“, ist bei allen Patienten vorhanden, was auch regelmäßig zu einer fortgesetzten Beschäftigung mit gedanklichen Vorstellungen um das Essen führt. Soweit trifft die Beschreibung auch noch für die Anorexia nervosa zu. Die weiteren, aber nicht minder typischen Krankheitsmerkmale der Bulimie lassen eine fast eindeutige differentialdiagnostische Abgrenzung zur Anorexie zu.
Es besteht immer

- ein vehementer Leidensdruck;
- das Bewußtsein, an einer schweren Eßstörung zu leiden;
- der Gedanke, daß der Circulus vitiosus „Übergewichtsfurcht – Heißhungerattacke – Erbrechen“ aus eigener Kraft nicht durchbrochen werden kann;
- Die Patienten befinden sich zumeist aktuell im Ideal- bis Normalgewichtsbereich.

Abgrenzung zur Anorexia nervosa (Magersucht)

Die überwiegende Mehrzahl der Patienten war niemals in einem Ausmaß untergewichtig, wie dies bei der Anorexia nervosa immer der Fall ist. Bei vielen Frauen lassen sich in der Gewichtsanamnese Phasen finden, in denen sie weit über dem Normalgewicht lagen. Geradezu kennzeichnend für dieses Krankheitsbild sind die häufigen und sehr starken Gewichtsfluktuationen bis zu 20 kg. Infolge des Erbrechens kommt es auch zu Störungen des Mineralstoffhaushalts, wobei die meisten Studien von Hypokaliämie und metabolischer Alkalose berichten.
Die Patienten klagen selbst häufig über Beschwerden wie Kopf-, Herz-, Brust- und Rückenschmerzen sowie Schwindelgefühle.

Epidemiologische Aspekte

Exakte Häufigkeitsberechnungen liegen für keine Nation vor. Dies wird verständlich, wenn man bedenkt, daß die Patientinnen ihre Symptome nahezu ausnahmslos streng verheimlichen, so daß nicht einmal die Partner oder engste Freundinnen darüber informiert sind. Prävalenzschätzungen reichen von 1,9 % (in der weiblichen Klientel einer Beratungsstelle für Familienplanung) bis zu 19 % (in einer studentischen Population), andere Schätzungen liegen dazwischen.

Für die Bundesrepublik schätzen wir, daß 3,5% der jungen Frauen im Alter zwischen 15 und 35 Jahren von der Bulimie betroffen sind. Einig sind sich die Wissenschaftler, daß die Bulimie in den letzten Jahren deutlich zugenommen hat und weiter zunehmen wird. Einig ist man sich auch darüber, daß es sich bei dem Syndrom süchtigen Essens mit selbstinduziertem Erbrechen zur Vermeidung einer Gewichtszunahme oder zur Regulation des Körpergewichts um eine Krankheit handelt, die therapiebedürftig ist.
Fast ohne Ausnahme handelt es sich bei den Patienten um jüngere Frauen. Berichte über männliche Patienten sind extrem selten. Unsere Überlegungen zur Entstehung dieser Krankheit gehen davon aus, daß das in der Gesellschaft vorherrschende Schlankheitsideal den notwendigen Hintergrund für die Bulimia nervosa darstellt, daß auch möglicherweise in den verbreiteten Aufklärungskampagnen gegen das Übergewicht ein fördernder Faktor gesehen werden könnte.
1983/84 wurde mit Unterstützung eines großen deutschen Frauenmagazins (3,6 Millionen Leser) eine Studie zur Untersuchung der Bulimie durchgeführt. Leserinnen wurden aufgefordert, „an der Erforschung der Bulimie“ mitzuwirken. Über 600 betroffene Frauen meldeten sich mit größtenteils sehr ausführlichen Selbstschilderungen über Krankheit, ihre Symptomatik und deren Verlauf. Dieses Kollektiv wurde inzwischen mehrfach schriftlich befragt. Die Rücklaufquote erreichte regelmäßig mehr als 90%. Die hier mitgeteilten Ergebnisse beziehen sich auf die Angaben von 484 Betroffenen.
Die meisten Patientinnen sind 20 bis 30 Jahre alt, nur 16% sind jünger und 22% sind älter. Typisch ist der hohe Ausbildungsgrad: fast 60% von ihnen besitzen Abitur oder Hochschulabschluß. Die meisten leben mit einem Partner zusammen.
Die durchschnittliche Erkrankungsdauer liegt bei 7 Jahren.
Überwiegend beginnt die Symptomatik zwischen 14 und 20 Jahren. Das aktuelle Gewicht von 40% der Patientinnen liegt im Normalbereich; ein Drittel unterschreitet dieses Gewicht, nur 2% sind deutlich übergewichtig.
70% der Patientinnen erleiden fast täglich zumindest eine Heißhungerattacke, die in Extremfällen bis zu 4 Stunden anhalten kann. Nahezu regelmäßig wird im Anschluß daran erbrochen.

Verhalten bei Heißhunger

Während einer solchen Heißhungerattacke können 60% der Patientinnen ihre Nahrungsaufnahme nicht mehr kontrollieren, 24% berichten von einer „gewissen Kontrolle“, während nur 10% angeben, daß sie sich auch in solchen Situationen noch unter Kontrolle haben. Selbst erleben die Frauen die Heißhungerattacken als suchtartiges Verhalten. Dabei essen die meisten (60%) so lange, bis „sie wirklich nicht mehr können". Dies geschieht zum Teil auch, um das anschließende Erbrechen zu fördern. 80% verschlingen die Nahrung hastig und ohne intensiv zu kauen. Die Betroffenen selbst schätzen, daß während einer Heißhungerattacke Nahrungsmengen mit einem Energiegehalt zwischen 3000 und 4000 Kalorien verzehrt werden. 20% sprechen sogar von 6000 Kalorien pro Attacke.

Nahezu alle (90%) wählen für die Heißhungerattacken bestimmte Lebensmittelgruppen. Bevorzugt werden insbesondere sogenannte „Dickmacher", die sonst eher gemieden werden: Süßigkeiten, Schokolade oder Kuchen. Die Patientinnen unterscheiden in ihrem Sprachgebrauch sehr genau zwischen Lebensmitteln, die „gefressen" werden, und solchen, die „gegessen" werden. So berichtete eine Patientin, daß sie Pommes frites nie „esse", aber sehr gerne „fresse".

Zur Veranschaulichung der Nahrungsmittelwahl und der Verzehrmengen im folgenden das Beispiel einer Patientin über ihren Konsum während einer Freßattacke: 7 Scheiben Brot mit dicker Butterauflage, Honig, Käse oder Nußnougatcreme; 1 kg Quark angerührt mit Quarkfein, dazu Haferflocken; 8 Stück Kuchen; schnell selbstgemachte Kuchenstreusel bzw. roher Kuchenteig; mehrere Tafeln Schokolade; mehrere Pakete Keks, Waffeln, Lakritze, Bonbons und schließlich noch 2 Familienpackungen Eiscreme.

Dieses exzessive, süchtige Eßverhalten verursacht extreme Kosten. So berichtet auch die Hälfte aller Patientinnen von einer starken Belastung der Haushaltskasse. Manche geben an, eigentlich nur noch zu arbeiten, um die Nahrungsmittel finanzieren zu können. Andere wiederum sind in so großen finanziellen Schwierigkeiten, daß sie Lebensmittel entwenden.

Psychische Folgeerscheinungen

Nach einer Heißhungerattacke dominieren überwiegend negative Gefühle: 74% sind deprimiert; 64% berichten von Selbsthaß oder starker Unzufriedenheit (31%). Nahezu regelmäßig wird im Anschluß an eine Heißhungerattacke erbrochen. Auf diese Methode des selbstinduzierten Erbrechens sind die meisten Patientinnen selbst gekommen. Zu bedenken ist allerdings auch, daß immerhin 10% durch einen Zeitungsartikel auf die „Methode der Wahl" aufmerksam wurden.

Heißhungerattacke und Erbrechen führen meist zu einem planvollen Vorgehen, denn mit der Einleitung der Heißhungerphase wissen die

Patientinnen, daß sie im Anschluß daran erbrechen. Dieses Wissen ist auch notwendig, damit sie überhaupt angstfrei essen können, denn die Furcht vor einer Gewichtszunahme stellt den zentralen Inhalt im Erleben dar. 60% erbrechen ein- bis zweimal, 30% bis zu sechsmal, und 10% erbrechen noch wesentlich häufiger. Danach trinken über 80%, worauf ein Viertel erneut erbricht – in einigen Fällen so oft, bis die Nahrung restlos aus dem Magen entfernt scheint. Zusätzlich oder alternativ zum Erbrechen werden von 65% der Patientinnen Appetitzügler und von der Hälfte Abführmittel eingenommen.

Intensive Gefühle des Hungers oder Appetits werden nur von 12% beziehungsweise 34% als Auslöser von Heißhungerattacken genannt, was vermuten läßt, daß durch die relativ lange Erkrankungsdauer keine adäquaten Körperempfindungen in bezug auf Hunger und Sättigung verspürt werden. Häufiger dagegen werden Frustrationen (56%), Langeweile (35%) und Ärger oder Wut (27%) als begünstigende Bedingungen einer Heißhungerattacke genannt.

Im Persönlichkeitsbereich fällt auf, daß die Patientinnen an einer starken Störung ihrer Selbstkontrollfähigkeit leiden, die im Vergleich zu anderen klinischen Gruppen deutlich vermindert ist. Dies bedeutet, daß aufkommende Gefühle schlecht kanalisiert werden können, daß die Patientinnen nicht fähig sind, ausreichend langfristige Problemlösungsstrategien zu entwickeln und den Aufschub unmittelbarer Bedürfnisbefriedigung zu ertragen. Sie besitzen häufig eine starke Kritik- und Kontaktangst. Sie können selbst schlecht Forderungen stellen, und es fällt ihnen schwer, sich offen durchzusetzen und „nein zu sagen". Dadurch bedingt, kann es zu einer großen Abhängigkeit vom Urteil und der Bestätigung anderer kommen. Diese Abhängigkeit reflektiert auch der überwertige Wunsch nach Schlankheit als Kennzeichen der Person, das von anderen erkannt und bewertet wird. Das Figurbewußtsein von Bulimie-Patientinnen ist stärker ausgeprägt als das bei Anorexie.

Rückblick und Konsequenzen

Bei einer Gesamtbetrachtung der Befunde läßt sich das folgende funktionale Modell der Bulimia nervosa entwerfen. In einer Phase der Verunsicherung, in der Zeit der Pubertät oder bald danach, kommt es zu einer überstarken Betonung des Erscheinungsbildes. Die Übernahme der gesellschaftlich geprägten Schlankheitsideen wird zudem durch viele Medien ständig nahegelegt.

Aus Angst vor dem „Dicksein" oder „Dickwerden" oder zur Erreichung gesteigerter äußerer Attraktivität beginnen die jungen Frauen mit einem gezügelten Eßverhalten, wobei auf die diversen Reduktions-

diäten zurückgegriffen wird. Dies führt zu einer mehr oder weniger drastischen Gewichtsabnahme, die äußerst positiv erlebt und durch Aufmerksamkeitszuwendung der Umwelt verstärkt wird. Bei einigen Patientinnen entwickelt sich daraus ein „Zwang" zum weiteren Abnehmen und Hungern, so daß schließlich auch eine anorektische Symptomatik entstehen kann.
Da der überwiegende Teil der Betroffenen aber über nicht ausreichende Selbstkontrollmechanismen und eine geringe Frustrationstoleranz verfügt, kann die ständige Zügelung im Eßverhalten gerade in Spannungs- und Erregungssituationen nicht immer aufrechterhalten werden. Verstärkend kommt hinzu, daß durch die überaus strengen Diäten und Phasen der Nahrungskarenz, insbesondere aber durch Verzicht auf bestimmte, meist bevorzugte Lebensmittel, die Gedanken der Patientinnen ständig ums Essen kreisen. So entstehen zunächst nur sporadisch Heißhungerattacken, wobei unkontrolliert und ungezügelt große Mengen an Nahrungsmitteln verschlungen werden, die sonst aus diätetischen Gründen gerade gemieden werden.
Die dabei auftretende große Angst vor einer drohenden Gewichtszunahme wird durch das selbstinduzierte Erbrechen reduziert. Damit erfolgt lerntheoretisch eine unmittelbare Verstärkung des Erbrechens. Die „Methode der Wahl" scheint gefunden, und die Patientinnen greifen jetzt in Spannungs- und Erregungssituationen immer häufiger auf das „Fressen" mit nachfolgendem Erbrechen zurück, wodurch eine Spannungs- und Erregungsreduktion einsetzt. Diese Verhaltenssequenz nimmt einen immer größer werdenden Raum ein, so daß auch Freundes- und Bekanntenkreise vernachlässigt werden. So folgen nicht selten soziale Isolation und Abkapselung, und es kann zu erheblichen Kontakt- und Kommunikationsstörungen kommen.
Da die Patientinnen sich ihres gestörten Eßverhaltens bewußt sind, gewinnen sie die Überzeugung, nicht mehr „normal" essen zu können und auf diese suchtartige Verhaltensstörung zur Gewichtsregulation angewiesen zu sein. Das eigene Verhalten wird mit Selbstverachtung und Selbsthaß bewertet. Schließlich treten unter Umständen sogar starke Depressionen und suizidale Tendenzen auf. Dies wiederum verstärkt bestehende Selbstwert- und Unsicherheitsgefühle und führt zu vermehrten Anstrengungen, die äußere Attraktivität zu steigern, was paradoxerweise das gestörte Gesamtsystem stabilisiert.
Es wird heute diskutiert, ob nicht in der strengen Diät und der zeitweiligen Nahrungskarenz, die zunächst zu einem Gewichtsverlust führen, nicht auch eine physiologische Bedingung zu sehen ist, die den Heißhunger auslöst, da sich die Patientinnen durch ihr gezügeltes Eßverhalten zumindest in einer relativen Energiedeprivation befinden.

Therapieschwerpunkte

Legt man dieses Modell zugrunde, so gibt es für die Therapie zwei Schwerpunkte, die zeitlich aufeinander aufbauen sollten:
Symptomatische Therapie: Schwerpunkt dieser Behandlung ist, mit dem Patienten ein sinnvoll geregeltes Eßverhalten einzuüben. Stundenlange Nahrungskarenz und die Aufnahme von äußerst geringen Nahrungsmengen sollen vermieden werden. Für die Anfangsphase wird ein Ernährungsplan erstellt, der neben 3 Hauptmahlzeiten 2 kleine Zwischenmahlzeiten vorsieht. Diese sind aber so zu bilanzieren, daß keine Gewichtszunahme zu befürchten ist. Bei deutlichem Untergewicht allerdings muß bereits zu Beginn der Therapie geklärt werden, daß ohne eine Gewichtszunahme keine Behandlungsaussicht besteht.
Weiterhin wird der Patient durch eine genaue Analyse seines Eßverhaltens lernen müssen, durch welche inneren und äußeren Faktoren sein Verhalten störend beeinflußt wird (Kummer, Hetze, Langeweile, Überforderung, Spannung usw.). Darauf aufbauend, sind alternative Verhaltensweisen zu planen und zu realisieren, die das „Fressen" ablösen können. Im Grunde ist dieser erste Schritt der Bulimie-Behandlung der Fettleibigkeitstherapie sehr ähnlich, nur daß keine weitere Gewichtsreduktion mehr erzielt werden soll.
Übergreifende Therapie: Da bei den Patientinnen nicht nur die Eßstörung als isolierte Verhaltensauffälligkeit vorliegt, sondern ebenfalls Defizite in anderen Bereichen bestehen, sollen zusätzlich Techniken aufgenommen werden, die sich in der Psychotherapie auch bei anderen Störungen bewährt haben.
Hier sind zu nennen:
- Bearbeitung irrationaler Gedanken in bezug auf Gewicht, Attraktivität, „schlechte und gute"Lebensmittel, Kalorienvorstellungen usw.;
- Selbstsicherheitstraining, Erlernen von Alternativverhalten in schwierigen Spannungs- und Erregungssituationen, Durchsetzungstraining;
- Kontakt- und Kommunikationstraining zur Isolations- und Depressionsbewältigung;
- Gespräche über Rollenverständnis als Frau und Partnerin;
- spezielle Aufgabenstellung zur Steigerung des Selbstwertgefühls.

In jedem Fall sollte vor der Therapie eine internistische Untersuchung erfolgen, um körperliche Störungen auszuschließen beziehungsweise zu behandeln.

Spielsucht – Eine alte Abhängigkeit wird neu entdeckt

1985/86 – das Jahr des Spielers? Fast könnte man zu dieser Ansicht gelangen, wenn man in diesem Zeitraum die Zeitungen aufschlug, Radiosendungen hörte beziehungsweise Fernsehen sah. Allerorten – wie Phönix aus der Asche – wurde das Glücksspiel in unterschiedlicher Weise medienwirksam aufbereitet, so, als sei man einer völlig neuen Abhängigkeit auf die Spur gekommen. Neu ist, bis auf die Glücksspielform – „Geldspielautomaten", – auch wenn Geldspielautomaten rechtlich nicht als Glücksspiel gelten, hat sich das umgangssprachlich vom Rechtsstatus längst abgekoppelt –, nichts an diesem Phänomen. Gespielt wurde eigentlich schon immer mit Risiko. Lediglich die Formen haben sich geändert. Würfel und Karten sind sozusagen Bestandteile menschlicher Kulturgeschichte. Ob Griechen, Römer oder Germanen, Glücksspiele gehörten zum jeweiligen Alltag.

Was versteht man unter Glücksspiel

Der Begriff Glücksspiel beinhaltet bereits zwei wichtige Bestandteile: Glück und Spiel. In der deutschen Sprache wird jedoch kein Unterschied zwischen Spielen, zum Beispiel Spielen eines Kindes, und dem zweckgerichteten Spielen bei Glücksspielen gemacht. Im englischen Sprachraum gibt es eine eindeutige Trennung. Das Wort „play" bedeutet das nicht zweckgerichtete Spielen, während mit „gamble" das Spielen im Sinne des Glücksspiels bezeichnet wird. Diese unscharfe Begrifflichkeit des Wortes „Spiel" ermöglicht dann eben auch der Geldspielautomatenindustrie in ihrer Werbung zu formulieren: „Wann hat Ihnen Spielen zum letzten Mal Spaß gemacht?" Um dann auch noch Friedrich Schiller zu zitieren: „Der Mensch ist nur da ganz Mensch, wo er spielt."
Zu den bereits erwähnten zwei Faktoren Glück beziehungsweise Zufall und Spiel gehört natürlich noch das Geld. Das Geld ist sozusagen das Treibmittel. Ohne Geld gibt es kein Risiko hinsichtlich eines Gewinnes oder Verlustes. In der Regel ist es auch nur mit Geld möglich, sich in das „System" Glücksspiel einzukaufen. Zurück zu unserer Definition. Der Begriff Glücksspiel macht deutlich, daß das Ergebnis bei dieser Form von Glücksspielen vom Zufall abhängig ist. Es bezieht seinen Reiz aus dem Risiko, das wissentlich eingegangen wird. Dabei kann das Spiel durchaus einen positiven Aspekt hinsichtlich seiner erregenden und stimulierenden Aktivitäten darstellen. Es gibt die Möglichkeit, Langeweile zu vertreiben, Aggressionen abzubauen, Probleme zu vergessen etc. In das Abseits sind Glücksspiele sicherlich durch die Ver-

bindung mit Geld geraten. Jedoch stellt dies zugleich einen der Hauptanreize für das Glücksspiel dar.
Was unterscheidet normales Spielverhalten vom pathologischen Spielverhalten? Allgemein übliche Beschreibungskriterien für Spielabhängigkeit sind Spielfrequenz, Spieldauer und Geldeinsatz. Wobei natürlich die Häufigkeit des Spielens noch korreliert mit der Höhe des Verlustes. Die psychischen Folgen sind zum Beispiel Kontrollverlust, zwanghafter Drang zu Spielen, Vereinnahmung durch das Spielen. Materielle Folgen sind häufig Auslöser, Hilfe zu suchen.

Spiel mit dem Glück

Wer gewinnt, wer verliert? Bei einem geschätzten Marktvolumen von ca. 9,6 Milliarden DM aller legalen Glücksspiele im Jahre 1984 muß es Gewinner und Verlierer geben. Gemäß der Logik von Glücksspielen gibt es wenige Gewinner und viele Verlierer. Ein Gewinner ist bei allen legalen Glücksspielen beteiligt, nämlich der Staat. Durch das Monopol der Konzessionsvergabe liegt die Kontrolle völlig in seiner Hand, und er kann sich kräftig bedienen. Anschauliches Beispiel sind die Spielbanken: Umsatz 1984: ca. 690 Mio. DM. Mit einem Steuersatz von 80% ist der Staat beteiligt. Dieses einträgliche Verfahren hat sich inzwischen unter den Bundesländern herumgesprochen, wie die Neueröffnungen von Spielbanken deutlich zeigen. Eine andere klassische Glücksspielform ist die Pferdewette. Pferde als Wettobjekte gehören zu den traditionellen Formen des Glücksspiels. Ganz oben in der Hierarchie der Glücksspiele stehen zur Zeit die Geldspielautomaten. Nach einer Schätzung der Stiftung Warentest betrug der Umsatz 1983 über 1 Mrd. DM. Zuwachsraten sind noch längst nicht erschöpft. Gewinner sind hier vor allem die Hersteller, Aufsteller und die Spielhallenbetreiber. Der Staat ist über eine Pauschalbesteuerung beteiligt. Diese Pauschalbesteuerung hat jedoch längst nicht die Dimension wie bei den anderen Glücksspielformen. Es scheint, als habe sich noch nicht herumgesprochen, daß Geldspielautomaten mit Gewinnmöglichkeiten durch technische Veränderung ganz andere Umsätze als früher pro Automat ermöglichen. Lotto und Toto erzielen einen Umsatz von über 7 Mrd. DM. Auch sie sind Glücksspiele, wenngleich natürlich der Ablauf – nach Abgabe des Scheins gibt es keine Einflußmöglichkeiten mehr sowie die relativ lange Dauer vom Einsatz bis zum Ergebnis – nur einen geringen Stimulationswert hat bezogen auf das exzessive Spielen. Die äußerst minimalen Chancen spielen dabei eine geringere Rolle, da sie durch die Höhe des in Aussicht stehenden Gewinnes in den Hintergrund gedrängt werden.

Durch die langjährigen Erfahrungen in der praktischen Arbeit mit Spielern kann man einen bestimmten Ablauf von Spielerkarrieren erkennen:

1) eher zufälliger Kontakt mit dem Glücksspiel;
2) positives Erlebnis, was wiederholt wird;
3) erste finanzielle Verluste;
4) gelegentliche Gewinne scheinen die Verluste auszugleichen;
5) die Besuche in den Spielstätten werden häufiger, die Risikobereitschaft wächst;
6) da die Verluste größer werden, wird angefangen, diese Besuche zu verheimlichen;
7) die Gedanken kreisen immer stärker um das Spiel;
8) jede freie Minute wird nach Möglichkeit zum Spielen verwandt;
9) zusätzliche Geldquellen müssen erschlossen werden;
10) jegliches Geld wird zum „Spielgeld";
11) nach Spielphasen stellt sich Katzenjammer ein;
12) gute Vorsätze, nur noch zu bestimmten Zeiten und mit bestimmten Summen zu spielen, schlagen fehl;
13) Schulden und kein Ende;
14) Traum von den Gewinnen, die alles zum Guten wenden;
15) zunehmende Unfähigkeit, mit dem Spiel aufzuhören, solange noch Geld verfügbar ist;
16) der psychische und soziale Druck verstärkt sich immer mehr;
17) eigne „Abstinenzprogramme" enden mit erneuten Rückfällen;
18) die Isolierung von Familien und Freunden nimmt zu;
19) das Spielen wird zum zentralen Punkt im Leben;
20) oftmals tagelanges Spielen;
21) der Spieler verliert sich und seine Umgebung völlig aus den Augen;
22) Rien ne va plus, nichts geht mehr;
23) der Verlierer gesteht seine absolute Niederlage ein.

Selbstverständlich erhebt dieses Schema keinen Anspruch auf Vollständigkeit, was den Inhalt, aber auch die Reihenfolge betrifft. Zwei Punkte möchte ich aus diesem Schema herausgreifen.

1) Das positive Erlebnis beim ersten Besuch: Immer wieder betonen Spieler bei der Anamnese dieses Anfangsgefühl. Fragt man nach, so wird deutlich, dies bezieht sich vor allem auf die in dieser Phase gemachten Gewinne, die offensichtlich noch als Zugewinn im Privatleben eingesetzt werden konnten. Dies bedeutet, der Spieler verfügt in dieser Anfangsphase über ausreichende Kontrolle über das Spiel, das heißt, er ist in der Lage, es jederzeit zu beenden. Wie die Beobachtungen zeigen, geht die Fähigkeit des Spielers aufzuhören, solange noch Geld vorhanden ist, zunehmend verloren, mit der Folge, daß der Spieler nicht nur ohne Zugewinn, sondern ausschließlich mit Verlusten den Glücksspielort verläßt.

2) Der psychische und soziale Druck: Der psychische und soziale Druck verstärkt sich im Verlauf einer solchen Abhängigkeitsform immer mehr. Da ist auf der einen Seite die Familie, die zunehmend Druck ausübt und Spielabstinenz verlangt, quasi als Vorleistungen für den Aufbau neuerlichen Vertrauens. Auf der anderen Seite verführt diese Form der Abhängigkeit besonders leicht, da sie relativ lange mangels äußerer Auffälligkeiten verheimlicht werden kann. Daneben gibt es die ständige Konfrontation mit der sozialen Situation. Viele Rechnungen und Raten lassen wenig oder gar keine finanziellen Spielräume für den Betroffenen oder die Familie. Häufig besteht die Perspektive darin, auf Jahre hinaus keine finanzielle Alternative zu besitzen. In der Praxis bedeutet das, auf viele Selbstverständlichkeiten, wie zum Beispiel Urlaub, Auto etc. zu verzichten. Diese Situation ist natürlich nur durch Spielen zu „ertragen". Ein Kreislauf, der bei nicht wenigen Spielern über Jahre hinaus zu beobachten ist und viele Existenzen aufs äußerste bedroht.

Ausstieg aus dem Alptraum

Grundvoraussetzung für eine Therapie ist die Kontrolle des Spielverhaltens mit dem Ziel totaler Abstinenz. Dieses ist ein sehr schwieriges Unterfangen, da der Besitz von Geld häufig den Impuls Glückspiel auslöst. Ziel dieser Phase ist es, trotz verfügbaren Geldes spielabstinent zu bleiben. Um die Verknüpfung Geld–Spiel zu verändern, bedarf es erheblicher Interventionen, da diese Verbindung für viele Spieler über Jahre hinweg bestanden hat. Daneben muß der finanziellen Seite erhebliche Aufmerksamkeit gewidmet werden Das ist auch häufig der von den Spielern angegebene Grund, professionelle Hilfe zu suchen. Dieser Teil der Arbeit erfordert viel Kompetenz hinsichtlich der einzuleitenden Schuldenregulierung. Bei den unsere Beratungsstelle aufsuchenden Spielern wird bei der Problemstellung am häufigsten der Bereich Kommunikation und Partnerschaft angegeben. Dies bedeutet zum Beispiel, eine verbesserte Kommunikation unter den Partnern oder Rollendifferenzierung herzustellen. Es ist sinnvoll, gemeinsame Therapie anzubieten, denn immer wieder wird deutlich, daß „Spielen" Funktionen innerhalb der Partnerschaft übernimmt. Spielen in unserem Sinne kann als ein Mittel eingesetzt werden, labile oder symbiotische Partnerbeziehung aufrechtzuerhalten oder Trennung zu provozieren. Handelt es sich bei den Betroffenen um Jugendliche beziehungsweise junge Erwachsene, so hat es sich in der Spielerarbeit als nützlich erwiesen, familientherapeutische Angebote zu machen. Im Gegensatz zu den Gruppen von Alkohol- und Medikamentenabhängigen ist das Netz der Spielergruppen noch relativ klein, wobei mit der weiteren Sensibilisierung der Öffentlichkeit gegenüber der Spielerproblematik auch die Zahl wachsen wird. Angehörige von Spielern können sich ebenfalls Hilfe in Angehörigengruppen holen. Für Spieler ist das Erlebnis der Gruppe häufig eine besonders nachhaltige Erfahrung, da sie sich bis dahin meist als ganz individuelles Schicksal begriffen haben.

Welche Erklärungsmodelle werden für exzessive Spieler angeboten? Nach psychoanalytischen Vorstellungen entwickelt sich pathologisches Glücksspiel aus ödipalen und präödipalen Grundkonflikten. Der Spieler hat dabei den unbewußten Wunsch zu verlieren. In der Situation des Spielens regiert eine Lustkombination aus kindlicher Allmachtsfiktion und latenter Rebellion gegen das elterliche Realitätsprinzip. Demgegenüber steht eine Strafkombination aus unbewußtem homosexuellen Bewältigungsversuch und sozialer Anrüchigkeit. Der Gewinn bedeutet demnach Bestätigung der Omnipotenz Mutterbesitz und Vatermord und schafft so Schuldgefühle. Der Verlust beseitigt die Schuldgefühle. Deshalb muß der Spieler seines Gleichgewichts wegen gewinnen und verlieren. Nach Auffassung verschiedener Wissenschaftler erlaubt das Glücksspiel die Reaktivierung von Größen- und Allmachtsphantasien. Der Spieler kann quasi seine Illusion behalten, ohne die Realität zu leugnen, und in der Realität leben, ohne die illusionären Hoffnungen aufzugeben. Erklärungsmodelle der Lerntheorie beziehen sich auf die Wirksamkeit verschiedener Verstärkerpläne, Wirkung von Anfangsgewinnen, auf Verfügbarkeit und auf die Wirkung sozialer Vorbilder. Je mehr die Verstärkungsmenge variiert und die Unregelmäßigkeit der Verstärker auftritt, desto größer ist nach Skinner die Löschungsresistenz. Soziologische und sozialpsychologische Modelle beziehen das soziale Umfeld als Mitbedingung für pathologisches Spielverhalten ein oder machen soziale Bedingungen beziehungsweise soziale Beziehungen mit verantwortlich für das exzessive Spielen.

Zusammenfassung

Die Arbeit mit Spielern ist für die Öffentlichkeit nach wie vor sehr neu und ungewohnt. Fragen nach der Notwendigkeit solcher Arbeit werden vor allem von Kostenträgern gestellt, da man eine inflationäre Ausweitung anerkannter Suchtkrankheiten befürchtet. Tatsache jedoch ist, daß es diesen Personenkreis mit typischen Verhaltensausprägungen gibt, die auch aus anderen Abhängigkeitsformen bekannt sind. Es zeigt sich, daß betroffene Spieler häufig nicht mehr in der Lage sind, allein ihre Situation zu bewältigen. Die Folgen sind finanzieller und psychosozialer Art bis hin zur Existenzvernichtung. Um diese komplexen Tatbestände aufarbeiten und Alternativen zum bisherigen Verhaltensrepertoire entwickeln zu können, ist für viele betroffene Spieler ein professionelles Angebot vonnöten.

Arbeitssucht

Managerkrankheit war Anfang der siebziger Jahre das neue Schlagwort, das die behandlungsbedürftige Erschöpfung überarbeiteter Verantwortungsträger in Wirtschaft, Wissenschaft und Politik bezeichnete. Seitdem 1976 die Psychologen Machlowitz und Mentzel das Krankmachende der Arbeit untersucht haben, weiß man, daß der psychophysische arbeitsbedingte Zusammenbruch eine Art Delirstadium einer süchtig entarteten Arbeitsweise darstellt. Es handelt sich dabei um einen Arbeitsstil, bei dem sich der Betroffene nicht mehr selbst als der Handelnde erlebt, sondern sich derart von seinem Selbst entfernt („besoffen" gearbeitet) hat, daß der Körper und die Seele mit einem Zusammenbruch reagieren.
Die Sucht, zwanghaft zu arbeiten, beschränkt sich keineswegs nur auf leitende Angestellte oder Selbständige, sondern kann jeden betreffen. Die Putzsucht, eine Variante der Arbeitssucht, ist dafür ein Beispiel. Nicht die Arbeit an sich, sondern die Einstellung zu und der Umgang mit ihr entscheiden, ob Arbeitseifer zur Sucht auswächst oder den Menschen bereichert. Arbeit prägt entscheidend die Existenzweise menschlichen Seins in ökonomischer, sozialer, kultureller und individueller Hinsicht.
Arbeit entartet nur dann zur Sucht, wenn sie ihren angemessenen Stellenwert im Leben eines Menschen verliert. Schon der Leitgedanke der Klosterregel des hl. Benedikt von Nursia aus dem 6. Jahrhundert: „Ora et labora" (bete und arbeite!) postuliert die Notwendigkeit eines gesunden Gleichgewichts zwischen seelischem Heil und körperlichem Tun.

Entstehung der Arbeitssucht und ihre Behandlung

Arbeitssucht hat nur dort einen Nährboden, wo der Mensch von Anfang an ein ambivalentes beziehungsweise gestörtes Verhältnis zur Arbeit, zur Leistung hat. Das kann sich beispielsweise im Mißbrauch der

Arbeit als Flucht-, Beruhigungs-, Selbstbewußtseinstärkungs- oder als Aktivierungsmittel äußern.
Entscheidend für die Einstellung zur Arbeit dürften frühkindliche Erziehungserfahrungen sein. Oftmals prägen arbeitsorientierte und auf Perfektion und Pflichterfüllung ausgerichtete Erziehungsstile den Menschen ein Leben lang. Leistungsoptimierung rangiert bei diesem Erziehungsstil vor Selbstentfaltung – und schon ist ein gestörtes Verhältnis zur Arbeit mit einem erheblichen Suchtpotential aufgebaut. Denn solange der Mensch nicht in der Arbeit sich selbst entfalten und erfahren kann, wird er stets sein Tun unbefriedigend empfinden. Die Schuld dafür gibt er jedoch nicht seinem Arbeitsstil und seinem Arbeitsverständnis. Vielmehr meint er stets: entweder Mangelhaftes oder zu wenig geleistet zu haben, so daß er sein Leistungsniveau in der Hoffnung auf Befriedigung steigert. Er merkt nicht, daß er sich in dem Maße von sich selbst und der Möglichkeit der Befriedigung durch Arbeit entfernt, wie er seinen Arbeitseifer steigert, oftmals bis zum Rausch. Die Arbeit übernimmt in diesem Fall nicht mehr die Funktion einer natürlichen Existenzbasis, sondern entartet zur Droge, die wie Alkohol oder Tabletten über Erfahrungs- und Erlebensdefizite wie Partnerschafts-, Sexual- und Kontaktprobleme, Lebenssinnkrisen oder Minderwertigkeitsgefühle scheinbar hinweghilft.
Das Tückische der Droge „Arbeit“ ist der Umstand der Idealisierung von Arbeit, die den Mißbrauch heiligt. Workaholics müssen sich daher, wenn sie ihr Arbeitsleben neu gestalten wollen, nicht nur aus ihrer Abhängigkeit lösen, sondern sich gegen ein gesellschaftliches Ideal behaupten.
Problematisch wird Workaholismus (Arbeitssucht), wenn die Arbeit beginnt, das ganze Leben zu bestimmen und den Betroffenen zunehmend isoliert beziehungsweise psychosomatisch erkranken läßt.
Ein Signal dafür ist beispielsweise das sogenannte „Burn-out-Syndrom“, das Gefühl des Ausgebranntseins. Dieses Leeregefühl stellt sich beim Suchtkranken oftmals in seinen wenigen Freizeitstunden ein. Vor dieser Leere (auch ein Entzugssymptom) rettet ihn schließlich nur noch seine Arbeit, wie das Beispiel des Erfolgsautors Johannes Mario Simmel zeigt: „... Urlaub hat keinen Sinn. Ich hab's ein einziges Mal versucht, auf Elba, das endete damit, daß ich am dritten Tag darauf bestand, einen Herzinfarkt zu bekommen und mit einem Rettungsflugzeug nach Hause gebracht zu werden. Dann kam ein Spezialist und fragte meine Frau: Wo ist der Patient? Die sagte: Der verfluchte Hund ist hinter dem Schreibtisch und tippt schon wieder!“
Da Arbeitssucht primär ein psychisches Problem mit meistens psychosomatischen Folgen ist, kommt als Therapie in der Regel nur eine psy-

chosomatisch abgestimmte Psychotherapie in Frage. Ziel ist dabei, den Menschen zu befähigen, erstmals in seinem Leben oder wieder ein ausgeglichenes, gesundes Verhältnis zu sich und damit zur Arbeit zu erwerben. Anders als beim Alkoholiker, der keinen Tropfen Alkohol mehr zu sich nehmen darf, kann der Workaholic weiterarbeiten. Er muß, um geheilt zu werden, lediglich ein neues Lebensgleichgewicht finden, was allerdings chronische Arbeitstiere vor einen fast unüberwindlichen Berg von Selbstdisziplin und Anstrengung stellt. Die Losung muß heißen, lebens- statt arbeitszentriert leben zu lernen, was durchaus auch ein sehr arbeitsreiches Leben sein kann, in dem die Arbeit aber nicht mehr einziger Lebensinhalt ist.

Die Droge „Fernsehen"

In nahezu jedem bundesdeutschen Haushalt gibt es einen oder mehrere Fernsehgeräte. 22% aller Haushalte besitzen Videorecorder. 7% haben einen Home-Computer und 4% sind per Kabel und Satellit an zusätzliche Hörfunk- und Fernsehprogramme angeschlossen.
Fast 3900 Computerprogramme (55% davon Computerspiele) für die Privatnutzung listet das Computerprogrammverzeichnis des Deutschen Video-Instituts (DVI) auf.
Über 70% der Videorecorderinhaber leihen regelmäßig Videokassetten aus dem derzeit rund 6600 Titel zählenden Videoprogrammangebot. Der Anteil an Gewaltdarstellungen dürfte, je nachdem, wie Gewalt definiert wird, beträchtlich sein, insbesondere, wenn subtile Gewaltanwendung hinzugerechnet würde.
In Haushalten mit Videorecorder und Kabelanschluß wird um 10% mehr ferngesehen als in den übrigen Fernsehhaushalten.
Obwohl über die regelmäßigen langfristigen sozialen Folgen von Massenkommunikation, die Ausweitung des Medienangebots und des gewohnheitsmäßigen Kontakts mit bestimmten Medien und Inhalten nur wenige Untersuchungen vorliegen, gilt doch weitestgehend als gesichert: Nicht nur brutale, gewaltverherrlichende Fernseh- und Videofilme haben auf Kinder negative Auswirkungen, sondern auch die dargestellten Rollenklischees und Verhaltensmuster sowie die vorexerzierte Pseudoproblembewältigung durch Konsum. Erinnert sei an die Fernsehwerbung.
Insbesondere Kinder sind von den negativen Wirkungen der Droge „Fernsehen" in zweifacher Hinsicht betroffen. Vor allem bei Vielsehern (regelmäßig 2 Stunden täglich und mehr) mit schwach ausgeprägten Interessen und Mangel an realen Erlebnismöglichkeiten ist zu be-

fürchten, daß sie sich zunehmend durch ihr Erleben aus zweiter Hand von der Realität, also auch von sich selbst und ihrer Umwelt, entfernen. Phantasie, Kreativität und Initiative, die für den Aufbau eines sinnerfüllten Lebens notwendig sind, verkümmern bereits im Keim. Kinder leben das Leben der Erwachsenen im Fernsehen nach. Neil Postmann beschreibt das in seinem berühmten Buch „Das Verschwinden der Kindheit". Die wertvollste Waffe gegen Süchtigsein, eine selbstbewußte Persönlichkeit, kann sich bei Vielsehern dann nur kümmerlich entwickeln. So betrachtet, ist das Fernsehen, da es die Suchtanfälligkeitsgrenze herabsetzt, „Einstiegsdroge".

Darüber hinaus können Videofilme, die Gewalt verherrlichen oder Gewaltanwendung zeigen, unter Umständen „gewaltsüchtig" machen – dann nämlich, wenn die dispositiven und situativen Umstände des Zuschauers die für ihn spezifische suchtauslösende Erregung, auf die er irgendwann nicht mehr verzichten kann, zulassen. Gefährlich wird es, wenn der filmische Horror, Grusel und die Brutalitäten den „Gewaltkonsumenten" nicht mehr befriedigen können und er die Dosissteigerung nur durch Sachbeschädigung und Personenverletzung selbst herbeiführen kann. Wegen seines Realitätsverlustes in bezug auf Gewalt und der zunehmenden Akzeptanz von Brutalität als Konfliktlösungsmittel nehmen seine Aktionen an Härte zu. Berichte in den Medien über die wachsende Brutalität auf Schulhöfen, aber auch im zwischenmenschlichen Bereich ganz allgemein, sind sicher wichtige Indizien für diese Hypothese.

Eine weitere, vielleicht die schlimmere Suchtfolge überreichlichen Video- und Fernsehkonsums Minderjähriger melden Kindergärten, Schulen, aber auch Universitäten: wachsende Konzentrationsschwächen, Aggressionen, Nervosität und Angstzustände prägen insbesondere das Verhalten von Heranwachsenden, die bekanntermaßen häufig Dauerfernsehkonsumenten sind. In den USA entdeckten Wissenschaftler in der Gruppe der 12jährigen etliche, sogenannte fernsehbedingte Analphabeten: ihre Probanden hatten, obwohl sie durchschnittlich bis überdurchschnittlich intelligent waren, bisweilen derartige Konzentrationsstörungen, daß sie nicht in der Lage waren, ein einfaches Formular auszufüllen oder bei Geldgeschäften das Wechselgeld nachzurechnen.

Erwachsene können, wenn sie regelmäßig fernsehen, ebenso an Fernsehsucht erkranken wie Kinder. Die Dosishöhe und der Umgang mit dem filmischen Vergnügen bestimmen, ob es entspannend, lehrreich, amüsant oder zum entmündigenden Suchtstreß wird.

Die suchtpotentielle medienspezifische Erregung wird durch zweierlei Primärfaktoren, den Inhalt und die TV-Lichtkanonade erzeugt: Die

Lichtkanonade erzeugt nach einer gewissen Zeit Schläfrigkeit. Wie in hypnotischer Trance verfolgen die Zuschauer den raschen, in zahlreiche Bildsegmente zerschnittenen Bild- und Tonwechsel, die zu einer Erhöhung von Pulsschlag und, bei Spannung, des Adrenalinausstoßes führen können, ohne daß dieses Erregungsniveau unmittelbar abzubauen ist. Folge: Streß in Form einer physiopsychischen Erregung, die bis zu einem gewissen Grad als sehr angenehm empfunden wird. So kann der Mensch in seinem bequemen Wohnzimmersessel beispielsweise in eine ähnliche physiologische Erregung versetzt werden, als hätte er selbst das Tor geschossen. Ähnlich wie bei Rauschdrogen, gestattet das Fernsehen dem Zuschauer, die reale Welt auszulöschen, in eine Pseudorealität, eine Scheinwelt passiver bequemer Daseinsbewältigung zu versinken: Ängste und Sorgen, Einsamkeit und Antriebsschwäche werden mit Hilfe des Fernsehens ebenso wirksam verdrängt wie bei einem Rausch. Bedenklich wird die Situation, wenn die Sucht nach der Wohnzimmerdroge den TV-Abhängigen daran hindert, Beziehungen aufrechtzuerhalten oder zu stiften, zu arbeiten und sich als Mensch weiterzuentwickeln. Bei Kindern kann TV-Sucht zu einer regelrechten Kommunikationsbehinderung führen, deren Folgen im Einzelfall unkalkulierbar und je nach Schädigungsgrad mehr oder weniger irreparabel sind.

Abstinenzvorschläge

Die radikale Forderung des Medienexperten Jerry Mander „Schafft das Fernsehen ab!“ dürfte zwar wirksam, aber in Anbetracht der positiven Seiten der neuen Medien unverhältnismäßig sein, denn das Fernsehen kann durchaus unser Leben bereichern, etwa als Informant, Unterhalter, Berater usw.

Im medizinisch-sozialpflegerischen Bereich wird Fernsehen oftmals positiv eingesetzt, etwa bei älteren, pflegebedürftigen Menschen, für die es einzige Anbindungsmöglichkeit nach draußen ist.

Patentrezepte zur Vermeidung der „Fernsehsucht“ gibt es nicht. Wer sich mit den Auswirkungen übermäßigen Medienkonsums auf Kinder und Heranwachsende beschäftigt, muß stets das Medienverhalten Erwachsener und des sozialen Umfeldes berücksichtigen, denn die Diskussion um Art und Maß des Medienkonsums ist oftmals durch Doppelmoral gekennzeichnet. Beispielsweise wird einerseits das extreme Konsumverhalten gerügt, andererseits befürworten die gleichen Warner gleichzeitig einen Ausbau der Medienlandschaft, ohne die zu erwartenden Konsequenzen ausreichend zu diskutieren und den Konsumenten zum gesunden Umgang mit den Medien zu befähigen.

Die Hauptlast der pädagogischen Verantwortung tragen Eltern. So sollten Eltern besonders darauf achten, daß Fernsehen gemeinsame Aktivitäten mit den Kindern und zwischen den Kindern und deren Freunde nicht beschneidet oder gar ersetzt. Eltern sind Vorbilder. Eltern, die in der Lage sind, phantasievoll und produktiv ihre Freizeit zu gestalten, wozu durchaus auch gezielter Medienkonsum gehören kann, zeigen Kindern sinnvolle Wege im Umgang mit den Medien. Kinder sollten ferner stets zu Kreativität, schöpferischem Bewußtsein und Tun ermutigt werden, etwa durch Heranführen an neue Interessengebiete, sportliches Freizeitengagement oder durch Förderung der Kommunikations- und Kontaktfähigkeit.
Maßnahmen wie Fernseher verschließen, Fernsehverbot als Strafe oder Schimpfen über das Fernsehen nützen in der Regel wenig, da sie die Kinder entmündigen, statt zu kritischen Verbrauchern erziehen. Diese Maßnahmen verschlimmern höchstens die Situation, da sie das Fernsehen beziehungsweise die entsprechenden anderen Medien besonders interessant und wichtig machen. Ebenso muß Medienkonsum als Belohnung abgelehnt werden. Das mit Medienkonsum verknüpfte Gefühl des Belohntwerdens kann sich im Kind oder Jugendlichen so stark einprägen, daß der spätere Erwachsene bei Fernsehkonsum unbewußt dieses Hochgefühl in abgeschwächter Form erfährt, so daß sich der Wiederholungszwang zum Fernsehen vergrößert.
Hilfreicher und wirksamer ist es, wenn das Fernsehen als normaler Gebrauchsgegenstand verstanden und eingesetzt wird. Kleinere Kinder sollten nur gemeinsam mit Erwachsenen fernsehen, Kleinkinder gar nicht. In dem Moment, wo Eltern ihren Kindern gegenüber Vertrauen in ihre Vernunft ausstrahlen und ihnen zutrauen, selbst zu wissen, was für sie gut ist, nehmen sie dem Fernseher nicht nur seinen Selten- und Besonderheitswert. Sie befähigen Kinder durch die ihnen übertragene Selbstverantwortlichkeit noch am ehesten zu einem reifen, gesunden Medienkonsum.

AIDS und Drogen

Suchtkrankheiten, insbesondere Drogenabhängigkeit haben durch AIDS (*A*quired *I*mmune *D*eficiency *S*yndrome) eine völlig neue Dimension erhalten. Die psychosozialen und medizinischen Aspekte der HIV-infizierten oder manifest AIDS-kranken Drogenabhängigen sind dramatischer und umfassender als bei allen bisher bekannten, möglicherweise mit der Sucht einhergehenden Erkrankungen (z. B. Infektion mit Hepatitis-B-Virus; Lungenkrebs etc.). AIDS bei Drogensüchtigen ist nicht nur primär eine Frage des Betroffenen, sondern auch eine Verantwortungsfrage gegenüber den Mitmenschen.
Obwohl durchaus Wissen über HIV-Infektionswege und -Prävention sowie über den Verlauf der AIDS-Erkrankung vorhanden ist, besteht ein großes Informationsdefizit bei Suchtkranken, deren Angehörigen, aber auch bei Drogenberatern, Sozialarbeitern usw.

Das Krankheitsbild

Die von den amerikanischen „Centers for Disease Control CDC" entworfene Krankheitsdefinition lautet: AIDS ist ein durch eine HIV-Infektion (Human Immunedeficiency Virus) erworbener Immundefekt, der mit der Entwicklung des Kaposi-Sarkoms, einer bösartigen Hauterkrankung und/oder dem Befall mit Erregern (opportunistische Infektionen), gegen die bei gesunder Abwehrlage des Körpers natürliche Immunität besteht, einhergeht.
Die Hauptrisikogruppen waren bisher Homosexuelle, Prostituierte, Drogenabhängige. Inzwischen kann dieses Verbreitungsbild nicht mehr aufrechterhalten werden, da die Gefahr, sich mit dem AIDS-Virus zu infizieren, für jedermann besteht, wobei die jugendlichen Altersgruppen ab der Pubertät besonders gefährdet erscheinen, sieht man einmal von den über ihre Mütter infizierten Neugeborenen ab. Denn das AIDS-Virus hat über die ursprünglichen Infektionswege (Homosexualität, Prostitution, Fixen) hinaus durch Träger wie Bisexuelle, HIV-infizierte Blutkonserven und mit HIV-infizierten Blutgerinnungskonzentraten für Bluter den Eingang in traditionelle Familiensysteme und damit auch zu Kindern und Jugendlichen gefunden.

Bei der HIV-Infektion müssen mehrere Faktoren zusammenkommen: Eine Infektion muß durch eine genügend große Menge des Virus erfolgen, durch Transfusion, Injektion mit einer unsterilen Spritze direkt in die Blutbahn gelangen oder durch sexuellen Kontakt in verletzte Schleimhäute eindringen. Wissenschaftler glauben, daß wahrscheinlich außerdem das Immunsystem des Körpers gleichzeitig in einem Zustand sein muß, der die Infektion ermöglicht, zum Beispiel im Abwehrkampf gegen Infektionskrankheiten, um dem Virus genügend infektionsbereite Lymphozyten anbieten zu können. Ebenso kann, eine noch nicht bewiesene These der Forscher, eine verminderte Abwehrbereitschaft (Immunsuppression) die HIV-Infektion begünstigen. Eine Immunsuppression kann beispielsweise ausgelöst werden durch Infektionskrankheiten, Sperma, das direkt in die Blutbahn gelangt, Frischzellen, Unfälle, intensivste Sonnenbestrahlung, seelischen und körperlichen Streß sowie insbesondere Alkohol, Nikotin, Heroin und andere Drogen.

Obwohl Prognosen darüber, wie viele Menschen, die sich infiziert haben, tatsächlich an AIDS erkranken, erst nach langjährigen Beobachtungen vorliegen dürften, gilt bereits heute als gesichert, daß das Krankheitsvollbild von AIDS die schwerste von vielen möglichen Übergangsformen der manifesten HIV-Infektion darstellt.

Bei einer weiteren Ausbreitung von AIDS dürfte immer klarer werden, daß die Krankheit in einer zunehmenden Zahl von Varianten und Manifestationen auftreten kann.

Ein Teil der Infizierten wird möglicherweise gar nicht an AIDS erkranken. Wie hoch dieser Anteil ist, weiß man noch nicht genau. Ein anderer Teil wird eventuell nur zeitlich begrenzt von der Immunschwäche befallen sein; man spricht in Kliniken dann von „Prä-AIDS", da die Kriterien der CDC-AIDS-Definition nicht voll erfüllt sind.

Wieder eine andere Gruppe wird das Lymphadenopathiesyndrom (LAS) nach Ablauf der Inkubationszeit von 2 Monaten bis 6 Jahren ausbilden. Beim LAS kommt es an mindestens zwei Körperstellen (Leistenbeuge ausgenommen), zum Beispiel an Hals, Nacken und in den Achselhöhlen zu Schwellungen der Lymphknoten, für die es keine andere Erklärung gibt und die länger als 2–3 Monate dauern. Der Verdacht auf ARC (AIDS-Related Complex), eine AIDS-Art, bei der das AIDS-Vollbild nicht ausgebildet wird, ist gegeben, wenn zwei der folgenden Erscheinungen länger als 4–6 Wochen bestehen oder wiederholt auftreten und nicht durch andere mögliche Krankheitsfaktoren erklärbar sind:

- Leistungsabfall und leichte Ermüdbarkeit;
- stärkerer Gewichtsverlust (mehr als 5 kg in weniger als 2 Monaten);

- Fieber oder wiederkehrende Fieberschübe ohne erkennbare Ursache;
- stärkeres Schwitzen, Nachtschweiß;
- Lymphknotenschwellungen;
- hartnäckiger, unerklärlicher, trockener Husten, nicht durch Rauchen bedingt und zu lange andauernd, um von einer Grippe oder Erkältung herzurühren; Kurzatmigkeit;
- weiße Beläge und Entzündungen in der Mundhöhle, auf der Zunge und im Rachen;
- wässerige Durchfälle, Darmkrämpfe, manchmal im Wechsel mit Verstopfungen.

AIDS endet tödlich, ein Impfstoff oder Medikament konnte bisher noch nicht gefunden werden. 2–3 Jahre nach Krankheitsausbruch sind etwa 80% der am AIDS-Vollbild Erkrankten verstorben. Der statistische Altersgipfel der Krankheit liegt zur Zeit im 4. Lebensjahrzehnt.

HIV-Antikörpertest

Um andere schützen zu können, muß man allerdings wissen, ob eine HIV-Infektion besteht. Der Antikörpertest gibt darüber rasch Auskunft. Er sollte freiwillig von allen Bürgern, insbesondere von Angehörigen der Risikogruppen wie den Drogenabhängigen, gemacht werden. Bei ihnen, so schätzen Experten, dürften zwischen 30–50% einen positiven Antikörpertest aufweisen, bei Fixern sogar 70%. Der Test muß zweimal im Abstand von 4 bis 6 Wochen gemacht werden. Das Testergebnis „negativ“ sagt nichts über eine mögliche 6 bis 8 Wochen zurückliegende Ansteckung aus, da in dieser Phase noch keine Antikörper feststellbar sind. Anlaufstellen sind Ärzte und Gesundheitsämter sowie Drogenberatungsstellen.

Dem Betroffenen selbst ist die Verantwortung übertragen, Sexualpartner sowie ihr Umfeld zu informieren und sich präventiv gegenüber anderen zu verhalten. Da von HIV-Infizierten praktizierte Maßnahmen zur Übertragungsverhinderung (Benutzung von Kondomen, Vermeidung von direktem Kontakt bei offenen Wunden usw.) allgemein als prophylaktische Maßnahmen zur Ansteckungsvermeidung mit HIV von Behörden und öffentlichen Institutionen empfohlen werden, würde ein derart vorsichtiges Verhalten des Betroffenen von seiner Umgebung als normal oder vorbildlich akzeptiert.

AIDS und Drogenabhängigkeit

Die besondere Stituation der drogenabhängigen AIDS-Infizierten oder -Kranken besteht darin, daß zwei lebensbedrohliche Krankheiten, Drogensucht und AIDS, in verhängnisvoller Weise miteinander verknüpft sind. Entsprechend schwer ist es, mit Hilfsangeboten an die Betroffenen heranzukommen, da dem erforderlichen Verantwortungsgefühl sich und dem Umfeld gegenüber Gleichgültigkeit und Selbstzerstörungswut der Drogenabhängigen entgegenstehen. Neben der medizinischen Betreuung gewinnt daher gerade die psychosoziale Betreuung an Gewicht, zumal die Experten im Drogenmilieu mit einer AIDS-Lawine rechnen. (In der Bundesrepublik sind bisher 700 Menschen an AIDS gestorben, 700 sind an AIDS erkrankt, 15 000 sind nachgewiesenermaßen HIV-infiziert. Die Zahl der tatsächlich Infizierten wurde im November 1987 jedoch auf 100 000–150 000 geschätzt).
Die Beratungsstellen sind z. Z. personell und finanziell kaum gerüstet, diesen neuen, AIDS-bedingten Herausforderungen zu begegnen.
Der drogenabhängige AIDS-Infizierte wie auch der HIV-Negative bedürfen einer ganz intensiven Betreuung und Unterstützung, da ihr Selbsthilfepotential sehr gering ist. Das unterscheidet auch die Drogenabhängigen maßgeblich von den anderen AIDS-Risikogruppen. Eine Differenzierung zwischen uneinsichtigen, aggressiven „Drogenchaoten" und gutwilligen, gesundheitsbewußten Homosexuellen und anderen Infizierten führt nur zu Feindbildern, nicht aber zur Problembewältigung.
Zwei Schwerpunkte ergeben sich für die Präventionsarbeit insbesondere mit Fixern:
- die Benützung von Einwegspritzen,
- Praktizierung von safer sex (Verwendung von Kondomen).

Obwohl die meisten Drogenabhängigen um die Infektionsgefahr bei der gemeinsamen Benützung von Spritzbestecken wissen, führt dieses Wissen noch lange nicht zur Verhaltensänderung. Daher ist nicht nur eine Aufklärung über AIDS-Gefahren im Drogensektor nötig, sondern auch und insbesondere das Hinwirken auf eine Einstellungsänderung bei Betroffenen. Das kann nur im Rahmen eines kontinuierlichen Betreuungsprozesses gelingen, bei dem Probleme, die beispielsweise der Handhabung von Einwegspritzen im Wege stehen, besprochen und gemeinsam gelöst werden können. Mit einem positiven Feedback läßt sich bei Drogensüchtigen sicher ein neues Gesundheitsbewußtsein verstärken. Alfred Springer, Direktor des Wiener Ludwig-Boltzmann-Instituts für Suchtforschung, forderte auf dem WHO-Kongreß „AIDS und Drogen" sogar, die Verhaltensveränderungen von Süchtigen durch

Ergänzungskampagnen wie „Sichere Sucht" zu unterstützen. Dies stehe zwar im Widerspruch zu dem allseits propagierten Ziel der Drogenabstinenz, es gehe aber um die Frage, wie die hochgradig gefährdete Gruppe der Süchtigen vor der Infektion zu schützen sei, und auch darum, die Infektion nicht ins heterosexuelle Milieu weiterzugeben. Dazu gehöre, die Sucht als Tatsache anzuerkennen – ebenso wie die Homosexualität als eine mögliche Lebensweise inzwischen toleriert werde.

Ob Springers Vorschlag ein gangbarer Weg ist, sei dahingestellt; richtig erscheint jedoch die Einschätzung, daß eine Einstellungsänderung des Süchtigen nur dann möglich wird, wenn die Akzeptanz der Neuorientierung von dem Umfeld, den Freunden, Verwandten und Bezugspersonen mitgetragen wird. Wesentlich dabei ist sicher auch die Zugriffsnähe von Kondomen und Einwegspritzen, etwa durch eine kostenlose Abgabe in Beratungsstellen oder bei Gesundheitsämtern. Zudem müßte sichergestellt sein, daß alle Apotheken Einwegspritzen ohne Schwierigkeiten verkaufen.

Die Ausgabe von Einwegspritzen durch Beratungsstellen ist allerdings problematisch, denn oftmals müssen Drogenberater auf engstem Raum nebeneinander versuchen, Süchtige im mühsamen Einzelgespräch zum Entzug zu motivieren, und gleichzeitig Spritzen an andere Süchtige verteilen. Wenn auch die Verteilung von Einwegspritzen an Drogensüchtige als flankierende Maßnahme der AIDS-Bekämpfung von den zuständigen Ministern sanktioniert wurde und damit strafrechtlich ohne Folgen bleibt, so droht den Beratungsstellen doch ein Verlust an Glaubwürdigkeit.

Das „Needle sharing", die gemeinsame Spritzenbenutzung, wird nach ersten Erfahrungen aber auch durch die freie Abgabe von Spritzen nicht verhindert, denn es gehört vielfach zum Fixerritual, gemeinsam eine „Fixe" (Spritze) zu gebrauchen. Zudem erschreckt einen Fixer die Konfrontation mit lebensgefährlichen Krankheiten kaum, da der Tod schon vor AIDS eine für das Fixerleben selbstverständliche Begleiterscheinung war.

Die zweite Maßnahme im Rahmen der AIDS-Prophylaxe, safer sex, ist nicht weniger problematisch, da bei vielen Süchtigen Drogenkonsum zum Überspielen sexueller Probleme dient, die durch die Verwendung von Kondomen neu aufleben oder aber verstärkt würden. Verglichen mit dem Risiko, sich oder andere mit AIDS zu infizieren, sicher ein kleines, für Süchtige aber nur schwer einsichtiges Übel. Der Beratung über „safer sex" fällt daher bei der therapeutischen Begleitung von Drogenabhängigen eine besonders wichtige Rolle zu.

Im Rahmen der AIDS-Bekämpfung kommt auch den Methadonprogrammen (vgl. S 154ff.) einige Bedeutung zu, da sie eine Möglichkeit sind, den Ansteckungsweg bei AIDS zu unterbrechen. In den USA wie auch in verschiedenen westeuropäischen Ländern laufen zur Zeit entsprechende Versuche mit Methadon als „Ersatzdroge“ – nicht zur Bekämpfung der Drogensucht, sondern zur AIDS-Prophylaxe!

Es gibt eine Fülle von „empfohlenen“ Maßnahmen, die nach Meinung der Experten mehr oder weniger sinnlos sind. Grundsätzlich sollte aber bedacht werden, daß bei jedem Kontakt mit fremdem Blut eine HIV-Infektion möglich ist. Bei Tätowierungen, Ohrlochstechen, Akupunktur und anderem sollte man daher darauf achten, daß frische oder einwandfrei sterilisierte Instrumente verwendet werden.

Bei aller berechtigten Vorsicht sollte man sich jedoch davor hüten, in Panik zu verfallen oder jeden Kontakt mit AIDS-Kranken abzulehnen, denn das AIDS-Virus kann nur unter ganz bestimmten, inzwischen bekannten Umständen übertragen werden (vgl. S. 147f.).

Ambulante Hilfestellung

In der Regel raten Drogenberatungsstellen Drogenabhängigen nur dann zu einem HIV-Test, wenn absehbar ist, daß die Betroffenen das Testergebnis verkraften können. Häufige Reaktionen auf den Befund „HIV-positiv“ sind beispielsweise Abbrechen der Therapie, der Kontakte zur Beratungsstelle, Resignation oder Selbsttötungsversuche.

Drogenberatungsstellen raten daher eher dazu, während einer stationären Langzeittherapie einen HIV-Antikörpertest zu machen, da der mögliche Testschock in einer therapeutischen Gemeinschaft eher ertragen werden kann als bei ambulanter Hilfestellung. Die Forderung der Bundesversicherungsanstalt für Angestellte, vor einem Therapieantritt einen HIV-Test als Voraussetzung für die Kostenübernahme von Betroffenen machen zu lassen, stößt daher bei zahlreichen Drogenfachleuten auf Ablehnung. Außerdem sei, so die Experten, ein HIV-Antikörpertest für die Beurteilung einer eventuellen HIV-Infektion relativ wertlos, da der Test nichts über mögliche Infektionen der dem Test vorausgehenden 6–8 Wochen aussage.

Etwas anderes ist es, wenn Drogenabhängige sich freiwillig einem Test unterziehen wollen, um Gewißheit zu haben. Das ist immer zu begrüßen, doch fallen die Reaktionen auf das Testergebnis auch in diesen Fällen unkalkulierbar aus. Viele Drogensüchtige sind spontan bereit, eine Drogenentziehung zu durchlaufen, wenn sie das befreiende Ergebnis „HIV-negativ“ hören. Schwierig wird in der Regel die Situation bei positivem Befund. In einer Mischung aus Angst, Panik und Ver-

zweiflung brauchen zahlreiche Betroffene eine gewisse Zeit, um mit ihrer neuen Situation fertig zu werden. Wichtig ist in diesem Fall, daß Berater nicht versuchen zu beschwichtigen, sondern sie ermutigen, ihren Gefühlen freien Lauf zu lassen. Das Zuhören hilft bei der Verarbeitung des ersten Testschocks am besten. Es fördert den Prozeß, aus der anfänglichen Panik allmählich zu mehr Gelassenheit zu finden. Betroffene brauchen oftmals Monate, bis sie sich mit der Unwiederbringlichkeit des früheren Zustandes und mit ihrer nähergerückten Endlichkeit abgefunden haben.
Eltern und Angehörige HIV-Positiver sollten dem Beispiel der Drogenberater folgen, wenn in der Familie eine AIDS-Erkrankung auftritt. Sie sollten weder vorwurfsvoll reagieren noch mit guten Ratschlägen aufwarten, sondern gute Zuhörer sein und erst dann eine Meinung äußern, wenn der Betroffene nach einem Tip, nach Anregungen usw. fragt. Vielfach entpuppt sich aber das Eingestehen einer Drogensucht oder von Bisexualität gegenüber Eltern oder Partner als eine schwerwiegendere Konfliktsituation als das AIDS-Problem selbst.
Nach Abklingen der Schockphase folgt häufig die Kampfphase der Betroffenen. Hier sollten Therapeuten, Eltern oder Partner wie auch Freunde, die von dem AIDS-Test wissen, HIV-Träger in einem aktiven Gesundheitsbewußtsein bestärken, indem sie ihnen Mut zu einem drogenfreien Leben machen und sie in ihrem Wunsch nach einer Therapie unterstützen. Wenig hilfreich wäre allerdings, Zweckoptimismus zu verbreiten und den Betroffenen Illusionen über eine mögliche Heilbarkeit ihrer Krankheit zu machen, denn bei den ersten winzigen Krankheitssymptomen kann das Kartenhaus einstürzen und zu einem völligen Zusammenbruch des Vertrauensverhältnisses führen. Die Folge davon ist, daß die Betroffenen Hilfen verunsichert gegenüberstehen und sich zunehmend isolieren.
Es gleicht daher einer Gratwanderung, HIV-Infizierten Hoffnung zu machen und sie gleichzeitig zu einer realistischen, nüchternen Einschätzung ihrer Situation anzuhalten. Wichtig dabei ist, Betroffenen das Gefühl zu vermitteln, daß sie ihrer Krankheit nicht völlig hilflos ausgeliefert sind, daß sie durchaus Möglichkeiten haben, ihr Leben zu verlängern oder ihre Überlebenschancen zu erhöhen. Hilfreich kann die Erkenntnis für den HIV-Infizierten sein zu begreifen, daß ein vielleicht wegen einer AIDS-Infektion um Jahre verkürztes Leben, in Nüchternheit verbracht, relativ länger sein kann als eine jahrelange Drogenkarriere, denn man kann dem Leben, unabhängig von unserem Zeitmaß, qualitative Längen geben. Dieses Hinführen zu einer positiven Einstellung zum Leben, zu einem neuen Gesundheitsbewußtsein ist – neben der Information über Maßnahmen zur AIDS-Prophylaxe –

daher eines der Hauptaufgabengebiete auch der Drogenberatungsstellen.
Hat ein HIV-infizierter Drogenabhängiger sich für das Leben entschieden, bietet sich eine stationäre Langzeittherapie an.

Stationäre Langzeitbehandlung HIV-infizierter Drogenabhängiger

Der stationären Langzeittherapie drogenabhängiger HIV-Positiver fällt wegen der Verknüpfung zweier lebensbedrohlicher Krankheiten eine besonders wichtige Rolle zu, da neben einer klientenzentrierten Gesprächstherapie die Gruppentherapie und die über mehrere Monate andauernde Gruppenerfahrung HIV-Infizierten mehr Geborgenheit vermittelt, als es eine ambulante Beratungs- oder Therapieeinrichtung in der Regel leisten kann.
Zum Aufbau und zur Organisation eines drogenfreien Lebens ist diese Stabilisierungsphase unverzichtbar.
Erfreulicherweise sind inzwischen sämtliche Langzeittherapieeinrichtungen und Kliniken bereit, HIV-infizierte Drogenabhängige aufzunehmen. Manche Einrichtungen versuchen, einen bestimmten Prozentsatz HIV-positiver gegenüber HIV-negativen Patienten nicht zu überschreiten. HIV-positive Patienten nehmen praktisch am gesamten Therapieprogramm teil. Manche Kliniken nehmen auch HIV-positive Mütter oder Elternpaare mit HIV-positiven Kindern auf.
Im Unterschied zur Therapiegestaltung vor dem Auftauchen der AIDS-Problematik haben Themen wie Angst vor dem Tod, kinderloses Leben, Schmerzbehandlung bei Ausbruch von AIDS, Einschränkung sexueller Aktivitäten, Isolation AIDS-Kranker in der Gesellschaft, Lebenssinnfragen und Glaubensüberlegungen ein stärkeres Gewicht erhalten. Nach bisherigen Erfahrungen beteiligen sich HIV-Positive sehr stark an der Therapie.
Der stationären Behandlung schließt sich die soziale und berufliche Wiedereingliederung in einem teilstationären Übergangshaus an. Dabei wird versucht, Betroffene in eine Nachsorgeselbsthilfegruppe zu vermitteln, damit der „Cleane“ nach Ablauf der teilstationären Phase einen sozialen Bezugsrahmen hat.

Selbsthilfegruppen HIV-positiver Suchtkranker

In Kooperation mit örtlichen AIDS-Hilfen haben sich mittlerweile zahlreiche Selbsthilfegruppen HIV-positiver ehemaliger Drogenabhängiger mit einem festen Mitgliederstamm etabliert. Die Bereitschaft, ein drogenfreies Leben führen zu wollen und ein obligatorischer Urintest als Rückfallprophylaxe sind in der Regel die üblichen Aufnahmekriterien (vgl. Selbsthilfegruppen, S. 165ff.).
Die Selbsthilfegruppe kommt insbesondere auch bei Begegnungen und Kontakten außerhalb der terminierten Gruppensitzungen zum Tragen, denn die Betroffenen versuchen – stärker als bei anderen Selbsthilfegruppen – untereinander ständig Kontakt zu halten, um sich bei Krisen gegenseitig helfen zu können. Die Angst vor der Krankheit AIDS und einer gleichermaßen relativen Todesnähe schafft Freundschaften, wie sie anderswo kaum möglich wären.
Hauptthema – neben AIDS-spezifischen Themen – der Gruppensitzungen ist die Suche nach Partnerschaften und Beziehungen außerhalb der Drogenszene. HIV-positiven ehemaligen Drogenabhängigen wird geraten, Partnerschaften zunächst ohne sexuelle Kontakte aufzubauen. Wenn dadurch ein enges zwischenmenschliches Vertrauensverhältnis entstanden ist, sollte der HIV-Positive mit seinem Partner offen über seine HIV-Infektion sprechen und die sich daraus für den körperlichen Kontakt ergebenden Konsequenzen diskutieren. Häufig ist es sinnvoll, wenn der Partner in die Selbsthilfegruppe einbezogen wird; denn hier hört er aus Erfahrungen anderer, daß zum Beispiel soziale Kontakte zwischen HIV-positiven und -negativen Menschen problemlos sind und „safer sex" möglich ist.
Den Selbsthilfegruppen fällt besonders auch im Hinblick auf die Betreuung AIDS-Kranker eine wichtige Rolle zu, denn wenn sich Verwandte und Freunde aus Ansteckungsängsten von den Betroffenen abwenden, stellen die Selbsthilfegruppenmitglieder die einzigen Vertrauten des Kranken dar.

Infektionsausschluß bei Betreuung HIV-Positiver

Das AIDS-Virus wird nach heutigen Erkenntnissen nicht durch Händeschütteln, Umarmen, Anhusten, Benutzen gleicher Teller, Gläser etc., Benutzung von Toiletten, Bädern, Zusammenarbeiten, Zusammenwohnen mit oder Pflege von AIDS-Kranken oder testpositiven Personen übertragen. Als Überträger des AIDS-Virus kommen nur Körperflüssigkeiten in Frage, wobei Blut und Sperma eine besonders hohe, Spei-

chel, Schweiß und Urin relativ geringe Konzentrationen des Virus aufweisen. Zudem wird das Virus in Wasser und Luft rasch abgetötet.
Die hygienischen Empfehlungen besagen, daß die üblichen thermischen und chemischen Desinfektionsmaßnahmen zur Virustötung reichen und daß Schleimhaut- und Hautkontakt mit Blut, blutenthaltenden Sekreten und Gewebsproben von HIV-Infizierten sowie direkte Kontakte mit Wunden ausgeschlossen werden sollen.
Häufig beklagte Tendenzen zur Isolierung von HIV-Antikörperträgern resultieren in der Regel weniger als angenommen aus der Angst vor tatsächlicher Ansteckung. Vielmehr bestehen Ängste vor der Identifikation mit AIDS-Patienten. Die Hilflosigkeit des unheilbar Kranken erlebt auch der Betreuer, die Bezugsperson. Er fühlt sich ebenso hilflos, ohnmächtig und überfordert. Daher ist es für Angehörige von AIDS-Kranken wichtig, sich an der Arbeit von Selbsthilfegruppen zu beteiligen, um mit den eigenen Ängsten durch den Umgang mit AIDS-Patienten besser fertig zu werden (vgl. weiterführende Literatur und Adressen, S. 199ff.).

Therapien und Fremdhilfe

Die Angst vor der Therapie überwinden

Zu den größten Hürden auf dem Weg in ein drogenfreies Leben zählt die Angst vor dem Entzug, die Furcht vor einer Therapie. Denn die positive Entscheidung verlangt, seine Sucht vor sich und anderen offen zu bekennen, sich bloßzustellen, dabei ohne Drogenhilfe subjektiv noch verletzlicher zu werden und eventuell körperliche wie seelische Schmerzen der Entgiftungsphase durchzustehen. Vielen Betroffenen fällt es schwer, den Glauben aufzubringen, auch ohne Drogen existieren zu können. Sie sind außerstande, einen normalen Lebensstil und realisierbare Erwartungen gedanklich vorwegnehmen zu können. Die Ungewißheit, wie sie nach der Therapie, von der sie nicht wissen, ob sie sie durchhalten werden, in einem mehr oder weniger verpfuschten Leben neu anfangen könnten, erzeugt häufig einen enormen Gefühlsstreß. Zahlreiche Entzugswillige und Suchrehabilitanten sind diesen innerseelischen Kämpfen nicht gewachsen.
Allein schon die Angst vor der Angst und Gedanken an das ganze Prozedere einer Behandlung, zum Beispiel Entzugs- und Therapiebeantragung bei den Sozialversicherungsträgern, schrecken sie vor dem ersten Schritt in ein nüchternes Leben, der Therapie, zurück.
Bei Drogenabhängigen kommt noch die Angst hinzu, entweder bei einer Drogentherapie als HIV-positiv identifiziert oder von anderen AIDS-Virusträgern während der Therapie infiziert zu werden. Bei dieser Abhängigengruppe erschwert die Resignation vor der möglichen, bisher unheilbaren AIDS-Erkrankung den Weg zur Therapie.
Diese und andere Ängste verleiten Drogenabhängige bedauerlicherweise oftmals dazu, erst dann ihre manchmal schon lang gehegten Entzugs- und Therapiewünsche in die Tat umzusetzen, wenn der Leidensdruck durch die Begleiterscheinungen ihrer Suchterkrankung größer wird als ihre Angst vor dem „Danach“.
Mit jeder Entzugs- oder Therapieverzögerung verschärfen die Betroffenen jedoch ihre gesundheitlichen und sozialen Probleme. Die Angst vor dem Drogenausstieg überwinden die meisten Betroffenen erst durch ein Schlüsselerlebnis, in der Regel dann, wenn sie ihr irdisches Ende zu ahnen glauben.

Da der Drogenabhängige oft ein Mensch ist, der mit der Realität nicht fertig wird, der nicht begreift, daß er selbst es ist, der etwas tun muß, wenn etwas geschehen soll, daß nicht immer die anderen daran schuld sind, wenn etwas daneben geht, der überhaupt nicht auf die Idee kommt, selbst etwas zu ändern, da es immer die miesen Bedingungen sind, die sein Schicksal verursacht haben, kann er sich nur schwer selbst motivieren, Ängste vor der Therapie abzubauen und einer Behandlung zuzustimmen. Auch fremdes Zureden, Drängen und eventueller Druck von außen helfen nur bedingt, etwa dann, wenn ein krimineller Drogenabhängiger zwischen Entzug und Gefängnis wählen darf.

Dennoch fällt den Angehörigen, Freunden oder Kollegen des Betroffenen eine wichtige Rolle zu, nämlich ihre Komplizenschaft, ihr Co-Süchtigsein aufzugeben (vgl. S. 13ff.), aber für ernsthafte Gespräche Betroffenen zur Verfügung zu stehen, um ihnen zu helfen, ihre Angst vor einem Entzug so früh wie möglich zu überwinden. Am ehesten hilft hierbei nüchterne Faktennennung über Suchtfolgen, Entzugs- und Therapieverlauf und -nutzen. Die Herstellung von Kontakten mit einem erfolgreichen Rehabilitanten, der „clean" geworden ist und dem Betroffenen aus eigener Erfahrung berichten kann, ist entscheidungsfördernde Hilfe sehr nützlich.

Therapieformen

Eine Suchtkrankheit ist unheilbar, aber sie kann gestoppt werden. War bisher körperlicher Entzug das oberste Ziel jeder Drogentherapie, so werden heutzutage bereits neue, den ganzheitlichen Aspekt umfassende Therapiekonzepte diskutiert und erprobt, die die individuelle Betrachtungsebene des Betroffenen verlassen, denn weniger die Droge ist das Problem, sondern der Umgang mit ihr, die menschliche Interaktion, die einen Menschen drogensüchtig werden läßt.

So werden beispielsweise seit 1984 in einem Forschungsprojekt an der Texas Tech University, Lubbock, verschiedene familientherapeutische und systemische Ansätze erprobt.

Die systemische Theorie, die kybernetisch, konstruktivistisch und ökosystemisch nach grundsätzlichen Ursachen des Drogenkonsums fragt, unterscheidet sich von traditionellen Drogentherapien dadurch, daß sie das Tun und das Bewerten des Tuns unterscheidet. So entstehen neue Wirklichkeits- und Erkenntnisebenen, die alle gleichermaßen „richtig" sind, bei denen jedoch niemand entscheiden kann, welche „wahrer" ist. Beispielsweise gilt jemand, der sich innerhalb der sozialen

Norm bewegt, nicht als abhängig oder krank. Erst wenn die sozialen Folgen (die gesellschaftliche Bewertung seines Tuns) die Normen sprengen, rutscht er im Falle eines Drogenkonsums in die Kategorie „Drogenmißbrauch“. Wann aber wird der Drogenkonsum tatsächlich zum Drogenmißbrauch? Was heißt Mißbrauch? Welche Auswirkungen hat unser Verständnis von Drogenabhängigkeit auf die Art und Weise, ob, wann und wie wir den Drogenmißbrauch behandeln?

Diese und ähnliche Fragen werden zunehmend auch in Drogenberatungsstellen, Kliniken und Therapieeinrichtungen gestellt, um möglichst genau die gesamte Abhängigkeitsdimension jedes Einzelfalls zu begreifen, die Rolle des Helfers (z. B. Sozialarbeiter) exakter einzuordnen und um sich von Normen, wenn nötig, lösen zu können. Denn die Erkenntnis wächst, daß Suchtkrankheiten Bestandteile eines Verhaltenskomplexes sind, die eine individuelle, interaktionale und eine gesellschaftliche Dimension haben. Die individuelle Dimension betrifft zum Beispiel die Drogenwahl oder die Wahl der zur Sucht entarteten Verhaltensweise, die diagnostizierte Krankheit usw. Auf dieser Ebene wurden früher ausschließlich Therapien durchgeführt.

Seit einigen Jahren wird jedoch versucht, verstärkt auch den interaktionalen Kontext Betroffener, also das soziale Umfeld, in die Therapie einzubeziehen. So ist verstärkt ein Trend zur Familientherapie feststellbar. Angehörige oder andere Bezugspersonen, die eine das Suchtverhalten des Betroffenen prägende Schlüsselrolle einnehmen, sollen optimal in das Heilungsverfahren integriert werden. Nur so werde der Verhaltenszyklus Süchtiger durchbrechbar.

Die gesellschaftliche Ebene beispielsweise die Dimension sozialer Ökologie ist eine sogenannte öffentliche Instanz der Verbände, der Institutionen der Verwaltung, kurzum: des gesamten Gemeinwesens. Sie fragt insbesondere nach den Auswirkungen des Drogenkonsums im Hinblick auf die Gesellschaft. In diesem Bereich ist auch der soziokulturelle Kontext Betroffener angesiedelt, etwa die Frage nach ethnospezifischen Bräuchen und Sitten in bezug auf Drogenkonsum.

Alle drei Ebenen bauen aufeinander auf, bedingen einander und korrespondieren miteinander. Wirksam sind letztlich nur diese Therapien beziehungsweise Verhaltensänderungen Betroffener, die diese Dimensionen des Suchtproblems berücksichtigen, etwa:

- Suchtform
- Suchtmittel, Dosishöhe
- Suchtstadium
- gesundheitlicher Zustand
- Befinden (Erwartungshaltung, Weltbild)

} individuelle Dimension

– psychosoziales Umfeld (Angehörige, Freunde, Bekannte, Kollegen etc.) – Helfer (Therapeut, Pastor, Sozialarbeiter, Psychologe etc.) – sozioökonomisches Umfeld (Vermögens-, Besitz-, Rechts- und Machtverhältnisse)	interaktionale Dimension
– soziokulturelle und -historische, ethnische Situation – politisches, wirtschaftliches, rechtliches und gesellschaftliches System des Gemeinwesens	gesellschaftliche Dimension

Der Ausstieg aus der Abhängigkeit verläuft individuell, alters- und suchtspezifisch unterschiedlich, doch im Kern zeigen die Ablösungsprozesse Parallelen:

- Vom Betroffenen hängt es ab, ob er erkennen kann oder will, daß er abhängig ist. Er selbst muß seine völlige Hilflosigkeit feststellen.
- Ohne den tiefen, ehrlichen Wunsch des Betroffenen, seiner Sucht ein Ende zu bereiten, der unmittelbar in die Tat umzusetzen ist, kann der Ausstieg aus der Abhängigkeit nicht stattfinden.
- Der Betroffene wird nur dann mit der Sucht fertig werden, wenn er über die üblichen Bemühungen einer Einzelsuchtbekämpfung hinaus sein gesamtes Leben grundsätzlich ändert. Neben der Symptombehandlung, die beispielsweise jede Alkoholentziehungskur darstellt, muß er sein ganzes Leben (individuelle, interaktionale und gesellschaftliche Dimension) ändern. Denn nicht der Drogenentzug kann die Sucht stoppen, sondern nur eine andere Haltung zu sich selbst, seiner Umwelt und seinem Leben.
- Der Betroffene muß Vertrauen und Mut haben, fremde Hilfe in Beratungsstellen, bei Selbsthilfegruppen und in Kliniken anzunehmen, denn in der Regel schafft er es allein nicht. Er sollte jedoch von Beratungsstellen und Therapieeinrichtungen keine Wunder erwarten. Sie entgiften, bieten vielleicht einige Monate Beschäftigungstherapie, geben wertvolle Tips für das Leben danach und stiften Mut für die Zukunft. Der Rehabilitant aber ist nach der Entlassung oft auf sich selbst gestellt, sofern er oder andere nicht bereits während der Therapie Vorsorge für eine wirkungsvolle Nachsorge getroffen haben. (vgl. S. 160f.).
- Der Betroffene muß wissen, daß er weder ein hoffnungsloser Fall noch daß es jemals für eine Therapie und einen Neuanfang zu spät ist. Selbst wenn die Suchtkrankheit nicht heilbar, sondern nur begrenzbar ist, kann die Fähigkeit, mit dieser Krankheit umzugehen, zu

einem völlig neuen, nicht nur trockenen, sondern auch nüchternen Leben führen.
- Der Betroffene hat die freie Wahl der Therapie. Er muß sich nicht auf ein für ihn ungünstiges Behandlungsverfahren einlassen.

Die wichtigsten Psychotherapieverfahren

Das Hauptziel zahlreicher Psychotherapien besteht darin, möglichst rasch entscheidende Selbstheilungskräfte des Betroffenen zu mobilisieren, denn allein der Patient selbst kann sich helfen. Der Therapeut, die Therapie zeigt lediglich den Weg. Die verschiedenen psychotherapeutischen Schulen ergänzen in der Regel einander und schließen sich nicht unbedingt aus. In der Psychologie wie in der Medizin kann es keinen Primat einer bestimmten Therapieform oder Heilmethode geben, da beinahe jede psychische Erkrankung ein Komplex von Symptomen und Ursachen ist, wie auch jede Therapie in der Regel eine Kombination etlicher Heilweisen und Behandlungsverfahren darstellt.

Ziel- und Wertvorstellungen verschiedener Therapieverfahren

Psychoanalyse (Freud)	‚Ich'-Stärkung, Liebes- und Arbeitsfähigkeit, Einsicht, Bewußtwerden.
Individualpsychologie (Adler)	Mitmenschliches Verständnis, soziale Verantwortlichkeit, Liebes- und Arbeitsfähigkeit.
Komplexe Psychologie (Jung)	Individuation oder Selbstverwirklichung, Einbeziehung der Innenwelt.
Primärtherapie (Janov)	Freiheit von neurotischem Druck und Dauerstreß.
Transaktionsanalyse (Berne)	‚Ich bin o.k. – Du bist o.k.'-Grundhaltung.
Klientenzentrierte Gesprächspsychotherapie (Rogers)	Reife, ‚voll funktionsfähige' Persönlichkeit (selbstverantwortlich, erfahrungsoffen, kongruent).
Gestalttherapie (Perls)	Bewußtheit, Selbstverantwortung, experimentelle Lebenshaltung.
Psychodrama (Moreno)	Schöpferische Spontaneität, soziale Verantwortung und Einführung.
Körperorientierte Therapie	Integrierte Leiblichkeit, Spannkraft, freier Energiefluß, aufrechter Gang, fester Stand.
Selbsterfahrungsgruppen	Offene Begegnung, akzeptierende Beziehung, soziale Einfühlung, Solidarität.
Transpersonale Therapie	Integrierte Existenz, Fühlen und Bewußtwerden des übernatürlichen Wesenskerns, Transzendenz.

Verhaltenstherapie	Störungsabbau und Funktionsfähigkeit im Sinne definierter Ziele, Selbstbestimmung, Eigensteuerung.
Klassische Hypnose	Symptomreduktion.
Hypnotherapie (Erickson)	Symptomveränderung, Vertrauen auf und Nutzbarmachung unbewußter Prozesse für ein selbstbestimmtes Leben.
Imaginative Verfahren	Symptomveränderung, Nutzbarmachen kreativer unbewußter Prozesse.
Tiefenpsychologische Kurztherapie	Symptomveränderung.
Systemorientierte Paar- und Familientherapie	Symptomveränderung, Förderung der Anpassungsfähigkeit des Systems zum Zweck besserer und freier Entfaltung der einzelnen Mitglieder.
Positive Psychotherapie (Peseschkian)	An die Stelle rein symptombezogener Behandlung tritt die Stärkung, Reaktivierung, Mobilisierung und Aktivierung unterdrückter Fähigkeiten.
Logotherapie (Frankl)	Fördert spezifische menschliche Fähigkeiten, um sich selbst von neurotischen Symptomen freizumachen.
Bibliotherapie	Mobilisiert die Selbstheilungskräfte.

(Nach Fietkau [1982], ergänzt von Chr. Kraiker, B. Peter u. a.)

Ob, wie wirksam und sinnvoll das einzelne Verfahren im Einzelfall ist, müssen Patient und Therapeut (Arzt) entscheiden.

Die Methadondiskussion

Methadon ist ein Medikament, das gegen schwerste Schmerzen eingesetzt wird und den Bestimmungen des Betäubungsmittelgesetzes unterliegt. Die Grundidee des Methadonprogramms, das seit Jahren in Ländern der westlichen Welt realisiert wird, lautet, Methadon Heroinabhängigen als Ersatzdroge per Rezept zu geben. Die Verfechter dieses Programms gehen davon aus, daß das Medikament Methadon die Opiatrezeptoren im Gehirn der Abhängigen blockiert und somit den Hunger nach Opiaten stoppt. Das therapeutische Ziel ist, die typischen Verhaltensweisen des Süchtigen zu durchkreuzen, ihn aus der Drogenszene (vom Beschaffungskampf) zu befreien, damit er wieder ein geordnetes Leben führen kann.

Seit Oktober 1987 wird in Bochum, Düsseldorf und Essen versuchsweise Methadon an ca. 120 Drogenabhängige abgegeben, die mindestens 22 (AIDS-Infizierte 18) Jahre alt sein und zwei erfolglose Therapien hinter sich haben müssen.
Die Gegner der Methadonbehandlung argumentieren, daß man eine Sucht nicht mit einer anderen, ebenso gefährlichen Sucht austreiben darf. Denn Sucht sei eine Krankheit, die sich nicht kontrollieren lasse, auch nicht mit Methadon. Sucht lasse sich nur durch ein drogenfreies Leben zum Stillstand bringen. Jede Methadonbehandlung sei eine Verschleierung und Verlängerung der Krankheit auf Kosten des Süchtigen, meint Dr. Rüdiger Salloch-Vogel, Chefarzt der Suchtabteilung am Jüdischen Krankenhaus in Berlin. Die Methadonbefürworter halten dem entgegen, daß die Ersatzdroge dem Süchtigen zum ersten Mal den Beschaffungsdruck und die Sorge um das tägliche Geld für den Stoffkauf nehme: Ausgestattet mit dem staatlich subventionierten und rechtlich erlaubten Methadon, das er täglich in einer Drogenberatungsstelle erhält, könne er sich ohne Zeitdruck zu einem freiwilligen Entzug entschließen.
Gegner, unter anderem zahlreiche Elternkreise drogengefährdeter und drogenabhängiger Jugendlicher, meinen, daß mit der Ersatzdroge, der Fixer zwar domestiziert, jedoch nicht aus der Szene herausgebracht werde, da, so Salloch-Vogel, Fixen auch eine Ideologie, eine Lebenshaltung sei. Ein Süchtiger könne sich beispielsweise freiwillig für etwas entscheiden. Methadon verändere aber das Bewußtsein. Die Selbstfindung sei unter Drogeneinfluß nicht möglich.
Diese Einschätzung wird durch Erfahrungen in den USA bestätigt, die die „taz“ einmal wie folgt skizzierte: „Die meisten Methadon-Patienten sind Alkoholiker, sagt ein Sozialarbeiter. Wein und Pillen auf Methadon ersetzen das High, das früher vom Heroin gebracht wurde. Aus vielen aktiven ‚hustlern‘ sind träge Methadon-Patienten geworden, die mit einer Pulle ‚Nighttrain‘ oder ‚Thunderbird‘ (Billigstwein) an den Straßenecken rumhängen.“
Erschwert wird die Methadonbehandlung noch durch die Zunahme eines neuen Abhängigentyps, des sogenannten Polytoxikomanen (vgl. S. 113 ff.), der alles einnimmt, was er unter die Finger bekommt, egal, ob es Alkohol, Medikamente, Crack oder Kokain ist. Der reine Heroinabhängige gehört in der Regel der Vergangenheit an.
In den Niederlanden – wie auch anderswo – wird von guten Erfahrungen mit Methadon berichtet, wenn die Behandlung mit intensiver psychosozialer Betreuung verknüpft war.
Einig sind sich Befürworter und Gegner der Methadonbehandlung, daß Methadon keine Alternative zum bestehenden Konzept des Ent-

zugs, sondern lediglich eine ergänzende Behandlungsmethode darstellt. Da Methadon noch abhängiger als Heroin macht, wird das Endziel, ein drogenfreies Leben, mit Methadon in noch weitere Ferne gerückt. Das nehmen die Methadonbefürworter in Kauf. Ihrer Meinung nach unterstützte die Methadontherapie aber den Milieuwechsel des Fixers in ein intakteres Sozialumfeld, was letztlich die Resozialisierung in ein normales Leben ohne Drogen noch beschleunige. Außerdem versprechen sich die Verfechter der Methadontherapie eine AIDS-prophylaktische Wirkung ihrer Therapie, da Methadon oral verabreicht und nicht injiziert wird.

Das traditionelle Entzugskonzept

Entwicklung von Hilfeangeboten

Schon 1981 hat die Deutsche Hauptstelle gegen die Suchtgefahren (DHS) in einem Rahmenplan zur Beratung und Behandlung Drogenabhängiger folgendes festgestellt: „Unsere Gesellschaft wird weiterhin mit Drogenproblemen in verschärfter Form konfrontiert bleiben. Der Drogenkonsum und die damit verbundenen Gefahren fordern Familie, Schule und Ausbildung, Wissenschaft, Rechtspflege und die beratenden und therapeutischen Einrichtungen heraus. Die Probleme, die sich symptomhaft in der Drogenabhängigkeit junger Menschen darstellen, können nur durch ein komplexes Angebot von Hilfen auf mehreren Ebenen mit einiger Aussicht auf Erfolg angegangen werden.
Die derzeitigen Hilfsangebote sind aus einem zunächst weitgehend konzeptlosen Reagieren auf die Drogenwelle zu Beginn der siebziger Jahre entstanden und haben sich im Laufe der nunmehr zehnjährigen Erfahrung konsolidiert. Es zeigt sich ein Trend zur Kooperation, zum Austausch von Erfahrungen und zum Aufbau von eng miteinander verzahnten Verbundsystemen."
Heute lassen sich aus der Kenntnis der Vielschichtigkeit der Suchtentwicklung heraus die folgenden Ziele der Behandlung Suchtkranker beschreiben:
Es gilt,
- ein Leben ohne Suchtmittel führen zu können,
- die während der Abhängigkeit entstandenen Schäden im sozialen Bereich auszugleichen und soziales Verhalten in der Familie, am Arbeitsplatz, in der Nachbarschaft wieder zu lernen,
- das Vermögen für die Übernahme von Verantwortung für sich und andere wiederzuerlangen,

- die persönlichen subjektiven und objektiven Schwächen anzunehmen, das Leben neu zu bewältigen und schließlich
- einen Sinn, neue Werte und Perspektiven für sein Leben zu gewinnen.

Aus den Behandlungszielen wird deutlich, daß sich Abhängigkeitserkrankungen nicht auf *eine* Ursache zurückführen lassen. Das Bedingungsgefüge für die Entstehung und Verfestigung der Sucht ist vielschichtig, daher erfordert die Behandlung Abhängigkeitskranker eine Vielzahl unterschiedlicher Einrichtungen, breitgefächerter Hilfsangebote und Maßnahmen, die in einem Verbund von Versorgungseinrichtungen phasengerecht ineinander übergreifen und gut zusammenarbeiten müssen. Je nach Schwere der Erkrankung und der daraus folgenden seelischen, körperlichen und sozialen Belastungen ist mit einer längeren oder kürzeren Behandlungsdauer zu rechnen. Die derzeitigen Angebote für Gefährdete und Abhängige lassen sich in die folgenden Bereiche gliedern:
- ambulante Hilfen,
- stationäre Hilfen,
- Übergangseinrichtungen und
- Selbsthilfe-/Abstinenzgruppen.

Hier sollen nur die ambulanten Beratungs- und Behandlungsstellen und die stationären Einrichtungen zur Entgiftungs- und Entwöhnungsbehandlung ausführlich behandelt werden.

Die Beratungs- und ambulanten Behandlungsstellen für Suchtkranke

Die ambulanten Stellen der Suchtkrankenhilfe sind die wichtigsten Ansprechpartner für das soziale Umfeld eines Abhängigen und den Kranken selbst, um eine Behandlung einzuleiten, zu begleiten oder selbst durchzuführen. Ambulante Hilfe leisten:
- psychosoziale Beratungs- und Behandlungsstellen für Suchtkranke,
- Selbsthilfe- und Abstinenzgruppen (Anonyme Alkoholiker, Blaues Kreuz, Freundeskreise, Guttempler, Kreuzbund, Elternkreise drogenabhängiger Kinder),
- Niedergelassene Ärzte,
- Gesundheitsämter.

Mit etwa 600 psychosozialen Beratungs- und Behandlungsstellen verfügt die Bundesrepublik Deutschland über ein dichtes Netz von solchen Einrichtungen, etwa 100000 Einwohner werden pro Stelle erfaßt.
Die Beratungsstellen der Freien Wohlfahrtspflege und auch kommunaler Träger erfüllen folgende wichtige Aufgaben in der Gesamtbehandlung Suchtkranker:

- Ambulante Behandlung von Alkohol-, Medikamenten- und Drogenabhängigen, wenn die körperlichen, seelischen und sozialen Schäden noch nicht so gravierend sind.
- Gemeinsame Gespräche mit Partnern und der ganzen Familie.
- Erarbeitung einer Behandlungsmotivation bei Abhängigen und Vorbereitung stationärer Behandlung; Vermittlung in Fachkrankenhäuser für Suchtkranke und Betreuung beziehungsweise Behandlung der Familie des Suchtkranken während des Aufenthaltes.
- Klärung von Kostenfragen bei Beantragung einer stationären Entwöhnungsbehandlung.
- Organisation und Durchführung der Nachbehandlung und Nachsorge durch Weitervermittlung in Selbsthilfegruppen und Hilfen bei der beruflichen Wiedereingliederung.
- Information über Suchterkrankungen in Schulen, Betrieben, Vereinen usw.
- Kontaktaufnahme und Kontaktsuche zu Suchtgefährdeten und Suchtkranken durch Vortragsveranstaltungen, Arbeit in sozialen Brennpunkten.

Der ambulanten Behandlung Suchtkranker kommt zunehmend eine höhere Bedeutung zu, weil

- sich der Suchtkranke eher auf eine ambulante Therapie einlassen und daher auch in einem früheren Stadium der Abhängigkeit erreicht werden kann;
- die Behandlung eher auf die individuellen Bedürfnisse des Abhängigen und seines sozialen Umfeldes abgestimmt werden kann;
- der Abhängige während der Behandlung in seinem Lebensumfeld bleiben kann, Therapiefortschritte sofort erprobt und entstehende Krisen unmittelbar bearbeitet werden können;
- der Kontakt zu den lebensbegleitenden Selbsthilfe- und Abstinenzgruppen von Anfang an gewährleistet ist und damit ein nahtloser Übergang von der Fachbehandlung zur Nachsorge gegeben ist.

Zum Team einer Beratungs- und ambulanten Behandlungsstelle gehören in der Regel zwei bis drei therapeutisch weitergebildete Sozialarbeiter, ein Diplom-Psychologe und ein Mediziner.

Die Beratungsstellen der Freien Wohlfahrtspflege und auch kommunaler Träger sind meistens im örtlichen Telefonbuch verzeichnet. Sie werden unter „Suchtberatungstelle“, „Jugend- und Drogenberatungsstelle“, „Drogenberatungsstelle“, „Psychosoziale Beratungsstelle“ und ähnlichen Bezeichnungen dort aufgeführt.

Stationäre therapeutische Hilfen

Im wesentlichen lassen sich folgende Einrichtungen zur stationären Versorgung Abhängiger aufzählen:

- Allgemeinkrankenhäuser mit besonderen internistischen und psychiatrischen Abteilungen,
- Psychiatrische Krankenhäuser,
- Fachkrankenhäuser für Suchtkranke,
- therapeutische Wohngemeinschaften,
- Nachsorgeeinrichtungen.

Diese Einrichtungen nehmen in unterschiedlicher Intensität und Dauer die Entgiftungs- und Entwöhnungsbehandlung von Suchtkranken wahr.

Die ambulanten Beratungsstellen stehen in engem Kontakt mit stationären Einrichtungen, in denen zunächst ein körperlicher Entzug eingeleitet wird. An eine Entgiftungsbehandlung, die ca. 1–3 Wochen dauert, kann sich eine stationäre Behandlung in einer Facheinrichtung für Suchtkranke anschließen. Der Zustand des Kranken und seine soziale Situation bestimmen die Behandlungsart, den Behandlungsort und die Dauer der Behandlung. Häufig haben die Suchtkranken, aber auch ihre Familien, Angst vor einer stationären Behandlung: daher ist es wichtig, daß in einer Motivationsphase vor der stationären Behandlung diese Ängste abgebaut werden.

Es gibt etwa 190 spezialisierte stationäre Einrichtungen für Alkoholabhängige, die auch Medikamentenabhängige behandeln. Etwa 80 Einrichtungen behandeln nur Drogenabhängige, und 60 Einrichtungen nehmen alle drei Abhängigkeitsformen auf.

Die Bettenzahl der Alkoholentwöhnungseinrichtungen schwankt zwischen 30 und 200 Plätzen und liegt im Durchschnitt bei 50 Plätzen. Damit stehen etwa 13000 Behandlungsplätze zur Verfügung. Bei einer durchschnittlichen Behandlungsdauer von vier Monaten können etwa 40000 Alkohol- und Medikamentenabhängige pro Jahr stationär behandelt werden.

Eine Einrichtung für Drogenabhängige hat etwa 25 Plätze, bei einer Schwankungsbreite von 10 bis 80. Es stehen etwa 2500 Behandlungsplätze zur Verfügung, so daß bei einer durchschnittlichen Behandlungsdauer von neun Monaten etwa 3300 Drogenabhängige pro Jahr stationär behandelt werden können. Als Trend läßt sich feststellen, daß das Angebot an stationärer Behandlungskapazität als ausreichend angesehen wird. Es gibt regionale Unterschiede in den Wartezeiten auf einen Therapieplatz, die jedoch aus Gründen der Motivation und Therapievorbereitungen bis zu einem gewissen Umfang auch ge-

wünscht werden. Wer heute ernsthaft einen Therapieplatz sucht, kann ihn auch finden.
Die Kosten einer Entwöhnungsbehandlung können je nach Dauer sehr hoch sein. Sie werden jedoch von den gesetzlichen Krankenkassen und Rentenversicherern auf Antrag getragen. Nähere Auskünfte erteilen die Geschäftsstellen der gesetzlichen Krankenkassen.
In den letzten Jahren ist auch immer deutlicher geworden, daß Suchterkrankungen nicht nur den einzelnen betreffen, sondern daß die Familie und auch die Berufskollegen mit einbezogen sind. Daher wird bei einer Behandlung auch immer darauf geachtet, daß sich das soziale Umfeld genauso verändert wie der Suchtkranke selbst. In den Facheinrichtungen für Suchtkranke werden psychotherapeutische Verfahren angewendet. Es finden Einzel- und Gruppengespräche statt. In der Arbeitstherapie soll der Suchtkranke wieder lernen, für bestimmte Arbeiten und Aufgaben Verantwortung zu übernehmen, in der Bewegungstherapie, seinen Körper zu belasten und sich neue Aufgaben zuzutrauen. Eine Behandlung kann kurzfristig (6 Wochen), mittelfristig (3–6 Monate) oder langfristig (6 und mehr Monate) dauern. Die Adressen von Fachkrankenhäusern sind über die zentralen Anschriften der Trägerverbände, oder die Suchtberatungsstellen zu erfahren.

Übergangseinrichtungen zur Nachsorge Suchtkranker

Häufig lassen sich nicht alle psychischen und sozialen Folgen einer langjährigen Suchterkrankung im Rahmen der ambulanten oder stationären Entwöhnungsbehandlung beheben. Vielfach ist der behandelte Suchtkranke noch nicht stabil genug, um dem Ansturm der Belastungen bei einer Arbeitsplatz- und Wohnungssuche standzuhalten. Oft ist die familiäre Situation noch nicht ausreichend geklärt, Probleme mit dem Partner oder den Kindern treten deutlich hervor und müssen bearbeitet werden. Daher ist immer eine Nachbehandlung erforderlich.
Sie wird je nach Schwere der noch zu behebenden Mängel stationär, teilstationär oder ambulant in entsprechenden Übergangseinrichtungen durchgeführt.
Die Nachbehandlungs- und Nachsorgeeinrichtungen stehen derzeit vor großen finanziellen und organisatorischen Problemen:
- Die Arbeitsmarktsituation bietet kaum Chancen zur Stellenvermittlung.
- Die Kostenregelung einer Nachbehandlung ist strittig.

Wichtige Anschriften

Neben den ambulanten und stationären Hilfen für Suchtkranke können auf örtlicher oder regionaler Ebene durch Informations- und Adressenvermittlung weiterhelfen:
Gesundheitsämter, Ärzte, Krankenkassen, Telefonseelsorge, Erziehungs- und Familienberatungsstellen.
In der Bundesrepublik Deutschland gibt es derzeit mehr als 4500 Adressen von Hilfeangeboten bei Suchtproblemen.
Bei den zentralen Verbänden und Dachorganisationen auf Bundes- und Länderebene sind auf Anfrage die örtlichen Adressen zu erfahren.
Anschriftenverzeichnisse geben heraus:

- die Verbände der Freien Wohlfahrtspflege (Arbeiterwohlfahrt, Caritas, Diakonisches Werk, Deutscher Paritätischer Wohlfahrtsverband, Deutsches Rotes Kreuz),
- das Bundesministerium für Jugend, Familie, Frauen und Gesundheit, Postfach 200490, 5300 Bonn 2, das ein zentrales Verzeichnis „Drogenberatung – wo?" herausgibt, das kostenlos abgegeben wird,
- die Deutsche Hauptstelle gegen die Suchtgefahren als zentraler Zusammenschluß der Suchtkrankenhilfe in der Freien Wohlfahrtspflege,
- die Landesstellen gegen die Suchtgefahren, die in jedem Bundesland vertreten sind.

Wenn Sie Hilfe brauchen – als Angehöriger, Partner oder selbst Betroffener –, können Sie Hilfe finden – wagen Sie den ersten Schritt: „Fangen Sie an, mit Rückfällen aufzuhören!" Nehmen Sie Kontakt mit einer Selbsthilfegruppe auf, gehen Sie zu einer Beratungsstelle, rufen Sie dort an.

Süchtige helfen sich selbst

„Süchtige wollen und müssen ihren Stoff haben, weil sie krank sind. Erst am Tiefpunkt erkennen sie, daß sie mit ‚Habenwollen' und ‚Habenmüssen' nicht mehr weiterkommen. Finden sie zu einer Selbsthilfegruppe, erleben sie erstmals das ‚Seindürfen'" (Rußland, Rita/Plogstedt, Sibylle: Sucht, Alkohol und Medikamente in der Arbeitswelt, Frankfurt 1986, S. 18).
Diese Erfahrung, das Erleben, wie sich die innere Leere ausfüllt mit persönlichem Wachstum, beschreibt Walther Lechler sehr eindrucksvoll am Beispiel eines jungen Captains der US-Luftwaffe: „Jahrelang habe ich Alkohol in immer größeren Mengen in mich hineingegossen, um die gähnende Leere in mir zu füllen.
Die vermeintliche Fülle verflüchtigte sich schnell, und die Leere wurde immer größer. Jetzt, mit dem Programm und der Liebe in der Gruppe spüre ich, wie ich innerlich wachse und zunehme. Es wächst in mir. Die Leere füllt sich aus. Ich habe meine Frau und Kinder wieder entdeckt, sehe, daß Vorhänge an Fenstern sind und Blumen und Pflanzen auf den Fensterbrettern stehen. Ich entdecke ganz neu die Menschen, die mit mir arbeiten."
„Seitdem ich zu AA gehe und nicht mehr trinke, hat sich mir eine ganz neue Welt eröffnet. Doch in Wirklichkeit ist es andersherum: Ein ganz neues Ich öffnet sich zum Leben hin ... es ist wundervoll!" (Sprecherin in einem AA-Meeting).
Lechler stellt fest: „Was mich selbst zutiefst anrührte und dann auch packte, war die Wärme, Herzlichkeit, die Offenheit, das Entgegenkommen, das große Vertrauen, die Liebe, das Angenommenwerden, die Leichtigkeit und der wundervolle Humor, über sich selbst und seine Fehler dann lachen zu können. Ich selbst erlebte mich willkommen, ja wie an- und heimgekommen, wie in einer Familie aufgenommen, nach der ich mich schon so lange sehnte. Es wurde in diesen Gruppen nicht beurteilt und verurteilt, nicht gerichtet und gerechtet. Mir drängte sich spontan der Gedanke auf an die ersten frühchristlichen Gruppen."
Das Wunderbare an intakten Selbsthilfegruppen dürfte die Ehrlichkeit sein, die dort herrscht. Denn jeder darf *sein*, ohne Stärke provozieren zu müssen – egal, wie schlecht es ihm geht, wer er ist, was er hat. Das Grundprinzip jeder Selbsthilfegruppe im Suchtbereich ist die verbind-

liche Regel: a) ohne Drogen leben zu wollen, b) keine Gewalt anzuwenden. Teilnehmer von Selbsthilfegruppen führt der Gedanke zusammen, sich und anderen zu helfen, da sie erkannt haben, daß niemand anderes als der Abhängige selbst sich aus seiner Suchtkrankheit befreien kann. Mit Befreiung aus der Suchtkrankheit ist keineswegs eine völlige Heilung gemeint, da Suchtkrankheiten lediglich zum Stillstand zu bringen sind. Diesen Stillstand zu erhalten, ständig die Kraft der Entsagung aufzubringen gehört zu den Primäraufgaben der Abstinenzgruppen. Sie gibt es in fast jeder Stadt für die unterschiedlichsten Suchtfelder: Am bekanntesten sind die Alkoholiker-Selbsthilfegruppen (Abstinenz- und Temperenzgruppen). Nach ihrem Muster entstanden ähnliche Gruppen in den Bereichen Drogensucht, Eß- und Magersucht, Spielsucht, Konsumabhängigkeit, Medikamentensucht und auf dem Sektor Polytoxikomanie (Mehrfachsüchtigkeit). Den neuesten Selbsthilfetypus stellen die Selbsthilfegruppen HIV-infizierter Drogenabhängiger dar. Sie unterscheiden sich in der Regel erheblich von dem gängigen, traditionellen Modell der Abstinenz- und Temperenz-Gesprächsselbsthilfegruppen.

Das traditionelle Abstinenz-Selbsthilfemodell

Die Abstinenzgruppen verstehen sich primär als Ergänzung der psychosozialen Versorgung. Die von Laien geleitete Gruppenarbeit ist mit der Expertenmethodik kombinierbar. Selbsthilfegruppen arbeiten daher in der Regel mit Kliniken und Suchtberatungsstellen Hand in Hand. Sie bilden ein wesentliches Glied in der Therapiekette, nämlich das der Nachsorgebetreuung. Ohne Selbsthilfegruppen könnten professionelle Therapeuten und Drogenberater keine erfolgversprechende, auf dauernde Abstinenz ausgerichtete Behandlungen durchführen. Die Gruppe fängt den frisch Therapierten auf und hilft ihm, mit seiner Suchterkrankung dauerhaft fertig zu werden. Umgekehrt benötigen die Laienselbsthilfegruppen die professionellen Suchtexperten in Drogenberatung und Klinik. Die *wesentlichen Merkmale* einer traditionellen Selbsthilfegruppe sind: Klarheit, Kostenfreiheit, Beweglichkeit, kooperatives Gruppenführungssystem (ein Cleaner, der von der Beratungsstelle ausgebildet wurde, leitet einen Kreis), Gruppengröße von 12 bis maximal 15 Personen, keine konfessionelle, ideologische oder therapeutische Richtung beziehungsweise Vorstrukturierung (auch bei kirchlichen Abstinenzgruppen, wie z. B. Blaues Kreuz oder Kreuzbund, kann jeder Betroffene Mitglied werden).

Die Teilnahme an den in der Regel einmal wöchentlich stattfindenden

Gruppensitzungen ist freiwillig. Die Gesprächsdauer ist genau festgelegt und beträgt im Schnitt 1,5–2 Stunden.
Die Gruppenregeln sind:
- Bekenntnis, ohne Drogen leben zu wollen;
- Gewaltverzicht;
- Gleichwertigkeit aller Gruppenmitglieder – man spricht sich in der Regel mit Vornamen an;
- Schweigepflicht der Gruppenmitglieder und Vertraulichkeit bezüglich Personen und Gesprächsinhalt gegenüber Außenstehenden;
- Gruppenselbstverantwortung.

Darüber hinaus ist es bei zahlreichen älteren Selbsthilfegruppen üblich geworden, auch gemeinsame Freizeitaktivitäten zu realisieren.
In fast jeder Gemeinde über 10 000 Einwohnern gibt es beim Sozialamt einen Leitfaden mit den Adressen von Selbsthilfegruppen; Drogenberatungsstellen, die Verbände der freien Wohlfahrtspflege, das Gesundheitsamt oder Kirchen helfen bei der Vermittlung geeigneter Kontakte gern weiter.

Das neue Selbsthilfemodell der HIV-infizierten ehemaligen Drogenabhängigen

Grundsätzlich unterscheiden sich die neuen Selbsthilfegruppen der HIV-infizierten ehemaligen Drogenabhängigen in ihrer Organisationsstruktur und Zielsetzung primär kaum von traditionellen Drogenselbsthilfegruppen. Der entscheidende Unterschied ist die Abkehr vom Prinzip der reinen Gesprächsselbsthilfegruppe. Die Selbsthilfe HIV-Infizierter geht über das wöchentliche Zweistundengespräch weit hinaus. Die eigentliche Selbsthilfe findet im Privatrahmen statt. Die Gruppenmitglieder kümmern sich rund um die Uhr umeinander. Zum Teil gibt es regelrechte Telefonketten mit täglichen Kontakten. Man besucht sich regelmäßig zu Hause, unternimmt gemeinsam etwas, begleitet sich gegenseitig zum Arzt, zu Sozial- und anderen Behörden, betreut sich im Krankheitsfall zu Hause und in der Klinik. Oftmals gründen Betroffene Wohngemeinschaften, um der isolationsbedingten Einsamkeit zu entgehen.
Neben der in traditionellen Gesprächsselbsthilfegruppen üblichen Aufarbeitung der Suchtproblematik und den damit zusammenhängenden Themen stehen in Gruppen HIV-Positiver häufig Themen wie Sterben, Leben nach dem Tode, aber auch Partnerschaftsfragen zur Debatte. In diesen Selbsthilfegruppen geht es noch mehr um die qualitative Länge des Lebens. Darüber hinaus unterhalten diese Gruppen –

vielfach in Verbindung mit der örtlichen AIDS-Hilfe – ein AIDS-Beratungstelefon. Weitere, selbstgestellte Aufgaben sind: Öffentlichkeitsarbeit über AIDS und die HIV-Infektion; Angebot zur persönlichen Beratung; Überzeugung anderer Drogensüchtiger von der Notwendigkeit eines HIV-Antikörpertests.
HIV-Positiven-Selbsthilfegruppen achten noch stärker als andere Selbsthilfekreise auf absolute Anonymität und Diskretion aller gruppeninternen Gespräche und Daten (vgl. Adressen von AIDS-Hilfen und Verbänden, Anhang, S. 215ff.).

Selbsthilfegruppen-Selbstgründung

Dort, wo es keine entsprechenden Selbsthilfegruppen gibt, empfiehlt sich eine Neugründung. Gleichgesinnte findet man am einfachsten beispielsweise durch Kleinanzeigen in örtlichen Zeitungen: Alkoholiker, nach Entzug trocken, sucht Gleichgesinnte zwecks Gründung einer Abstinenzgesprächsgruppe.
Oder: Wir suchen Eltern drogenabhängiger Kinder zwecks Gründung eines Elternkreises, um gemeinsam Auswege zu finden.
Oder: HIV-Positiver, ehemaliger Drogensüchtiger, sucht Anschluß an eine entsprechende Selbsthilfegruppe oder Betroffene zwecks Neugründung einer Initiative. Absolute Anonymität wird zugesichert.
(Anzeigen mit Chiffre oder Telefonangabe ausstatten, keine Adressenangabe wegen Mißbrauchsgefahr.)
Drogenberatungsstellen sowie Dachorganisationen der Freien Wohlfahrtsverbände und Selbsthilfegruppen unterstützen derartige Neugründungen mit Rat und Tat.

Selbsthilfeorganisationen

Anonyme Alkoholiker (AA)
Postfach 422, 8000 München 1
Anonyme Alkoholiker sind eine Gemeinschaft von Frauen und Männern, die miteinander ihre Erfahrungen, Kraft und Hoffnung teilen, um ihr gemeinsames Problem zu lösen.
Die einzige Voraussetzung für die Zugehörigkeit zu AA ist der Wunsch, mit dem Trinken aufzuhören. Die Gemeinschaft Anonymer Alkoholiker sieht ihren Hauptzweck darin, selbst nüchtern zu bleiben und anderen Alkoholkranken zur Nüchternheit zu verhelfen.

AL-ANON
Postfach 100192, 5000 Köln 1
Die AL-ANON-Familiengruppen sind eine Gemeinschaft von Verwandten und Freunden von Alkoholikern, die miteinander die Probleme lösen wollen, die in Zusammenhang mit dem Alkoholismus ihres Nächsten stehen. Alkoholismus ist eine Familienkrankheit, und nur eine geänderte Einstellung der gesamten Familie und der sozialen Umgebung kann die Genesung fördern.

alateen
(Ansprechadresse über den örtlichen AA-Kreis, Telefonnummer im Telefonbuch oder über die AA-Zentrale in München zu erfragen)
Alateen ist der Name von Gruppen junger Leute, die sich zusammengeschlossen haben, um mit dem Problem des Alkoholismus in ihrer Familie fertig zu werden. Indem junge Menschen ihre Erfahrungen austauschen und sich gegenseitig helfen, versuchen sie, mit diesen Problemen fertig zu werden.

Laß 1000 Steine rollen
Hilfe für Alkoholgefährdete Kinder und Jugendliche e.V.
Averhoffstr. 7, 2000 Hamburg 76, Jutta Angerstein, Tel.: (040) 225072
In Hamburg können sich Betroffene, der schwedischen Erfahrung folgend, daß Rockmusik zumindest ein zentrales Verbindungsglied vieler alkoholkranker Jugendlicher sei, durch Erlernen von Rockmusik innerhalb von ca. 6 Monaten in Kleingruppen eine Entzugsbasis schaffen. Das Projekt soll bundesweit und im europäischen Rahmen Nachahmer finden. Die Erfolge, alkoholabhängige Jugendliche durch die Vermittlung einer Fertigkeit, bei der sie sich selbst erfahren und ihr Talent öffentlich beweisen können, von der „Flasche“ zu bekommen, sind enorm.

Deutscher Guttempler Orden I.O.G.T. e.V.
Adenauerallee 45, 2000 Hamburg 1, Tel.: (040) 245880
Der Deutsche Guttempler Orden e.V. sieht seine Aufgaben darin,
- durch bewußt alkoholfreie Lebenshaltung die Lebenseinstellung des einzelnen zu erhöhen;
- Hilfestellung bei der Persönlichkeitsentwicklung zu geben;
- alkoholfreie Lebensgemeinschaften zu ermöglichen, um eine Gefährdung zu vermeiden;
- für Brüderlichkeit und Frieden in der Welt einzutreten.

Blaues Kreuz in Deutschland e.V.
Freiligrathstraße 27, 5600 Wuppertal-Barmen, Tel.: (02 02) 62 10 98/99
Das Blaue Kreuz will Suchtgefährdeten und ihren Angehörigen helfen. Information, Therapie und Rehabilitation geschehen im Sinne einer biblisch-orientierten Seelsorge. Alle Angebote der vorbeugenden, begleitenden und nachgehenden Suchtkrankenhilfe geben den Gefährdeten den für sie erforderlichen alkoholfreien Lebensraum.

Blaues Kreuz in der evangelischen Kirche e.V.
Dieterischstr. 17a, 3000 Hannover, Tel.: (05 11) 1 89 31
Das Blaue Kreuz in der Evangelischen Kirche versteht sich als eine Form evangelisch-kirchlicher Gemeindearbeit für Suchtkranke. Der Bund gründet sich auf das Evangelium von Jesus Christus und weiß sich ihm als seinem Herrn verpflichtet. Er hat das Ziel, den Suchtgefährdeten zu helfen und den Mißbrauch von Suchtmitteln abzuwehren.

Kreuzbund e.V.
Jägerallee 5, 4700 Hamm 1, Tel.: (02 38 21) 87 97
Der Kreuzbund ist die katholische Selbsthilfeorganisation und Helfergemeinschaft für Suchtkranke.
Der Kreuzbund leistet seine Hilfe im Rahmen der Therapiekette, in der Behandlungsmotivation, in der begleitenden Hilfe während der ambulanten und stationären Behandlung, ganz besonders im Bereich der Nachsorge.
Der Kreuzbund sieht in der persönlichen Hilfe für Suchtkranke und ihre Angehörigen sowie im Aufbau neuer sozialer, tragfähiger Bindungen Schwerpunkte seiner Gruppenarbeit.

Bundesverband der Elternkreise drogengefährdeter und drogenabhängiger Jugendlicher“
Jägerallee 5, 4700 Hamm 1, Tel.: (0 23 81) 87 97
Der Bundesverband der Elternkreise ist ein unabhängiger und überkonfessioneller Zusammenschluß betroffener Eltern, betroffen durch den Lebensweg eines Kindes, bestrebt, diesem, aber auch sich selbst, zu helfen.
Die Elternkreisarbeit ist Selbsthilfegruppenarbeit mit einer starken Kraft nach innen und außen. Anschriften von Elternkreisen teilt der Bundesverband oder der Gesamtverband für Suchtkrankenhilfe im Diakonischen Werk der EKD, Brüder-Grimm-Platz, 4, 3500 Kassel, Tel.: (05 61) 10 26 38, mit.

Gemeinschaft drogenfreier Jugend
Postfach 1667, 4700 Hamm
Die Gemeinschaft drogenfreier Jugend

- bietet sachliche Information zum Thema Sucht und zu den verschiedenen Drogenarten;
- liefert Argumente, die für einen suchtmittelfreien Lebensstil sprechen und bei Diskussionen mit anderen, aber auch bei der Auseinandersetzung mit sich selbst wichtig sind;
- unterstützt mit Rat und Hilfe bei Problemen mit Drogen in der Familie und im Freundeskreis;
- gibt Tips für den kritischen Umgang mit allen Gebrauchsgütern, damit jeder das richtige Maß in allen Lebensbereichen findet;
- fördert die Solidarität mit Gleichgesinnten und vermittelt Adressen von dgj-Mitgliedern, die im näheren Umkreis wohnen;
- bestärkt überzeugende Auffassungen von dem, was das Leben lebens- und liebenswert macht;
- gibt alkoholfreie Getränketips und Feten;
- vermittelt das Verständnis für Alkohol- und sonstige Drogengefährdete im Familien- und Bekanntenkreis.

Bundesarbeitsgemeinschaft der Freundeskreise
Brüder-Grimm-Platz 4, 3500 Kassel, Tel.: (0561) 780413
Freundeskreise für Suchtkrankenhilfe sind aus der Selbsthilfe entstandene Gemeinschaften, deren Mitglieder Erfahrungen mit Suchtmitteln haben und nun als abstinent lebende Suchtkranke in der Behandlung von Suchtgefährdeten und Suchtkranken unter folgender Zielsetzung mitarbeiten:

- gegenseitige Hilfe bei der Lösung persönlicher Probleme und Konflikte sowie Hilfe in praktischen Lebensfragen;
- Vor- und Nachbetreuung von Suchtkranken und deren Angehörigen;
- Organisation und Mitarbeit in Informations-, Beratungs- und Motivationsgruppen;
- Hilfestellung, Neuorientierung und Sinnfindung des Lebens im Sinne christlicher Nächstenliebe;
- Angebot und Durchführung von Veranstaltungen zur Förderung von abstinenter Geselligkeit, Kreativität und Freizeitgestaltung.

Die Arbeit der Freundeskreise auf Orts- und Landesebene wird unter Wahrung von deren Eigenverantwortlichkeit durch einen Dachverband, die Bundesarbeitsgemeinschaft der Freundeskreise für Suchtkrankenhilfe, koordiniert und fachlich betreut.

DAYTOP-Gesellschaft
Laoserstr. 1, 8000 München 40
Die DAYTOP-Gesellschaft besitzt ein Netz von Fachkrankenhäusern, Kontaktphasenhäusern (zur Nachsorgebetreuung) und Therapiezentren. Hauptziel von DAYTOP ist, Therapien für Alkoholiker, Medikamentensüchtige, Drogenabhängige und Polytoxikomane anzubieten und Betroffene – soweit es geht – zu resozialisieren. Das bedeutet unter anderem: Aufbau von posttherapeutisch wirksamen Selbsthilfegruppen.
Ein Verzeichnis aller Fachkliniken für Suchtkranke kann bei der Deutschen Hauptstelle gegen die Suchtgefahren angefordert werden (Adresse vgl. Anhang, S. 207 ff.).

Deutsche AIDS-Hilfe e. V.
Nestorstr. 8–9, 1000 Berlin 31, Tel.: (030) 896906-0
Die Deutsche AIDS-Hilfe e. V. mit Sitz in Berlin ist der Dachverband der regionalen AIDS-Hilfe-Gruppen in der Bundesrepublik. Sie wurde gegründet, um den Anliegen der Betroffenen Geltung zu verschaffen. Zu den Aufgaben der Deutschen AIDS-Hilfe zählen:
- Planung und Durchführung bundesweiter Aufklärungskampagnen mit dem Ziel, die Bevölkerung auf Verhaltensmöglichkeiten hinzuweisen, die die Infektionsgefahr verringern können;
- die Versorgung der regionalen Gruppen mit Informationen über den aktuellen Stand der medizinischen Forschung;
- gezielte Presse- und Öffentlichkeitsarbeit, um unbegründete Ängste in der Bevölkerung abzubauen und einer weiteren Diskriminierung der bisherigen Betroffenengruppen entgegenzuwirken;
- als Verbandsorgan und Sprachrohr der örtlichen AIDS-Hilfe finanzielle Unterstützung und politische wie fachliche Hilfe für diese Arbeit durch öffentliche Institutionen zu gewinnen.

  Die Deutsche AIDS-Hilfe hilft beim Aufbau von Selbsthilfegruppen HIV-infizierter ehemaliger Drogenabhängiger und berät Drogenberatungsstellen.

Overeaters Anonymous (OA)
Postfach 106206, 2800 Bremen
Anonyme Eßsüchtige sind eine Gemeinschaft von Männern und Frauen, die nach dem Vorbild der Anonymen Alkoholiker ihren Eßproblemen zu Leibe rücken möchten. Sie haben sich zusammengetan, um dieses Problem zu lösen.

Aktionskreis Eß- und Magersucht „CINDERELLA“ e.V.
Psychiatrische Klinik der Universität, Nußbaumstr. 7, 8000 München 2
Der Aktionskreis Eß- und Magersucht ist 1984 von Betroffenen, Studenten und Fachleuten gegründet worden.
Ziel des Vereins ist es, Betroffene und Angehörige zur Arbeit in Selbsthilfegruppen anzuregen, indem Kontakte vermittelt und Berichte über die Arbeit in Selbsthilfegruppen veröffentlicht werden. Der Aktionskreis ist ein Verein zur Förderung von Selbsthilfe, Beratung, Erforschung und Öffentlichkeitsarbeit.

SYNANON International
Bernburger Str. 24/25, 1000 Berlin 61, Tel.: (030) 2621062
Ein beispielhafter Beleg für die Leistungskraft und den erfolgreichen Selbsthilfewillen ehemals Drogensüchtiger gibt das wirtschaftlich und konfessionelle unabhängige Projekt SYNANON.
SYNANON wurde 1971 in einer alten Kreuzberger Fabrikanlage in Berlin gegründet. Irene und Ingo Warnke, ehemals Süchtige, legten damals den Grundstein für eine dem genossenschaftlichen Gedanken Raiffeisens (Selbsthilfe, Selbstverwaltung, Selbstverantwortung) entsprechende Organisation von Süchtigen für Süchtige, mit dem Anspruch, dem Steuerzahler möglichst wenig auf der Tasche zu liegen. Ein großer Teil der benötigten Mittel wird durch eine Druckerei, einem Transport- und Umzugsbetrieb und eine Keramikwerkstatt finanziert. 40% spenden Privatpersonen und Firmen oder werden aus Bußgeldern von den Gerichten zugewiesen. 15% wurden bisher durch Zuschüsse der öffentlichen Hand abgedeckt.
SYNANON betreibt auf Selbsthilfebasis und in eigener Regie in Berlin drei Häuser und im Raum Marburg einen Gutshof. SYNANON nimmt keine Pflegesätze und ist heute Deutschlands größte stationäre Suchthilfeorganisation mit Selbsthilfecharakter.
Jeder Süchtige, der lernen will, wie man ohne Drogen leben kann, darf sich um eine Aufnahme bewerben. Das heißt, er braucht (ob tagsüber oder nachts) einfach nur zu SYNANON kommen und die Grundregeln akzeptieren: keine Drogen, kein Alkohol und keine Gewalt oder deren Androhung.
Sehr empfehlenswert ist das Buch von Wolfgang Wiesner: Leben ohne Drogen – Süchtige helfen sich selbst, München 1987, das die Entstehungsgeschichte von SYNANON beschreibt.

Weitere Selbsthilfegruppen, Selbsthilfegruppen-Kontaktstellen und Verbände der Suchthilfe sind im Anhang, S. 207ff., aufgeführt.

Das soziale Umfeld – Suchthilfe – Wiedereingliederung

Das soziale Umfeld des Suchtkranken

Hilfe für Suchtkranke beginnt im unmittelbaren Umfeld des Betroffenen: bei dem Partner, den Kollegen am Arbeitsplatz, der Nachbarschaft, den Kindern oder Eltern.
Das soziale Umfeld betrachtet oder erfährt den Suchtkranken lange Zeit als willensschwach, charakterlos, verlogen, unzuverlässig, kriminell, aggressiv und sehr belastend. Als Kranker, der Hilfe braucht, wird er leider nicht gesehen. Da alle Suchterkrankungen mit sehr großen Vorurteilen belastet sind, versucht jeder Abhängige, seine Erkrankung vor sich und dem sozialen Umfeld zu verbergen. Er verhält sich, bezogen auf Suchtmittel oder süchtige Verhaltensweisen, „auffällig unauffällig“. Häufig braucht daher das soziale Umfeld mindestens genauso lange, eine Suchterkrankung zu erkennen und zu akzeptieren, wie der Betroffene selbst.
Die Ehefrau, die Kinder oder auch die Eltern eines Suchtkranken durchleben während des Krankheitsverlaufs ähnliche Stadien wie der Betroffene. Sie erleben im Umgang mit dem Abhängigen ihre Hilflosigkeit, haben Schuldgefühle und großes Unbehagen, wenn es zu Auseinandersetzungen kommt, leben in ständiger Hoffnung, daß alles besser werden wird, lügen für den Suchtkranken oder entschuldigen seine Verhaltensweisen, verlieren langsam das Vertrauen, geraten in Verzweiflung, Resignation, Gleichgültigkeit und wollen sich von dem Partner trennen. Dieses Verhalten wird als „Co-Alkoholiker-Verhalten“ bezeichnet. Mit den nachstehend aufgeführten Fragen, kann jeder Partner, jede Partnerin, jeder Freund, jeder Arbeitskollege usw. eines Suchtkranken auf einfache Weise testen, ob er oder sie zu den Co-Alkoholikern zu rechnen ist (vgl. S. 172).
Häufig erlebt der Suchtkranke im Laufe seiner sich verschlimmernden Erkrankung, daß die Partnerin, der Freund, die Eltern drohen, ihn zu verlassen, wenn er so weitermache wie bisher. Um diesem Druck und den Drohungen auszuweichen, verspricht der Abhängige, mit dem Trinken aufzuhören. Nach kurzer Abstinenzphase wird er jedoch wieder rückfällig – muß aufgrund der Abhängigkeit rückfällig werden – und macht die Erfahrung, daß das soziale Umfeld die Drohungen nicht

Sind Sie Co-Alkoholiker oder Co-Alkoholikerin?	Ja	Nein
1. Haben Sie schon häufiger zu Hause mit ihrer Partnerin/mit ihrem Partner getrunken, damit er/sie nicht in der Wirtschaft versackt?	☐	☐
2. Fühlen Sie sich stark, wenn der/die Abhängige sich schwach fühlt?	☐	☐
3. Werden Sie von der Verwandtschaft/Nachbarschaft gelobt, weil Sie so tapfer sind?	☐	☐
4. Fühlen Sie sich zum Lügen und Decken von Unregelmäßigkeiten gezwungen, weil Sie Ihren Partner nicht ausliefern wollen?	☐	☐
5. Hängen Ihre Gefühle sehr stark von der Situation des Partners ab?	☐	☐
6. Kümmern Sie sich um alles, weil der Partner/die Partnerin es nicht mehr können?	☐	☐
7. Haben Sie Angst, der Abhängige könnte aggressiv werden, wenn Sie mit ihm/ihr über Alkohol/Medikamente sprechen?	☐	☐
8. Vermeiden Sie es, mit anderen Leuten über das Suchtproblem Ihres Partners zu sprechen?	☐	☐
9. Haben Sie Ihrem Partner schon einmal mit Scheidung gedroht, weil er soviel trinkt/Tabletten schluckt?	☐	☐
10. Ärgern Sie sich, weil Ihr Partner Ihre Ermahnungen nicht ernst nimmt?	☐	☐
11. Wünschen Sie sich manchmal den Tod des Partners/der Partnerin?	☐	☐
12. Haben Sie häufiger das Gefühl, daß Sie gegen den suchtkranken Partner machtlos sind?	☐	☐
13. Haben Sie häufiger schon Drohungen, die Sie dem Betroffenen gegenüber ausgesprochen haben, nicht wahrgemacht und vergessen?	☐	☐
14. Haben Sie das Gefühl, daß der Alkohol eine immer wichtigere Rolle in Ihrer Partnerschaft spielt?	☐	☐
15. Übernehmen Sie zunehmend Aufgaben, die eigentlich Ihr Partner noch ausführen könnte?	☐	☐
16. Nehmen die Trennungsgedanken zu oder feste Formen an?	☐	☐
17. Sind Sie in letzter Zeit häufiger deprimiert und verzweifelt, weil sich am Trinkverhalten des Partners nichts ändert?	☐	☐
18. Sind Sie wegen psychosomatischer Beschwerden in ärztlicher Behandlung?	☐	☐
19. Wissen Sie manchmal nicht, woher Sie das Geld für den Haushalt nehmen sollen?	☐	☐

20. Wechseln Ihre Gefühle für die Partnerin/den Partner häufiger zwischen tiefem Haß und großer Liebe? ☐ ☐
21. Haben Sie das Gefühl, daß Ihr Partner/Ihre Partnerin noch tiefer abrutscht, wenn Sie ihn verlassen? ☐ ☐
22. Wissen Sie nicht mehr, wie es weitergehen soll, weil Sie so verzweifelt sind? ☐ ☐

Auswertung:
Jede mit „Ja“ beantwortete Frage erhält einen Punkt. Wenn Sie mehr als 8 Punkte erreichen, sollten Sie eine Suchtberatungsstelle aufsuchen! Tun Sie zunächst etwas für sich, damit Sie wirklich helfen können!

wahrmacht, also genauso *rückfällig* wird wie er (vgl. Graphik unten). Dieser Rückfall im sozialen Umfeld läßt eine Suchterkrankung bestehen, verlängert und verschlimmert sie.

Abhängiger und soziales Verhalten

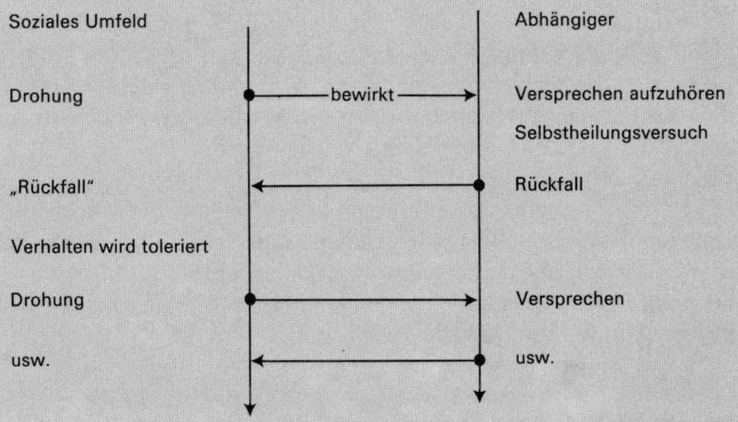

Schritte für Angehörige eines Suchtkranken

Der Abhängige muß selbst zur Einsicht in seine Situation finden. Zur Genesung braucht er die Unterstützung von Fachleuten. Alle Versuche, sein Verhalten direkt zu beeinflussen oder ihm gar einfach das Suchtmittel zu entziehen, werden fruchtlos und immer wieder Anlaß zu Auseinandersetzungen sein.

Daher sollten Sie als Angehöriger den Kampf um das Suchtmittel aufgeben und einen gänzlich anderen Weg einschlagen:

- Sie müssen sich loslösen von den gegenseitigen Beschuldigungen und Debatten!
- Hören Sie auf, Ihren Angehörigen verändern zu wollen!
- Häufig haben Sie erlebt, daß Sie als Angehöriger von der Abhängigkeit Ihres Partners profitieren: Wenn die Schuldgefühle groß sind, bringt er Geschenke mit, wenn er am Boden zerstört ist, können Sie ihn trösten. Deshalb: Springen Sie aus dem Karussell der Sucht ab!
- Lassen Sie den Angehörigen die Anforderungen des täglichen Lebens wieder spüren, er ist eine eigenständige Person, die für Tun und Nichttun selbst verantwortlich ist!
- Nehmen Sie Ihr Leben wieder selbst in die Hand! Jahrelang haben Sie die Entfaltung eigener Interessen vernachlässigt. In dem Bemühen, ihm zu helfen, sind Sie selbst hilflos geworden. Wenn Sie wieder selbständig werden, bleibt dem Abhängigen nichts anderes übrig, als sich zu verändern!
- Nehmen Sie dem Abhängigen nicht länger Dinge ab, die er eigentlich selbst erledigen kann. Das Trinken muß wieder zum alleinigen Problem des Abhängigen werden. Sie tragen dafür und für die Folgen keine Verantwortung!
- Verdecken Sie nicht länger die Krankheit, sondern akzeptieren Sie, daß der Partner vom Alkohol oder von Medikamenten abhängig ist und daher fachkundig behandelt werden muß.
- Bleiben Sie konsequent und führen Sie angekündigte Dinge durch. Dinge, die Sie nicht durchführen können oder wollen, drohen Sie auch nicht mehr an. Sie werden sonst genauso rückfällig wie Ihr Partner. Hören Sie mit den eigenen Rückfällen auf!
- Suchen Sie Hilfe von außen; denn allein schaffen Sie es nicht, Ihren Partner von Suchtmitteln loszubekommen!

Im Betrieb: Hilfe durch Härte*

Das Reden über die Abhängigen muß aufhören, das Sprechen mit ihnen über ihre Krankheit und ihre Probleme beginnen.
Wir schützen Alkoholiker, decken sie gegenüber Vorgesetzten, erledigen ihre Arbeit mit und – legen ihnen dadurch einen roten Teppich noch tiefer in die Sucht, sagen die Fachleute. Welche Hilfen helfen wirklich?

* Quelle: Der Gewerkschafter 8/86, S. 22 u. 23.

„Ich hatte überhaupt keine Veranlassung rauszukommen. Alle kümmerten sich um mich, alle deckten mich gegenüber den Vorgesetzten, irgendwie war das schön, wie sich alles um mich drehte.“ Anton Wagner, 58jähriger Werkzeugmacher aus Kassel, ist trockener Alkoholiker. Wie alle Alkoholkranken, die abstinent leben, das heißt, keinen Tropfen Alkohol mehr zu sich nehmen, weiß er genau, was ihm vor neun Jahren geholfen hat, plötzlich „auszusteigen“ aus der Sucht.
„Nur der konstruktive Druck“, sagt er, „hat mir geholfen.“ Der konstruktive Druck – dazu zählt er weder die jahrelangen Ermahnungen seiner Kollegen, doch endlich mit dem Trinken aufzuhören noch ihren Erfindungsreichtum, seine Saufereien nicht auffliegen zu lassen. Was hatten sie nicht alles für ihn getan: sturzbetrunken bis Feierabend in der Toilette versteckt, ihn – rechts und links gestützt – unauffällig aus dem Werk geschleust, seine nervigen Störereien auf den gewerkschaftlichen Seminaren zähneknirschend hingenommen, ihm jeden Monat wieder Geld geliehen.
„Absolut das Falsche“, urteilt Anton Wagner heute, „das war falsch verstandene Solidarität. Sie hat mir nicht geholfen, mit dem Trinken aufzuhören, sondern ermöglicht, weiterhin ungestört zu trinken.“ In der Tat: Unbewußt hatten seine Arbeitskollegen ihm ein bequemes Nest gebaut, in dem er genau das tun konnte, was er nicht tun sollte: Probleme, Konflikte, ja, zum Schluß die ganze Wirklichkeit wegspülen.
„Konstruktiv“ wurde der Druck in seinem Fall erst sehr, sehr spät: nach jahrelanger „Hilfe“ waren die Kollegen sauer und tief enttäuscht. In unangenehmer Selbstüberschätzung hatte sich ihr „Toni“ überhaupt nicht mehr dankbar gezeigt für ihre anstrengenden Verheimlichungsbemühungen. Und noch mehr: Er hing tiefer drin als je zuvor. Und der einzige, der das nicht einsehen wollte, war er.
„Wir haben damals gar nicht erkannt, daß seine Verhaltensweisen durch seine Alkoholkrankheit kamen. Alkoholiker wollen ihre Sucht partout nicht wahrhaben“, sagte Heiner Gerke, einer seiner damaligen Kollegen.
Man nahm Abstand von ihm. Und eines Tages stand, nach Lohnabzügen, Ermahnungen und Abmahnungen, die Entlassung an – für Anton Wagner ein Schock, die Wirklichkeit zu erkennen. Er stimmte einer Entziehungskur zu. Die wurde zu seiner Rettung. Er lernte, sich der Realität und damit seinen Problemen zu stellen.
So lang muß der Weg zur Wende nicht sein. Je klarer und früher der Alkoholabhängige die sozialen Folgen seiner Abhängigkeit erkennt, desto größer die Chance, daß er sich seine Krankheit eingesteht und bereit ist, etwas dagegen zu tun.
Die Auswirkungen seines Handelns kann er aber nur spüren, wenn An-

gehörige und Kollegen ihn nicht von den normalen Anforderungen des Lebens freistellen, ihm nicht die Verantwortung und Arbeit abnehmen. Zur Entlassung, die die letzten Reste seiner sozialen Existenz zu vernichten droht, darf es nicht erst kommen.

Schneller zum Tiefpunkt

Ohne „Leidensdruck“, da sind sich Fachleute und trockene Alkoholkranke einig, wird kein Alkoholiker das Trinken lassen. „Erst wenn sie unter den Folgen ihrer Abhängigkeit mehr leiden, als sie ihnen anderer-

So wär's besser:

- *Mit dem Betroffenen reden.* Nicht einmal, sondern immer wieder. Nicht allein, sondern zu mehreren. Das macht die Sache ernster für den Betroffenen.

- *Gespräche sachlich führen.* Ohne moralische Appelle, kluge Belehrungen und Drohungen. Sagen, das, was einem auffällt und was einen selber stört.

- *Die Situation so ernst nehmen, wie sie ist.* Nicht mit Schmeicheleien und Versprechungen abspeisen lassen, wie es Alkoholiker krankheitsbedingt tun und besonders gut können.

- *Klarmachen, daß man helfen will.* Daß man bereit ist, sie zu unterstützen. Aber nur, wenn sie bereit sind, ihre Krankheit zu bekämpfen.

- *Nicht länger „Co-Alkoholiker“ sein.* „Co-Alkoholiker“ werden Menschen genannt, die sich praktisch zum Komplizen des Süchtigen machen: ihm Alkohol anbieten, ihn durch eigenes Trinken mitreißen oder seine Krankheit verheimlichen. Sie verlängern den Leidensweg der Kranken.

- *Keinen Alkohol mehr anbieten.* Kein „Necken“ oder Hänseln, wenn der Betroffene in einer Gruppe mal keinen Alkohol trinkt.

- *Glaubwürdig sein* und am besten während der Arbeitszeit auch keinen Alkohol trinken.

- *Nicht zu „Alkoholpolizisten“ werden,* nach versteckten Flaschen fahnden und sie wegnehmen. Alkoholkranke leugnen ihren Zustand gegenüber sich und der Umwelt, das gehört zu ihrem Krankheitsbild. Eine „Alkoholfahndung“ erleben sie als Angriff gegen die eigene Person, gegen die man sich mit aller Kraft wehren muß.

- *Den Alkoholkranken die Arbeit nicht abnehmen.* Damit sie sich nicht mehr vormachen können, daß sie keine Probleme mit dem Alkohol haben.

- *Keine eigenen Therapieversuche unternehmen.* Alkoholiker sind krank und brauchen in den allermeisten Fällen die Hilfe von Fachleuten.

- *Den Weg zu Beratungsstellen und Selbsthilfegruppen immer wieder empfehlen.* Konkret werden und die Adressen und Telefonnummern nennen.

seits noch Lustgewinn oder Trost verschafft, finden sie den Willen zur Veränderung", schreibt die Deutsche Hauptstelle gegen die Suchtgefahren.
Sollen wir nun deshalb unsere alkoholabhängigen Arbeitskollegen und -kolleginnen „hängenlassen"? Nichts mehr für sie tun? Natürlich nicht. Aber: Unsere Hilfe muß in den allermeisten Fällen erst eine werden. So hart es klingt: Es ist richtig, den Weg des Abhängigen zu seinem Tiefpunkt, wo der Leidensdruck am größten und Umkehr erst möglich ist, zu verkürzen. Das ist wirklich Hilfe.
Die im obenstehenden Kasten aufgeführten Ratschläge für den Umgang mit Alkoholabhängigen oder -gefährdeten sind unter Fachleuten und ehemaligen Alkoholikern unumstritten. Jeder kann sie, mit etwas „Rückgrat", beherzigen.

Zehn Merkpunkte für ein betriebliches Alkoholprogramm*

Den Alkoholmißbrauch beseitigen und Alkoholkranken wirksam helfen – das erfordert überlegte, systematische Arbeit: festgelegt in einem betrieblichen Alkoholprogramm. Denn nicht mit gutgemeinten Einzelaktionen, sondern nur mit einem Bündel von Maßnahmen ist die Sucht zu stoppen. Es kann in dem kleinsten Betrieb so gut geschnürt werden wie in dem größten.
Es liegt auf der Hand, daß ein betriebliches Alkoholprogramm am besten durchzusetzen ist, wenn nicht nur der Betriebsrat, sondern auch die Geschäftsleitung es will. Darum sollte alles versucht werden, zu einer gemeinsamen Auffassung zu kommen. Auf dieser Grundlage kann das Netz der betrieblichen Hilfen und Maßnahmen viel feiner und wirkungsvoller geknüpft werden.
Eine Grundvoraussetzung für die wirksame Bekämpfung von Alkoholmißbrauch und -krankheit ist die Zusammenarbeit mit außerbetrieblichen Einrichtungen der Suchtkrankenhilfe. Dort sind das fundierte Wissen und die Erfahrungen über die Alkoholkrankheit vorhanden, die man braucht, um das Problem richtig anzugehen.

Unterstützung von draußen

Dort ist man meistens auch bereit, mit Materialien und Referaten die betriebliche Aufklärung zu unterstützen. Und vor allem sind über diese

* Quelle: Der Gewerkschafter 8/86, S. 26 u. 27.

Einrichtungen auch Kontakte zu Selbsthilfegruppen zu bekommen, die die betriebliche Betreuung des Alkoholkranken auf jeden Fall flankieren sollten.

Suchtformen bedenken

Übrigens: Medikamentenmißbrauch und -abhängigkeit sind mit dem Alkoholproblem gleichzusetzen. Diese Kranken und Gefährdeten müssen deshalb nach den Grundsätzen der Betriebsverfassung gleichbehandelt werden.
Zehn Merkpunkte für das Programm:

1. Das Programm gilt für alle
Bei der Einführung eines betrieblichen Alkoholprogramms muß der Belegschaft deutlich mitgeteilt werden: Die Maßnahmen gelten ohne Ausnahme für alle, für Arbeiter und Angestellte ebenso wie für „die da oben“.

2. Die Belegschaft wird gewonnen
Wenn ihr die Absichten und Ziele des Alkoholprogramms verdeutlicht, ist die Belegschaft auch dafür zu gewinnen.
Die Ziele des Programms:
- Arbeitssicherheit erhöhen
- Gesundheit erhalten
- Alkoholmißbrauch abschaffen
- Kranken helfen
- Gleichbehandlung sichern.

Von den Maßnahmen für mehr Arbeitssicherheit und zur Erhaltung der Gesundheit, vom Stopp des Mißbrauchs, der Hilfe für Kranke und der Einhaltung des Grundsatzes der Gleichbehandlung haben schließlich alle etwas.

3. Den Alkoholgenuß regeln
Natürlich muß der Genuß von Alkohol in den Betrieben geregelt werden. Dabei helfen die Vorschriften des § 38 Unfallverhütungsvorschrift. Sie besagen, daß sich niemand in einen alkoholischen Rausch versetzen darf, durch den er sich oder andere gefährdet.
Alkoholverbote haben sich mehr oder weniger als nutzlos erwiesen. Alkoholkranke verstoßen ohnehin dagegen, denn sie müssen trinken. Das ist ihre Krankheit. Gleichwohl ist in einzelnen Abteilungen, wenn dies aus Gründen der Arbeitssicherheit geboten erscheint, ein absolutes Alkoholverbot auszusprechen.

4. Den Ausschank einschränken

Das Trinkverhalten in den Betrieben muß über einen wohldosierten Ausschank verändert werden. Harte Spirituosen haben im Betrieb nichts zu suchen. Alkoholfreie Getränke sollten billiger angeboten werden als beispielsweise Bier.

Da die Bierautomaten besonders stark in der Spät- und Nachtschicht genutzt werden, um die natürliche Müdigkeit mit Alkohol zu bekämpfen, sind die Automaten zu entfernen.

Der Konsum aus dem Automaten entzieht sich jeder Kontrolle. Niemand außer dem Aufsteller weiß, wieviel getrunken wird. Meistens ist es zuviel.

Ist man an langfristige Verträge gebunden, sollten die Automaten auf alle Fälle nur noch alkoholarmes Bier (alkoholfreies Bier gibt es nicht!) anbieten.

5. Die Beschäftigten aufklären

Die Aufklärung über das Thema „Alkohol" ist, langfristig gesehen, eine der wichtigsten Aufgaben überhaupt. Sie darf kein einmaliges, sondern muß ständiges Anliegen sein.

In vielen Belegschaften ist zunächst Widerstand dagegen vorhanden: Man will von diesem Thema nichts wissen. Sachliche Aufklärung fördert aber letztlich das Interesse. Allerdings ist es wie bei allen anderen Problemen auch: Man muß es von Zeit zu Zeit auffrischen, damit es nicht sanft einschläft.

6. Verantwortliche schulen

Der Schulung verantwortlicher Mitarbeiter und Mitarbeiterinnen muß ein ebenso hoher Rang eingeräumt werden wie der Aufklärung der Belegschaft. In solchen Schulungen sollte es nicht nur um Informationen über die Abhängigkeit gehen. Es ist wichtig, den Verantwortlichen, zumeist Vorgesetzte, auch Praktiken im Umgang mit Betroffenen zu vermitteln.

7. Ursachen beseitigen

Wenn Ursachen von Alkohol- oder Medikamentenmißbrauch im Betrieb festzustellen sind, müssen sie beseitigt werden.

Als mögliche Ursache sollte insbesondere folgendes untersucht werden: Schichtarbeit, Arbeiten in Hitze und Dämpfen oder mit gefährlichen Stoffen. Vereinsamung am Arbeitsplatz. Bildschirmarbeit, zu starker Leistungsdruck oder geistige Unterforderung. Monotonie, Platzgebundenheit, einseitige Belastungen der Sinne und Nerven.

Aber auch: ungerechte Behandlung durch Vorgesetzte, Konkurrenzdruck, mangelnde Beteiligung der Beschäftigten an Entscheidungsprozessen oder gewachsene Trinkunsitten in Abteilungen.

8. Den Kranken helfen
Alkoholkranke brauchen Hilfe. Durch betriebliche Angebote sollen sie fähig werden, aus ihrer Suchtkrankheit „auszusteigen“. Solche Maßnahmen sind zu einem abgestuften Konzept zu bündeln, der sogenannten Interventionskette.

9. „Trockene“ wiedereingliedern
Wichtig ist, auch die Wiedereingliederung trockener Alkoholiker und Alkoholikerinnen zu regeln. Insbesondere nach stationärer Langzeitbehandlung haben sie nämlich oft Startschwierigkeiten. Das sollte man mit ihnen besprechen. Auf keinen Fall dürfen trockene Alkoholkranke an Arbeitsplätzen mit Lösemitteln eingesetzt werden, deren Dämpfe süchtig machen.

10. Helfereinsatz festlegen
Für betriebliche Suchtkrankenhelfer und -helferinnen (das können auch „Trockene“ sein) sollte ein Handlungsrahmen entwickelt werden. Jeder muß seine Aufgaben und Arbeitsbedingungen genau kennen.

Suchtkrankheit und Partnerschaft

Partner medikamenten-, drogen-, alkohol-, freß- oder magersüchtiger Lebensgefährten durchleiden in der Regel die gleiche Suchtspirale wie das suchtkranke Gegenüber: Ähnlich wie sich Bild-Negativ und -Positiv ergänzen, verbindet die Partner im Extremfall ein symbioseähnliches Schicksal:
Der sogenannte gesunde Partner versucht meist in bester Absicht, seinen süchtigen Gefährten von der Droge abzubringen, ohne die Ursachen der Suchtkrankheit genügend zu analysieren oder auch das eigene, von Alltagsdrogen und süchtigem Verhalten geprägte Leben zu ändern. Vielmehr steht für den „gesunden“ Partner fest, nur der andere, der Suchtkranke, muß therapiert werden, braucht Hilfe. Aber wie sieht diese hausgemachte Hilfe oftmals in der Praxis aus: Da wird über das ständige Trinken des anderen gemeckert, da wird vorgeschlagen, sich doch einer Therapie anzuschließen, da werden Vorwürfe und Schuldzuweisungen für ein verpatztes gemeinsames Leben, für geschädigte beziehungsweise leidende Kinder oder über Prestigeverlust in der Nachbarschaft etc. gemacht. Kurzum: der Suchtkranke erfährt mehr

oder weniger Niederlagen und Demütigungen, die er zum Teil mit Gewalt und insbesondere mit erhöhtem Drogenkonsum zu kompensieren versucht. Das wiederum veranlaßt seinen Partner zu noch mehr Ermahnungen und inkonsequentem Verhalten, etwa in Anfällen von Reue, Angst, Mitleid mit seinem „Opfer", ihm Geld zu leihen, es beim Arbeitgeber krankzumelden, wenn es den Rausch ausschläft usw. Mit jeder Spiraldrehung „Suff - Vorwürfe - noch mehr Suff - noch mehr Vorwürfe" steigt das gegenseitige Leiden, aber auch die Macht des sogenannten Gesunden und die Ohnmacht des Suchtkranken. Der so ohnmächtig Betreute wird, über seine eigentliche Sucht hinausgehend, von seinem Betreuer-Partner abhängig, der helfende Partner von seiner Machtrolle. Diese wechselwirksamen, sich gegenseitig verstärkenden „Kind-" und „Macht-Rollen" schweißen die Betroffenen schließlich zu einer unheilvollen Allianz zusammen, in der das Verhalten des einen Partners jeweils die Krücke des anderen bildet, in der das eigentliche Suchtproblem sekundär wird. Die Sucht, „gebraucht zu werden", die besonders gut mit abhängigen, kranken Partnern (aber auch Kindern) zu befriedigen ist, ist - wie das Negativ zum Positiv - die Komplementärsucht zum Alkoholismus, Drogenmißbrauch oder Medikamentendauerkonsum des Lebensgefährten.

In der Regel sind die klassischen, als Krankheiten anerkannten Süchte, wie Alkoholismus, Politoxikomanie usw., eines Partners lediglich ein Indiz für eine in gegenseitigen Abhängigkeiten verstrickte Partner- oder Familiensituation.

Beleg dafür ist zum Beispiel das bekannte zwischenmenschliche Paradoxon, daß die durch die Sucht des Lebensgefährten oftmals körperlich und seelisch schwer gezeichneten Partner trennungsunfähig sind, obwohl sie aus dem Beziehungsmartyrium ausbrechen wollen. Die Psychologin Robin Norwood beschreibt in ihrem Buch „Wenn Frauen zu sehr lieben" das Phänomen der subtilen „Macht- und Ego-Sucht" am Beispiel unglücklicher Frauen, die sich zwanghaft immer wieder einen psychisch labilen Mann suchen, den sie im innersten ihres Herzens verachten, um ihn dann zur Stärkung ihres eigenen geringen Selbstwertgefühls aufbauen, fördern und missionieren zu können. Dabei leiden diese sich aufopfernden Frauen in der Regel bis zur Selbstaufgabe unter den sich durch Trunksucht, Gewalt und Machtspielchen wehrenden Männern. Das, was Norwood als „zuviel lieben" bezeichnet, ist keine positive, sondern eine destruktive Liebe, deren sich umgekehrt auch Männer gegenüber Frauen bedienen.

In sozial niedrigen Schichten läuft dieses Spielchen zwischen einer suchtkranken Frau und ihrem Partner oftmals recht brutal ab: „Meine Schwägerin hat natürlich Angst vor ihrem Mann. Jedesmal, wenn ich zu erkennen gab, daß ich höre und sehe, was bei ihnen vorgeht, wird es um eine Stufe heimlicher gemacht ... Sie hat auch Angst vor dem Leben ohne Alkohol, und sie weiß nicht, wo sie hingehen soll. Sie darf ja auch niemandem irgend etwas Negatives über ihren Mann sagen, sonst wird sie wieder verprügelt. Und weil sie Angst vor Prügeln hat, säuft sie, und weil sie säuft, wird sie verprügelt etc. etc. ... Wenn er abends seine Ruhe haben will, füllt er sie ab ... Er kümmert sich nicht darum, daß sie mit 100prozentiger Sicherheit vor die Hunde geht. Im Gegenteil. Er braucht sie, so wie sie ist, so kann er sich an ihr abreagieren, wie auch immer ...", schreibt eine um ihre Schwägerin besorgte Frau an die Deutsche Hauptstelle gegen die Suchtgefahren in Hamm.

Oftmals sind es auch äußere Umstände, zum Beispiel Druck am Arbeitsplatz, Überschuldung, Schicksalsschläge etc., die einen Partner suchtkrank werden lassen und somit den gesunden Lebensgefährten in eine bestimmte Rolle drängen, da er einfach durch die Situation überfordert ist. Er weiß nicht, wie er/sie mit der Suchterkrankung seiner Frau/ihres Mannes umgehen soll. Dabei besteht oftmals die Gefahr, insbesondere bei latenten Beziehungsschwierigkeiten, in ein gegenseitiges, sich eigendynamisch verstärkendes Abhängigkeitsverhältnis hineinzuschlittern. In anderen Fällen zerbricht die Partnerschaft vor einem langen, gemeinschaftlichen Leidensweg, da einer der beiden rasch die Konsequenzen für sich zieht. Nur selten suchen beide oder der von der Sucht des Lebensgefährten betroffene Partner rechtzeitig eine Ehe- oder Drogenberatungsstelle auf, um somit vielleicht die Sucht des anderen und die gemeinsame Beziehung in den Griff zu bekommen.

Obwohl es keine Patentrezepte für das Verhalten gegenüber einem suchtkranken Partner gibt, gibt es eine Reihe von Tips, die den Betroffenen weiterhelfen können.

Wie man sich verhalten sollte, wenn der Partner alkoholkrank ist:

- Information über Alkoholismus, sich sachkundig machen;
- Akzeptanz des Alkoholismus als Krankheit;
- eigene Standortbestimmung und innerfamiliäre Zusammenhänge erkennen und entsprechend konsequent handeln lernen;
- verständnisvolles Entgegenkommen gegenüber dem alkoholkranken Partner, ohne ihn jedoch verändern, missionieren oder betreuen zu wollen;
- soziale, ökonomische und zwischenmenschliche Trinkfolgen nicht länger vertuschen und verdrängen (z. B. nicht für den Betroffenen beim Arbeitgeber, bei den Nachbarn lügen);
- bei eigenen Fehlentscheidungen oder Rückschlägen sich nicht entmutigen lassen;

- Fremdhilfe, zum Beispiel durch eine Psychosoziale Beratungsstelle, in Anspruch nehmen; gemeinsam mit einem Fachmann einen Verhaltensplan aufstellen (z. B. wie man den suchtkranken Partner zur Beratungsgesprächsteilnahme motivieren kann);
- Verhaltensmaßnahmen exakt durchdenken, klar planen und konsequent durchführen;
- eignes, etwaiges süchtiges Verhalten, zum Beispiel das Rauchen, aufgeben, um Vorbild und glaubwürdig zu sein;
- Schuldzuweisungen und Selbsterhöhungen, etwa in dem Sinne, ein besserer Mensch zu sein, weil man selbst nicht trinke, vermeiden, denn sie fördern eher die Sucht;
- keine Drohungen als Aufforderung zum Abstinentwerden aussprechen;
- keine Vorwürfe machen und am suchtkranken Partner herumnörgeln;
- Verzicht auf sogenannte Hausmittel, zum Beispiel Verabreichung von irgendwelchen, eventuell sogar rauschverstärkenden Medikamenten;
- keine Alkoholvorräte horten;
- nicht die suchtbedingten Schwierigkeiten seines trinkenden Lebensgefährten beheben (z. B. Schulden bezahlen, beim Arbeitgeber ein gutes Wort einlegen, um eine Entlassung zu verhindern), weil so verhindert wird, daß der betroffene Lebensgefährte aus seinen Schwierigkeiten lernt und Konsequenzen zieht;
- nicht das Alkoholproblem für sich behalten, sondern mit sachkundiger Hilfe dagegen angehen.

Wenn der Partner beginnt, mit dem Trinken aufzuhören:
- dem Partner vertrauen, daß er es schafft und ihn nach und nach durch Verantwortungsübertragung belasten;
- versuchen, Interessen und Hobbys zu teilen beziehungsweise gemeinsame Betätigungen zu finden;
- mit dem Partner zusammen zu einem harmonischen Verhältnis finden;
- versuchen, ihn zu einer Therapie zu motivieren;
- nicht die beginnende Abstinenz als eigenen Triumph darstellen;
- Geduld haben und nicht mit einem sofortigen 100prozentigen Erfolg rechnen;
- nicht eifersüchtig auf Menschen sein, die sich der Lebensgefährte zur Behandlung wählt;
- nicht den Partner ängstlich von Alkohol fernhalten oder Feste und Einladungen mit befürchtetem Alkoholkonsum meiden; sondern ihm zutrauen, daß er selbst stark genug ist.

Das wichtigste ist, den Partner als Menschen so zu akzeptieren, wie er ist, als eine eigenständige, freie Persönlichkeit. Je größer das Selbstwertgefühl des Suchtkranken wird, desto eher ist er gegen Rückfälle gefeit.

Kinder suchtabhängiger Eltern

Kinder suchtabhängiger Eltern gehören zu der Risikogruppe, die besonders stark Gefahr läuft, später selbst einmal drogenabhängig zu werden, denn Sucht ist eine Familienkrankheit. Erfahrungen mit den wenigen Projekten für Alkoholikerkinder zeigen, daß professionelle Hilfe durch Pädagogen oder Therapeuten durchaus möglich wäre, etwa in den Bereichen Schule (Hausaufgabenhilfe), Freizeit (Anschluß zu Gleichaltrigen) und Familie (Verbesserung der Familienkommunikation). Jugendämter, Selbsthilfegruppen und Beratungsstellen sollten daher hier eine besonders wichtige Aufgabe sehen und wahrnehmen.
Kinder, insbesondere kleine, sind auf äußere Hilfe noch mehr angewiesen als der erwachsene Angehörige, da sie sich nicht wehren können und von den Eltern abhängig sind. Häufige psychosomatische Beschwerden und Verhaltensstörungen von Alkoholikerkindern sind beispielsweise:

- Ängste in allen möglichen Formen,
- Aggressivität, Destruktivität,
- depressives Verhalten, Antriebs- und Motivationsschwäche,
- Konzentrationsmangel,
- Appetitlosigkeit, Kreislaufstörungen, Darmbeschwerden,
- Bettnässen,
- Schulschwierigkeiten, Angst vor Schulversagen,
- Minderwertigkeitsgefühle, linkisches Verhalten etc.,
- Versuche, von zu Hause auszureißen.

Oftmals suchen Kinder Süchtiger die Schuld für den „Suff" ihrer Eltern bei sich selbst. Sie besorgen den Eltern ihren Stoff, wenn diese dazu außerstande sind, wischen Erbrochenes auf und verpflegen die eigenen Erzeuger bei Krankheit. Manche größeren Heranwachsende abhängiger Eltern erledigen neben Schule oder Uni den gesamten Haushalt, wenn die Mutter ausfällt. Sie stellen ihre eigenen Bedürfnisse zurück, um aus Angst vor Liebesverlust den Eltern unter die Arme zu greifen. In Sindelfingen hatte beispielsweise die 17jährige Schülerin ihrer alkoholkranken Mutter einen Therapieplatz in einer Fachklinik vermittelt, den kleineren Bruder miterzogen und für den Vater, einen Supermarktbesitzer, den Haushalt gemanagt.

Trotz des Anscheins einer relativ guten Konfliktkompensation (sie erreichte im Abitur einen Notendurchschnitt von 1,2) hatte sich das Mädchen seelisch verausgabt, kaputtgeschafft und trug bleibende seelische Schäden davon.
Wie zwanghaft heiratete sie einen Alkoholiker, um die Kindheit, nun auf der Eheebene, quasi noch einmal zu durchleiden. Sie konnte sich nicht von dem Zwang lösen, anderen helfen zu müssen. Erst nach dem Scheitern der Ehe erkannte sie in einer Therapie ihre eigene Suchtkonditionierung, die, von der Mutter erlernt, nicht im Bereich Alkohol, sondern bei ihr im Sektor Helfen (Helfersyndrom) ausgelebt wurde.
Größere Kinder können aus dem unmittelbaren Suchtumfeld eines Elternteils herauskommen, wenn sie versuchen, den ebenfalls unter der Sucht seines Partners leidenden Elternteil darin zu bestärken, aus dem Co-Suchtkarussell konsequent auszusteigen, was bis zur Trennung führen kann. Sie können den nichtabhängigen Elternteil auffordern, fremde Hilfen (Angehörigen-Selbsthilfegruppen, Beratungsstellen u. a.) in Anspruch zu nehmen. Sie können aber auch versuchen auszuziehen. Finden sie bei dem nichtsüchtigen Elternteil keine Unterstützung ihres Vorhabens (was die Regel sein dürfte) oder leben sie lediglich mit einem, dem kranken Elternteil zusammen oder sind gar beide Eltern suchtkrank, empfiehlt sich Schülern, beispielsweise ihren Vertrauenslehrer um Rat zu fragen, zum Jugendamt zu gehen oder auch dem Pfarrer oder die Telefonseelsorge um Hilfe zu bitten. Diese Personen sagen, wie betroffene Kinder oder Jugendliche weiter verfahren können, welche Rechte sie haben und wie beispielsweise eine Heimunterbringung, eine Eingliederung in eine pädagogisch betreute Wohngemeinschaft oder sonstige Trennungen von daheim bewältigt werden können.
Hilfe finden Kinder auch bei den den Anonymen Alkoholikern angeschlossenen Kindergruppen „alateen“ (vgl. S. 166).

Eltern drogenabhängiger Kinder

Die Drogensucht eines Kindes löst in der Familie Schreckreaktionen, Störungen im Familienleben, Ehestreit, Scheidung oder – im Extremfall – gar Selbsttötung eines Elternteils aus.
Da die Eltern ihrem Kind die schlimmen Folgen einer Drogenkarriere ersparen wollen, drängen sie oftmals auf rasche Hilfe. Sie setzen alle für sie denkbaren Hebel in Bewegung, um diese Hilfe quasi zu erzwingen – oft ohne Erfolg, was sie noch verzweifelter macht. Zudem besteht vielfach kein Vertrauen zu der Beratungsarbeit einer Drogenberatungs-

stelle, da Eltern entweder Vorurteile haben oder die Beratungspsychologie nicht durchschauen und für zu lasch halten. Manchmal fühlen sich Eltern nach Gesprächen mit einem Drogenberater persönlich angegriffen, und es fällt ihnen so noch schwerer, die Initiative, ihrem Kind zu helfen, Fremden, den Beratern, anzuvertrauen. Sie drängen eher auf eine Zwangsbehandlung ihrer Kinder, statt auf die für eine erfolgreiche Therapie so wichtige Eigenmotivation des Abhängigen zu warten.

Besonders dramatisch spitzt sich die Situation erfahrungsgemäß dann zu, wenn Eltern sich verantwortlich fühlen oder von anderen wegen erzieherischen Fehlverhaltens diskriminiert werden.

Daher verlangt die Drogensucht eines Kindes in der Familie gleichermaßen Hilfe für Kinder *und* Eltern.

Auf jeden Fall sollten Eltern, wenn sie von der Drogensucht ihrer Kinder erfahren, Ruhe bewahren und sofort eine ambulante Drogenberatungsstelle oder einen Elternkreis drogenabhängiger Jugendlicher aufsuchen.

Sie müssen erkennen, daß die Suchtsituation des Kindes sowohl mit persönlichen Faktoren des Kindes (z. B. Schulstreß, Zukunftsangst etc.) als auch mit der Eltern-Kind-Beziehung, zusammenhängen kann.

Auch elterliche Überhütung und extreme Fürsorge kann zu dem folgenden – überspitzten – Bild führen:

„Ihr Produkt ist ihr Kind. Wohlerzogen, immer folgsam, bringt es ihr das Lob der Umwelt. Außer ihrer Reichweite tritt die stille Krankheit zutage: Es ist so abhängig von ihr, daß es später als Erwachsener nicht fähig sein wird, Entscheidungen für sich selbst zu treffen, viel weniger für eine Familie, eine Gruppe, einen Staat. Immer wird dieser Mensch auf der Suche nach einer höchsten Autorität sein, der Mutter. Er sucht sie in einer Frau, einem Vorgesetzten, einer Partei, einer Sekte, im Alkohol oder in der Droge" (Sebald, H. und Krauth, Chr.: „Ich will ja nur Dein Bestes!", Fehlentwicklung durch Mutteregoismus, München 1984, S. 9)

In diesem Zitat ist die ganze Problematik des jugendlichen Abhängigen enthalten, wobei das Wort „Mutter" ebenso mit „Vater", „Schule", „familiäres System" austauschbar ist. Der drogensüchtige Jugendliche ist von der Mutter- oder Elternabhängigkeit umgestiegen auf Rausch- oder Alkoholdrogen-Abhängigkeit. Er kaschiert, im Grunde genommen, damit seine Unfähigkeit zur Abnabelung vom Elternhaus.

Ein kontinuierlicher Abnabelungsprozeß muß mit der Geburt beginnen und ist ein lebenslanger Prozeß. Allein das elterliche Loslassen und ihre Verantwortungsübertragung auf das Kind geben ihm die Chance, an positiven wie auch an negativen Erfahrungen zu wachsen.

Kommt es zum Ausbruch einer Drogensucht, neigen viele Eltern eher noch dazu, ihre Betreuung und Fürsorge für ihre Kinder zu verstärken und damit deren Abhängigkeit von ihnen noch zu fördern.
Eltern sollten rechtzeitig lernen, ihren Kindern die Verantwortung für ihr Leben zu übertragen und sie somit aus der Abhängigkeit von ihnen zu entlassen. Nur so erhalten die betroffenen Kinder letztlich die größere Chance, auch ihre Abhängigkeit von Drogen usw. von selbst zu lösen – also „clean" zu werden.
Dabei müssen Eltern mit ihren Ängsten leben lernen. Sie müssen lernen zu ertragen, daß mit ihrem Loslassen der Lebensweg ihrer Kinder eventuell nicht mehr mit ihrem Wunschbild vereinbar ist.
Dem Kind Vertrauen entgegenzubringen, es als vollwertig, als eigenständige Persönlichkeit zu akzeptieren, zu erkennen, daß es nicht ständig der elterlichen Betreuung bedarf (selbst wenn das Kind im Suchtfalle bittet: „Gebt mir Geld!" etc.), ist der wichtigste Beitrag, den Eltern leisten können, um den Kontakt während der Drogenzeit, während und nach einer Therapie aufrechtzuerhalten und tragfähig zu halten.
Eine Normalisierung der Kinder-Eltern-Beziehung wird Distanz von beiden Seiten verlangen. Distanz bedeutet jedoch nicht Ablehnung, so wie Nähe nicht unbedingt Zuneigung bedeutet. Beiderseitiges Distanzbedürfnis muß als eine Voraussetzung für das Reifen beider, der Eltern und Kinder, begriffen werden.
Eltern sollten sich von der Illusion freimachen, nach der Distanzphase könnte oder müßte es wieder zu einer Annäherung zwischen ihnen und ihren Kindern kommen. Das ist in der Regel nicht der Fall. Mit zunehmendem Erwachsenwerden müssen die Kinder auf ihrem eigenständig gewählten Weg bleiben und dürfen nicht mehr unter die elterlichen Fittiche zurück – das entspräche einem Rückfall und könnte die Kinder erneut in Drogensucht oder Alkoholismus treiben. Das Beziehungsziel sollte heißen: „Innere Nähe – äußere Distanz". Das sollte logischerweise auch ausschließen, daß Eltern und Kinder ein schlechtes Gewissen haben müssen, wenn sie für sich selbst mehr Distanz benötigen.

Wie sollen sich Eltern im Drogenfall ihrer Kinder verhalten

Verhalten vor der Therapie:
- nicht in Panik ausbrechen;
- keine Vorwürfe gegenüber ihren Kindern und sich selbst;
- das Kind annehmen lernen, wie es ist;
- Grenzen setzen und diese konsequent durchhalten;
- das eigene Verhalten auf Suchttendenzen hin untersuchen und et-

waige Süchte (z. B. Rauchen, Trinken) aufgeben, um gegenüber Kindern glaubwürdig zu sein und ein positives Vorbild abzugeben;
- ehrlich werden, Schwächen zugeben können und zeigen, wie man an Schwierigkeiten nicht zerbricht, sondern sie ohne Drogen und Lebenslügen lösen kann;
- Kindern Vertrauen entgegenbringen, sie nicht ständig, auch nicht im Hinblick auf Drogenmißbrauch, kontrollieren;
- Verzicht auf ständiges Kritisieren der Kinder oder ihrer Handlungen;
- ertragen lernen, daß Kinder andere Wertvorstellungen als ihre Eltern haben und diese auch, zum Teil provokativ, äußern;
- mit Kindern im Gespräch bleiben, aber keine sinnlosen Debatten führen;
- beiderseitiges Loslassen anstreben;
- Suchtexperten, zum Beispiel Drogenberater, in ambulanten Beratungsstellen aufsuchen und um Hilfe bitten;
- bei fixenden Kindern nicht mit Angst vor AIDS oder mit Angst vor Nähe reagieren;
- Kindern zum HIV-Antikörpertest raten, damit Kinder und Eltern Gewißheit haben und gezielt planen können; Eltern sollten sich auf alle Fälle über AIDS informieren;
- Bei einem positiven HIV-Test Kindern Mut zum Weiterleben machen, ohne sie erneut an sich binden zu wollen; Kindern erklären, daß sie der HIV-Infektion nicht völlig hilflos ausgeliefert sind, sondern daß sie, zum Beispiel durch ein Leben ohne Drogen, ihr Immunsystem stabilisieren und somit den Krankheitsausbruch von AIDS hinauszögern, vielleicht sogar verhindern können.

Verhalten der Eltern während der Therapie:
- nicht in frühere, bereits abgelegte Verhaltensweisen zurückfallen, wenn die drogenabhängigen Kinder sich in der Therapie befinden;
- weiter an sich selbst und einem neuen Beziehungsverständnis zwischen Eltern und Kindern arbeiten;
- bereit zur Hilfe sein, wenn Kinder darum bitten, etwa bei der Besorgung eines Arbeits- oder Ausbildungsplatzes etc.; die Hilfe der Eltern darf keine abhängigkeitsfördernde Unterstützung sein, sondern darf nur im Sinne von „Hilfe zur Selbsthilfe" gewährt werden;
- Eltern sollten die Zeit nutzen, um ihre eigene Partnerschaft zu erneuern und eventuell zu beleben, um neue Lebensqualitäten zu entdekken und sich auch von der bisher sehr lebensbeherrschenden Elternrolle lösen zu können;
- nicht ständig an das Kind in der Therapie, und wie es ihm ergehen

mag, denken, sondern Vertrauen aufbauen, daß es schon gutgehen wird;

- keine übertriebene Heilungshoffnungen und falsche Erwartungshaltungen über die Möglichkeit einer Langzeittherapie entwickeln und pflegen, sondern auch mit Therapieabbruch und sonstigen Komplikationen rechnen, ohne gegebenenfalls an ihnen zu zerbrechen;
- Kinder nur in der Therapie besuchen, wenn es erlaubt und von den Kindern tatsächlich gewünscht wird; nicht beleidigt sein, wenn die Kinder ihre Eltern gar nicht sprechen wollen; in einem Ablösungsprozeß ist diese Distanz oftmals so lange nötig, bis die Betroffenen ihre eigene Identität gefunden haben.

Verhalten der Eltern nach der Therapie ihrer Kinder:

- Kindern ehrlich und offen gegenübertreten, ohne die Vergangenheit aufzuwärmen oder gar die Leistung der Therapieteilnahme zu sehr zu loben; das signalisierte eine zu große leistungsorientierte Annahme der Kinder durch die Eltern, die die Kinder nur bewundern, weil sie die Therapie geschafft haben, statt sie bedingungslos, so wie sie sind, anzunehmen;
- räumliche Trennung zwischen Eltern und Kindern, um den Prozeß der Abnabelung nicht zu gefährden;
- bei einer HIV-Infektion keine Unterschiede in der Behandlung der Kinder zu früher machen; sie gegebenenfalls in dem Bemühen unterstützen, mit ebenfalls HIV-infizierten ehemaligen Drogenabhängigen eine Wohngemeinschaft zu gründen;
- für ein intaktes Miteinander zwischen Eltern und Kindern sorgen, etwa durch Übertragung von Eigenverantwortung; Selbsterfahrung sammeln lassen; statt Mißtrauen Vertrauensvorschuß leisten; immer wieder Mut machen, loben und neue Chancen geben.

Eltern drogenabhängiger Kinder wenden sich am besten an einen Elternkreis drogenabhängiger Jugendlicher (vgl. Kontaktadressen S. 215ff.).

Wiedereingliederungshilfe

Angehörigen fällt bei der gesellschaftlichen und beruflichen Resozialisierung eines Süchtigen eine Schlüsselrolle zu. Wichtig ist die unbedingte Solidarität der Angehörigen mit dem Süchtigen, denn ein Extrinker, ein Exfixer muß die Chancen erhalten, nach seinem selbstgewählten, drogenbedingten sozialen Ausstieg wieder einsteigen zu können. Wird ihm etwa durch abweisendes Verhalten seiner Angehöri-

gen, seiner Arbeitskollegen oder Vereinsbrüder die Integration in ein normales Leben zusätzlich erschwert oder gar verweigert, ist die Gefahr eines Rückfalls besonders groß.
Zum ersten Resozialisierungsschritt gehört der Abbau des Co-Süchtigseins. Hat der Suchtkranke keinen Verbündeten wie den Co-Süchtigen mehr, wird ihm ein großer Teil des suchtfördernden Bodens unter den Füßen weggezogen, wächst sein Wille, clean zu bleiben.
Der zweite Schritt betrifft die Phase nach der Entlassung aus der Langzeittherapie. Jetzt muß der ehemalige Abhängige sich und den anderen beweisen, daß er das in der Langzeittherapie theoretisch und praktisch Erlernte auch in der täglichen Lebenspraxis anwenden kann. Da er während seiner Suchtphasen seines Realitätsgefühls verlustig ging und auch durch eine Langzeitbehandlung vor der Wirklichkeit des gesellschaftlichen Lebens behütet war, erscheinen ihm die zu überwindenden Hürden besonders hoch.
Die größten Wiedereingliederungshindernisse eines Ex-Süchtigen sind unter anderem:

- Integrationsprobleme: die eventuelle Einsamkeit, denn oftmals bestehen die Beziehungen, die vor der Suchterkrankung bestanden, nicht mehr. Zudem muß er die Kumpels seiner Suchtkarriere meiden, um nicht wieder in den Suchtsumpf zurückgerissen zu werden. So beginnt er in der Regel beim Aufbau von Partner- und Freundschaften ganz von vorn.
- Die durch seine Suchtkarriere (oftmals mit Vorstrafen zusätzlich belastet) ohnehin schlechteren Arbeitsvermittlungschancen sind zusätzlich durch die hohe Dauerarbeitslosenquote stark reduziert, so daß die Hürde der beruflichen Wiedereingliederung in der Regel recht hoch ist.
- ökonomische Schwierigkeiten: Oftmals fehlen die nötigen Mittel zum Neuanfang, oder drückende Schulden, Unterhaltspflichten und andere Altlasten, die nach der Therapieschonfrist über den Betroffenen hereinbrechen, lähmen seine Resozialisierungsbemühungen.
- gesundheitliche Schädigungen bis hin zu einer Schwerbehinderung. Eventuell die Diagnose „HIV-infiziert“ oder AIDS“.

Um mit derartigen, vielschichtigen Schwierigkeiten fertig zu werden, sollten Angehörige sich einer Angehörigengruppe und der Exsüchtige sich einer Selbsthilfe-Nachsorgegruppe anschließen, denn das Gespräch in der Gruppe ist menschliche Begegnung und wird für den einzelnen bei seiner Lebensbewältigung zum stützenden Faktor. Es bedeutet Einübung in eigenverantwortliche Lebensführung und sinnvolle Lebensgestaltung. In und mit der Gruppe werden Kontaktarmut und Einsamkeit überwunden. Die Gruppen helfen ihren Mitgliedern dabei, sich mit ihrer Umwelt auseinanderzusetzen und sich in der Realität des Alltags wieder zurechtzufinden.

Angehörige, wie Eltern, Geschwister, Kollegen, Freunde etc., die selbst mit ihrem Leben zurechtkommen müssen, können den Exsüchtigen nur bedingt unterstützen und wären mit der Resozialisierungsproblematik überfordert, wenn alles allein auf ihren Schultern lasten würde.

Am günstigsten ist für den ehemaligen Abhängigen ein Zusammenwirken aller am Resozialisierungsprozeß Beteiligten: der Betroffenen, seiner Angehörigen, der Drogenberatung, des Arbeitsamtes, der Sozialversicherungsträger und, wenn nötig, des Sozialamtes sowie des Betriebs.

Um zu erfahren, welche Möglichkeiten es nach der Entlassung aus der Langzeittherapie gibt, sollte der Betroffene oder in seinem Auftrag ein Angehöriger vor der Klinikentlassung mit der Drogenberatung Kontakt aufnehmen und einen gemeinsamen Plan zur Wiedereingliederung aufstellen. Häufig wird ein solches Programm bereits in der Therapieeinrichtung gemeinsam mit dem Therapeuten für den Betroffenen entwickelt.

Wichtig ist ferner, daß der Betroffene vor seiner Entlassung schon weiß, wo er wohnen wird. Es empfiehlt sich daher, ebenfalls frühzeitig zu Selbsthilfegruppen Kontakt aufzunehmen.

Ideal ist es, wenn der frühere Arbeitgeber seinen „trockenen“ Mitarbeiter wieder einstellt. Zahlreiche mittlere und größere Firmen haben mit Betriebsräten ein Alkoholprogramm entwickelt. Im Rahmen dieser Programme haben suchtkranke Mitarbeiter die Chance, nicht entlassen zu werden, wenn sie sich für eine Therapie entscheiden. In Großbetrieben wie BASF, Bayer, VW, Daimler-Benz, Siemens, Hoesch usw. gibt es sogar betriebliche Nachsorge-Selbsthilfegruppen, die zu einer Stabilisation der Abstinenz beitragen.

Manch einer hat zusammen mit anderen ehemaligen Drogenabhängigen den Weg in die Selbständigkeit geschafft. Das populärste Beispiel ist das von ehemaligen Abhängigen geschaffene Therapieprojekt „SYNANON“ in Berlin mit der Außenstelle Hof Fleckenbühl bei Marburg/Cölbe (vgl. S. 170).

Entscheidend für den Integrationserfolg aber ist der Mut zur Eigeninitiative bei Wohnungsbeschaffung, Arbeitsplatzsuche, Kontaktschaffung usw. Denn nur durch Handeln lassen sich destruktive Vorstellungsmuster von einer eventuell düsteren Zukunft auflösen und in konstruktive, einander ansteckende Energien umwandeln.

Wege aus dem Labyrinth

Alles fing so harmlos an

Renate B., 38 Jahre alt, hilft heute als Leiterin der Infogruppe im Kreuzbund Wiesbaden anderen dabei, „trocken“ zu werden. Sie hat wie nur wenige den schleichenden Prozeß einer Suchtkarriere durchlitten und konnte schließlich neu anfangen.

Die Ehefrau eines selbständigen Elektrikermeisters und Mutter zweier erwachsener Söhne kam als junges Mädchen mit der Erblast eines alkoholkranken Großvaters aus Bayern, wo „Bier kein Alkohol ist“, nach Hessen, die Heimat ihres Mannes. Frühzeitige Mußehe mit 17 Jahren, nachdem unvorhergesehener Nachwuchs unterwegs war. Gelegentlich mal eine Flasche Bier, das war ganz normal.

Bis 1970, die Kinder waren gerade 6 und 3 Jahre alt, hatte sie noch kein Rauscherlebnis gehabt, doch hatte sie gemerkt, daß der Cola-Cognac zum Nachmittagskaffee mit Bekannten ein belebendes, entkrampfendes Gefühl erzeugt, das ihr die Tageslast ein wenig abnahm. Abends trank Renate B. dann noch mit ihrem Mann, mit dem sie eigentlich kaum sprechen konnte, zwei Biere, später bis zu vier Flaschen, wobei sie das entspannende Gefühl und das Sichlösen ihrer Zunge genoß.

Mit wachsenden Alltagsbelastungen: Hausbau, Mitarbeit im Elektrogeschäft, Versorgung der Familie und Pflege einer schwer zuckerkranken, ungeliebten Schwiegermutter, auf die sie eifersüchtig war, steigerte Renate B. ihre Dosis. Nach dem Tod ihrer Schwiegermutter wuchsen die Belastungen innerhalb ihrer Ehe und wegen ihres Schwiegervaters, der, ebenfalls bettlägerig, zum Pflegefall wurde und verlangte, daß sich alles um ihn drehen mußte.

Nur mit vier bis fünf Cola-Cognac war Renate B. den Anforderungen gewachsen, ab 1974 begann sie bereits um 13.00 Uhr zu trinken, ohne jemals ein Vollrauscherlebnis gehabt zu haben. Als der Schwiegervater 1976 starb, eskalierten die innerehelichen Probleme unverdeckter als zuvor. „Wegen der Kinder hat man versucht zusammenzubleiben. Ich hatte meine ‚Tröster‘, ich hatte meinen Cognac. Mein Mann hat das gar nicht gemerkt.“

Mit dem Tod des eigenen Vaters starb ihre einzige Bezugsperson 1977 weg. Sie mußte ihren Kummer regelrecht ersäufen mit bis zu zwei Flaschen französischen Weinbrands. Als neue Nachbarn zuzogen, begann eine feucht-fröhliche Fetenepoche, zum Teil wurde zwei Tage durchgefeiert – eine Mordsgaudi. Das war die Zeit ihrer ersten Vollrauscherlebnisse, Filmrisse, Black-Outs. Ihr war aber nicht bewußt, daß sie bereits Alkoholikerin im fortgeschrittenen Stadium war. „Wenn jemand gesagt hätte, daß ich Alkoholikerin bin, den hätte ich wohl ausgelacht."

Ihr Ehemann merkte erst sehr spät etwas von ihrer Krankheit und drohte ihr mit Rausschmiß, was sie zu noch mehr Schauspielerei und Vertuschung ihrer Sucht animierte. Eine Freundin, die ihr den „Kopf waschen wollte" und sie als Alkoholikerin bezeichnete, verlachte Renate B.

„Schlimm war es nur für die Kinder, wenn sie nach Hause kamen: Herumbrüllen ohne Grund; Schwankungen meiner Verfassung prägten meinen Gemütszustand. Später habe ich immer alles wieder bereut, Schuldgefühle gehabt und versucht, mit Süßigkeiten alles wieder gutzumachen."

Erst eine Geburtstagsfeier, die für Frau B. mit einer kleinen Alkoholvergiftung endete, ließ ihr dämmern, daß vielleicht etwas mit ihr nicht in Ordnung sei. Doch diese Gedanken waren vergessen, wenn der erste „Zitterschluck" in den frühen Morgenstunden gegen die entsetzlichen Entzugserscheinungen den Alkoholpegel wieder ins Lot gebracht hatte.

Gefunkt hat es erst, als sie Wochen später im April 1984 nach dem Aufwachen in einen deliriumähnlichen Zustand verfiel: „Mir war so elend, Magenkrämpfe, Zittern, Flimmern vor den Augen, Sinnestäuschungen. Was ich trank, erbrach ich wieder. Da schaute ich in den Spiegel. Das hat mich so angeekelt, ich habe mich so vor mir geschämt, daß ich gesagt habe: ‚Jetzt ist Schluß'."

Renate B. ging zu ihrem Hausarzt: „Ich bin Alkoholikerin, ich will zur Kur", waren ihre Worte. „So klar wie an diesem Tag war ich lange nicht mehr." Ihr Bekenntnis: „Ich bin abhängig und charakterschwach", machte sie frei, schenkte ihr neue Kraft.

Der Arzt schickte Renate B. zu Britta Frank in die psychosoziale Beratungs- und Behandlungsstelle des Caritas Wiesbaden e.V. (vgl. Konzeption der Beratungsstelle S. 157f.).

Ihrer Familie erzählt Renate B. zunächst nichts über ihre Selbsthilfebemühungen, trocken zu werden.

„Ich mußte anfangs bis zur Entgiftungskur gemäßigt weitertrinken, um die Entzugserscheinungen ertragen zu können. Der Entzug in der Wiesbadener Klinik am Kurpark dauerte rund drei Wochen."

Die sich unmittelbar daran anschließende Langzeittherapie in der Hennefer Fachklinik Zissendorf für suchtkranke Frauen, wo Frau B. zunächst völlig von der Außenwelt abgeschirmt war, genoß sie: „Ich hatte so die Nase von Männern, Familie und allem voll. Wir erwogen die Scheidung.“

In den ersten sechs Kurwochen war nur Schriftverkehr, später wöchentlich ein Fünf-Minuten-Telefonat und im Anschluß daran abwechselnd Telefonwoche oder Besuchswoche erlaubt.

Erst durch den Briefkontakt konnte Frau B. sich ihrem Mann öffnen: „Da konnte ich endlich reden, das war eine ganz neue Erfahrung für mich.“ Der Erfolg: Sie einigten sich, es noch einmal miteinander zu versuchen – Bedingung war: Nichts mehr unter den Teppich zu kehren, Ängste, Sorgen, Gefühle und Probleme offen an- und auszusprechen, sich nichts mehr vorzumachen. Die Ehe geht bis heute gut.

Nach vier Monaten entließ man Frau B. vorzeitig wegen wiederholter Übertretung des strikten Rauchverbotes. Wieder in Wiesbaden, geht sie unverzüglich in die psychosoziale Beratungsstelle des Caritasverbandes, wo sie Anschluß in der Selbsthilfegruppe 5 des Kreuzbundes findet. Frau B. ist bereits über 30 Monate trocken. Hin und wieder nimmt ihr Ehemann an einer Sitzung teil. Der Kreuzbund will im Gegensatz zu den Anonymen Alkoholikern die Familienangehörigen unmittelbar in die Gruppe einbinden.

Was sagten die Nachbarn während ihrer Trunksucht? „Ich wundere mich manchmal: Im Dorf hat mich keiner schief angeguckt, im Gegenteil, man hat mir Mut gemacht, daß ich so ehrlich bin und zugegeben habe, daß ich krank bin. Ich brauche mich nicht zu verstellen.“

Wann macht jemand Schluß mit dem Trinken? „Für jeden Alkoholiker muß ein gewisser Leidensdruck sein, damit sich überhaupt etwas tut, er muß sehen, daß er, wenn er so weitermacht, kaputtgeht.“

Warum haben Sie getrunken?

„Ich glaube aus Streß; innerer Vereinsamung, da ich nicht über meine Gefühle zu reden wagte. Außerdem hatte ich zu große Erwartungen von der Ehe als heiler Welt (Kinder, Harmonie etc.), wozu ich nichts tun mußte. Illusionen und Kinderträume. Ich habe mich geweigert, die Realität zu sehen. Nach außen hin habe ich versucht, die heile Welt gegenüber Nachbarn, Freunden und Geschäftsfreunden darzustellen – ohne Alkohol war diese Unehrlichkeit nicht durchzustehen“.

Seit Renate B. weiß, warum sie getrunken hatte, also nüchtern wurde und der Realität ohne Schnörkel und Schminke in die Augen sehen kann, änderte sie ihr Leben völlig: „Ich sehe nicht mehr alles so eng. Wenn Streßsituationen auftauchen, versuche ich zunächst mit autogenem Training meine Ruhe zu bewahren, mir meine Gelassenheit nicht nehmen zu lassen. Ich gehe auch spazieren und brülle, wenn mich keiner hören kann, ganz laut.

Ich habe mir Hobbys angeschafft und lese gern. Früher habe ich beispielsweise gern irreales Zeug, Liebesschnulzen und Romanheftchen zum Erhalt meiner Scheinwelt gelesen. Das ist völlig vorbei. Ich rede mit Blumen, freue mich über meine Wasserschildkröten und kann mich über die kleinen Dinge im Leben freuen.
Man muß sich seinen eigenen kleinen Freiraum schaffen, darf sich nicht von der Familie auf den Kopf herumtanzen lassen. Mein Mann, der sich in all den Jahren ganz prima verhalten und sogar meine 30 000 Mark Trinkschulden abbezahlt hat, hat seine Pascharolle verloren."
Für Renate B. war die Suchtkrankheit ihr Weg: „Die Jahre meiner Sucht waren ein langer Reifungsprozeß. Ich habe 10 Jahre meines Lebens zwar verloren, aber ich habe gelernt, die folgenden Jahre viel bewußter und intensiver zu leben. Wenn ich nicht getrunken hätte, wäre ich weiterhin eine doofe Ehefrau geblieben." Erst die Krise verhalf ihr, das zu werden, was sie ist. „Auf ein bewußtes Leben, auf das bewußte Wahrnehmen kommt es an. Wenn man die Lüge wegläßt, dann erlebt man die Freuden viel intensiver. Ich lebe seit dieser Erfahrung unheimlich gern."

„Eigentlich alles ganz normal"

„Wenn vor drei Jahren mich jemand Alkoholikerin genannt hätte, den hätte ich für verrückt erklärt", bekennt heute die 39jährige ehemalige Abteilungsleiterin einer großen Münchner Firma. War sie doch eine hübsche, erfolgreiche, selbstbewußte, auf ihr tadelloses Äußere stets bedachte junge Frau. Doch bereits damals war Marlene K. massiv abhängig. Sie brauchte den Stoff schon vor Dienstantritt, um überhaupt Autofahren zu können, um ihr Zittern zu verbergen.
Angefangen hatte eigentlich vor 9 Jahren alles ganz normal, wie in zigfachen jungen „Aufsteigerfamilien": Ihr Mann, von Berufs wegen ebenfalls sehr angespannt, mixte abends zur „Entspannung" ab und zu einen „Drink". Später wurden mal zwei oder drei daraus - eigentlich nichts Schlimmes, nur, Marlene K. hatte Probleme mit Alkohol.
War sie allein zu Hause, was häufig auch am Wochenende der Fall war, trank sie vor dem Fernseher oder am Schreibtisch zwei, drei Gläser Wein, später war es eine Flasche und mehr.
Wenn sie ihrem nach Hause kommenden Mann entgegentaumelte, sagte sie: „Ich habe heute noch nichts gegessen. Das Gläschen Wein hat mich wohl umgehauen."
Sie war eine Meisterin im Verbergen ihrer Trunksucht, sowohl zu

Hause wie im Betrieb. Doch irgendwann ertappte sie der Geschäftsführer beim heimlichen Trinken, was Marlene K. mit „Antrinken“ gegen Magenschmerzen aufgrund eines unverdaulichen Essens entschuldigte. Doch geheuer war es ihrem Chef nicht. Der riet: „Wenn Sie Alkoholprobleme haben, sollten Sie eine Kur machen.“ „Das kriege ich schon wieder hin“, beteuerte Marlene K., „ich muß nur mal ein wenig entspannen, Ruhe haben.“

Doch: Trotz aller ernsthaften Bemühungen, mit dem Trinken Schluß zu machen, schaffte Marlene K. es nicht. Auch ihr Ehemann hatte Lunte gerochen und sie vor die Alternative gestellt: Entziehungskur oder Scheidung. Sie entschied sich für den Alkohol, für die Scheidung.

Nachdem sie ständig ihre Dosis erhöhen mußte und auch auf harte Sachen umgestiegen war, war ihr Alkoholismus auch in ihrer Firma ein offenes Geheimnis. Eine fristlose Kündigung beendete ihre Karriere.

Marlene trank maßlos – wenigstens 3 Liter Wein und eine Flasche Schnaps täglich, schätzt sie.

Mit Arbeitslosengeld war dieser Suff nicht mehr zu bezahlen. Sie verschuldete sich, vieles weiß sie aus dieser berauschten Zeit gar nicht mehr.

„In dieser erinnerungslosen Zeit müssen sich Rauschzustände und Delirien abgelöst haben. Nach meinem letzten Filmriß erwachte ich im Krankenhaus, in der Intensivstation. Man hatte mich, wie man später sagte, bewußtlos im Englischen Garten aufgelesen. – Es muß ein Kampf um Leben und Tod gewesen sein.“

Während des Klinikaufenthalts, wo Marlene K. einer Entgiftung zustimmte, kümmerte sich ein Mitglied der Anonymen Alkoholiker um Marlene K. „Wenn die nicht gewesen wären, gäb's mich heute nicht mehr“.

Marlene folgte nach dem Klinikentzug der Einladung dieser Selbsthilfegruppe (vgl. S. 165). „Es war ein Gang durch die Hölle, zu meiner Machtlosigkeit gegenüber Alkohol stehen zu müssen.“ Doch für Marlene war es der Beginn eines neuen Lebens. Sie besuchte mit Hilfe des Arbeitsamtes einen Computerkurs und fand eine Stelle als Sachbearbeiterin. „Ob ich mich nochmals zur Abteilungsleiterin hocharbeiten möchte – ich weiß nicht. Für mich gibt es dank meiner ‚Nüchternheit‘ noch andere Dinge im Leben, wofür es sich lohnt, sich einzusetzen; eigentlich bin ich zufrieden, das erste Mal in meinem Leben – ein schönes Gefühl.“

Die unersättliche Gier, sich vollzuschlagen

Susanne F., 31, aus Göttingen wollte immer schön sein, deshalb nahm sie ab und hörte mit dem Essen auf. Als der Hunger stärker war als ihr Abmagerungswille, fraß sie übermäßig, dann erbrach sie wieder alles, um dennoch abzumagern: ein Teufelskreis, dem sie mit Hilfe der „Anonymen Eßsüchtigen“ (vgl. S. 169) entkam.
Susanne F. wuchs in einem sogenannten „goldenen Käfig“, einem wohlhabenden Elternhaus der oberen Mittelschicht auf. „Alles war da, vororganisiert, perfekt. Mein Gewicht war der einzige Bereich, der meiner Entscheidung unterlag.“ Nach einem Freundinnenbesuch war Susanne F. von der Pummeligkeit ihres Besuches so angeekelt, daß sie mit 16 Jahren beschloß, niemals so dick zu werden, und mit dem Abnehmen begann. Sie aß nicht mit ihren Eltern, die anfangs die Selbstbeschränkungen ihrer Tochter lobten. Nachts mußte sie vor lauter Hunger den Kühlschrank plündern. Ihre Eltern schimpften und waren hilflos, mußten sie nach bedrohlichen Kreislaufzusammenbrüchen fünfmal in eine Klinik zur stationären Behandlung einliefern. „Die Ärzte dachten, ich hätte Magersucht, die wußten gar nicht, was los war, daß ich, wie ich erst später erfuhr, ‚Bulimie‘ hatte.“
1975 sollte eine Langzeittherapie mir Hilfe bringen. Unter Druck, dem Eingesperrtsein, der Aufsicht der Therapeuten funktionierte das dann mit dem Essen einigermaßen.
Wieder draußen, begann der Teufelskreis sich von neuem zu drehen: Getrieben von plötzlichen Freßanfällen überließ die gelernte Kindergärtnerin ihre Kindergruppe mitten während der Dienstzeit einer Kollegin mit der Ausrede, sie müsse wegen Übelkeit dringend zum Arzt. Dann zog sie los mit 200 oder 300 Mark, um in verschiedenen Kneipen den Einverleibungsgenuß mit Brechpausen zu wiederholen, bis das Geld alle war. Mit Alkohol lief's am besten, auch mit dem Kontaktanknüpfen, mit dem Susanne F. ansonsten auf Kriegsfuß stand.
Sie konnte tonnenweise fressen, ohne jemals befriedigt, satt zu sein. „Einfach reinstopfen bis zum ‚Gehtnichtmehr‘, um nichts mehr zu denken. Da ist eine unersättliche Gier, kein Appetit, sich vollzuschlagen, du kannst dich nicht bremsen. Du frißt nicht, es ißt dich.“
„Ich habe immer wieder versucht, aufzuhören, doch es ist wie beim Alkohol, wenn man wieder anfängt, knüpft man an, wo man aufgehört hat. Ich machte mir zwar jahrelang vor, jederzeit, wenn es darauf ankäme, wieder mit dem Fressen aufhören zu können. Aber das Verrückte, das Fatale ist doch, daß es niemals die Situation gibt, wo ‚es darauf ankommt‘.“
„Besonders schmerzlich war auch das viele Schuldenmachen, das

Geldstehlen oder -erbetteln von den Eltern, später auch der Arbeitsplatzverlust. Meine Eltern mußten mich aushalten – sie taten es auch."
„Ich glaube, so richtig fing alles erst mit 18 Jahren, kurz nach dem Abi, an. Da war plötzlich ein tiefes Loch, ein Nichts. Wie ein kleines Kind habe ich geheult, als die einst verhaßte Penne vorbei war. Kleinbleiben, von den Eltern betreut werden und die Lebensverantwortung abgenommen bekommen wollte ich. Ich weiß heute, daß ich mich in die Krankheit als Druckmittel geflüchtet habe.
Die wirkliche Krankheitsursache dürfte wohl in mir selbst, in dem „Nicht-mit-mir-Zurechtkommen" liegen. Ich lehnte mich selbst ab, wollte nicht mit mir zusammenleben. Die Krankheit war Alibi, um mich nicht mit mir konfrontieren zu müssen. Wenn man so eine Krankheit hat, dreht sich nur noch alles darum, ein völliger Egoismus, eine Dauernabelschau."
„Dennoch war ich, je tiefer ich in den Teufelskreis geriet, immer unglücklicher mit mir selbst. Das war wohl auch der Grund, warum mir eine Anzeige der „Anonymen Eßsüchtigen" im Veranstaltungkalender unserer Tageszeitung auffiel. Die meisten Anläufe, mal dorthin zu gehen, endeten zwar mit Freß-Brech-Orgien, aber dann klappte es trotzdem, trotz meiner großen Angst, auch als „Dürre" von all den „Dicken" ernst genommen zu werden."
Susanne F. erlebte, daß sie nicht allein mit ihren Problemen stand, daß sie erstmals verstanden wurde, über alles reden konnte und nicht mehr einsam sein mußte, sie wurde angenommen, wie sie war. Das stärkte ihr Selbstwertgefühl. Sie sah ein und gab zu, daß es zwecklos ist, zu glauben, es allein zu schaffen, daß es aber eine andere Kraft gab, die stärker war, als sie: die Gruppe. Ihre wöchentlichen Begegnungen zeigten Erfolg. Susanne F. bekam Spaß am Leben, was sie beflügelte, völlig von vorn anzufangen: sie wechselte den Beruf, zog von zu Hause aus, entwarf ein festes Zeitkonzept und einen genauen Essensplan. Sie verschlang nichts mehr, sondern kaute jeden Bissen 30mal.
Durch die Gruppe hatte sie auch gelernt, aus ihrer selbstverschuldeten Isolation, ihrer Abkapselung zu treten und baute sich einen Freundeskreis auf, den sie aus Gruppenmitgliedern und Volkshochschulteilnehmern rekrutierte.
Seit drei Jahren ist Susanne F. von ihrer Krankheit frei. Ihr Wahlspruch im Leben wurde:

> Gott gebe mir die Gelassenheit,
> die Dinge anzunehmen, die ich nicht ändern kann,
> den Mut, die Dinge zu ändern, die ich ändern kann,
> und die Weisheit, das eine vom anderen zu unterscheiden.

Literaturverzeichnis

Der Mensch ist's, nicht die Droge

Anonyme Alkoholiker deutscher Sprache (Hrsg.): Anonyme Alkoholiker. Ein Bericht über die Genesung alkoholkranker Männer und Frauen, München 1955
Hambrecht, M.: Das Leben neu beginnen. Wenn Therapie zur Lebensschule wird, München 1983
Kuiper, P. C.: Die seelischen Krankheiten des Menschen, Bern/Stuttgart 1969
Lair, J. C.: Von mir aus nennt es Wahnsinn, Stuttgart 1983
Lechler, W. H.: Gesundheit steckt an, Freiburg i. Br. 1978
ders.: Philippe Pinel. Seine Familie, seine Jugend- und Studienjahre 1745–1778, München 1959
ders.: Spiritus contra Spiritum, Informationen für die Gemeinden in Hessen und Nassau, 30. Jg., H. 2 (185), April, Mai, Juni 1980
ders.: Sucht aus socio-psycho-somatischer Sicht, Manuskriptdruck Gengenbach und Bad Herrenalb 1972
Mallasz, G.: Die Engel erlebt, Zürich 1985
Nouwen, H. J. M.: In ihm das Leben finden, Freiburg i. Br. 1982
Sartory, G. u. Th.: Heilung von Innen, Freiburg i. Br. 1978
Schaef, A. W.: Co-Abhängigkeit, Wildberg 1986
Sölle, D.: Die Hinreise, Stuttgart 1981
Tikkanen, M.: Die Liebesgeschichte des Jahrhunderts, Reinbek 1981.
Vester, F.: Das kybernetische Zeitalter, Frankfurt 1974
ders.: Phänomen Streß, Stuttgart 1976
Wecker, K.: Und die Seele nach außen kehren, München 1981

Vorbeugen statt Heilen

Bundeszentrale für Gesundheitliche Aufklärung: Dokumentation gemeindenaher Projekte zur Drogenprävention, Köln 1985
Deutsche Hauptstelle gegen die Suchtgefahren: Drogenprävention – eine Standortbestimmung, Hamm 1983
Hallmann, H. J.: Suchtprävention als pädagogisches Handlungsprinzip. In: Kollehn, K. u. Weber, N. H. (Hrsg.): Der drogengefährdete Schüler. Perspektiven einer schülerorientierten Drogen- und Suchtprävention, Düsseldorf 1985
Hallmann, H. J. u. a.: Sinn- und Wertvermittlung als Prävention. In: Sinnfrage und Suchtprobleme. Menschenbild. Wertorientierung. Therapieziele, Hamm 1986

Alles fängt so harmlos an

Battegay, R.: Vom Hintergrund der Süchte, Wuppertal-Barmen [3]1978
ders.: Die Hungerkranken, Bern-Stuttgart-Wien 1982
Büttner, Chr. u. Trescher H. G.: Adieu Alltag. Das Glück des Augenblicks, München 1986
Deutsche Hauptstelle gegen die Suchtgefahren: Süchtiges Verhalten. Grenzen und Grauzonen im Alltag, Hamm 1985
Fromm, E.: Haben oder Sein, Stuttgart [12]1982
Gross, W.: Hinter jeder Sucht ist eine Sehnsucht. Hilfen für den Umgang mit unseren Alltagsdrogen, Freiburg i. Br. 1985
Miller, A.: Das Drama des begabten Kindes und die Sucht nach dem wahren Selbst, Frankfurt 1983
dies.: Am Anfang war die Erziehung, Frankfurt 1983

Suchtarten – Wirkungsweisen und Abstinenzvorschläge

Allgemeine Fachliteratur

Battegay, R., Glatzel, J., Pöldinger, W., Rauchfleisch, U.: Handwörterbuch der Psychiatrie, Stuttgart 1984
Deutsche Hauptstelle gegen die Suchtgefahren e.V.: Jahrbuch zur Frage der Suchtgefahren 88, Hamburg 1988
Gross, W.: Hinter jeder Sucht ist eine Sehnsucht. Hilfe im Umgang mit unseren Alltagdrogen, Freiburg i. Br. 1985
Hodgson, R. u. Miller, P.: Der abhängige Mensch. Was tun gegen Süchte, Gewohnheiten, Zwänge? München 1985
Ladewig, D. (Hrsg.): Drogen unter uns. Medizinische, psychologische, soziale und juristische Aspekte, Basel [4]1983
Neidert, R., Schenk, J., Stoffers, M.: Zur aktuellen Suchtproblematik, Hamm 1986
Rußland, R. u. Plogstedt, S.: Sucht-, Alkohol und Medikamente in der Arbeitswelt, Frankfurt 1986
Schmidbauer, W. u. Scheidt, J. vom: Handbuch der Rauschdrogen, München [6]1981

Rauschdrogen

Berger, H., Reuband, K. H., Widlitzek, U.: Wege in der Heroinabhängigkeit. Zur Entwicklung abweichender Karrieren, München 1980
Bron, B.: Drogenabhängigkeit und Psychose: Psychotische Zustandsbilder bei jugendlichen Drogenkonsumenten, Heidelberg 1982
Geschwinde, Th.: Rauschdrogen, Marktformen und Wirkungsweisen, Heidelberg 1985
Jost, L.: Heroin – Hilfe ist möglich, Bonn 1985
Leuner, H.-C.: Halluzinogene, Bern 1981
Platt, J. u. Labate, C.: Heroinsucht. Theorie, Forschung, Behandlung, Heidelberg 1982
Reavis, E. (Hrsg.): Rauschgiftesser erzählen, München 1986
Schenk, J.: Die Persönlichkeit des Drogenkonsumenten, Göttingen 1979
Schmidbauer, W. u. Scheidt, J. vom: Handbuch der Rauschdrogen, München [6]1981
Stübing, G.: Drogenmißbrauch und Drogenabhängigkeit. Für Ärzte, Juristen, Sozial- und Erzieherberufe, Köln 1984
Woggon, B.: Haschisch. Konsum und Wirkung, Heidelberg 1974

Alkoholismus

Aßfalg, R. u. Demel, I.: Wieder miteinander sprechen, Hamm 1979
Berger, H., Legnaro, A., Reuband, K.-H. (Hrsg.): Frauenalkoholismus. Entstehung – Abhängigkeit – Therapie, Stuttgart 1983
Berger, H. u.a. (Hrsg.): Jugend und Alkohol. Trinkmuster, Suchtentwicklung und Therapie. Stuttgart 1980
Deutsche Hauptstelle gegen die Suchtgefahren: Alkoholprobleme am Arbeitsplatz. Informationen und Hilfen, Kassel 1982
Feuerlein, W.: Alkoholismus – Mißbrauch und Abhängigkeit. Eine Einführung für Ärzte, Psychologen und Sozialpädagogen, Stuttgart [3]1984
Gerchow, J. u. Heberle, B.: Alkohol – Alkoholismus – Lexikon, Hamburg 1980
Lesch, O., Chronischer Alkoholismus. Typen und ihr Verlauf, Stuttgart 1985
Mataka, E., Koester, H., Berger, J., Legnaro, A.: Alkoholismus als Karriere, Heidelberg 1984
Spengler, Ch.: Alkohol – Wirkung und Abhängigkeit. Eine pharmakologisch-klinische Studie, Stuttgart 1984
Teschke, R.: Leberschäden durch Alkohol. Biochemische und klinische Studien zur Pathogenese und Früherkennung, Stuttgart 1980
Zang, K. (Hrsg.): Klinische Genetik des Alkoholismus, Stuttgart 1984

Arzneimittelmißbrauch

Greiser, E.: Bewertender Arzneimittelindex 2, Hypnotika, Sedativa, Psychopharmaka, Wiesbaden 1983
Heinrich, K.: Psychopharmaka in Klinik und Praxis, Stuttgart 1984
Hoffmann, C. u. Faust, V.: Psychische Störungen durch Arzneimittel, Stuttgart 1983
Langbein, K., Martin, H. P., Weiss, H.: Bittere Pillen, Köln 1983 (erweiterte Ausgabe 85/86)
Poser, W., Roscher, D., Poser, S.: Ratgeber für Medikamentenabhängige und ihre Angehörigen. Freiburg i. Br. [5]1983
Vogt, I.: Für alle Leiden gibt es eine Pille. Über frauentypisches Gesundheitsverhalten und Psychopharmakakonsum, Wiesbaden 1985

Nikotinabhängigkeit

Bajog: Wer raucht, denkt nicht – wer denkt, raucht nicht, Percha 1982
Bayerisches Staatsministerium des Innern (Hrsg.), Raucher-Report, München 1983
Brengelmann (Hrsg.): Grundlagen und Praxis der Raucherentwöhnung, München 1984
Faust, V. (Hrsg.): Suchtgefahren in unserer Zeit, Stuttgart 1984
Faust, V.: Drogen unserer Zeit. Rauchen, Hamm 1984
Pitschel-Walz, G.: Ratgeber für Raucher, Freiburg i. Br. 1985
Schmidt, F.: Raucherentwöhnung, Reinbek 1984

Eßstörungen

Aliabadi, C. u. Lehnig, W.: Wenn Essen zur Sucht wird. Ursache, Erscheinungsformen und Therapie von Eßstörungen, München 1982
Arz, A. u. Kloos, B. M.: Mund auf, Augen zu. Essen zwischen Lust und Sucht, Reinbek 1983
Eichenbaum, L. u. Orbach, S.: Was wollen die Frauen?, Reinbek 1986

Franck, B.: Ich schau in den Spiegel und sehe meine Mutter. Gesprächsprotokolle mit Töchtern, Hamburg 1974
Gerlinghoff, M.: Magersüchtig. Eine Therapeutin und Betroffene berichten, München 1985
Langsdorff, M.: Die heimliche Sucht, unheimlich zu essen, Frankfurt 1985
Lawrence, M.: „Ich stimme nicht". Identitätskrise und Magersucht, Reinbek 1986
Merfert-Diete, C. u. Soltau, R.: Frauen und Sucht. Die alltägliche Verstrickung in Abhängigkeit, Reinbek 1984
Orbach, S.: Anti-Diätbuch I. Frauenoffensive, München 1981
dies.: Anti-Diätbuch II. Frauenoffensive, München 1984
Overbeck, G.: Krankheit als Anpassung, Frankfurt 1984

Spielsucht

Düffort, R.: Ratgeber für Spieler und deren Angehörige, Freiburg i. Br. 1986
Fröhling, U.: Droge Glücksspiel, München 1984
Meyer, G.: Geldspielautomaten und Gewinnmöglichkeit. Objekte pathologischen Glückspiels, Bochum 1984

Arbeitssucht

Machloswitz, M. M.: Workaholism, Yale-Universität 1976
Mentzel, G.: Über die Arbeitssucht, in: Zeitschrift für psychosomatische Medizin und Psychoanalyse 25/1979
Rohrlich, J. B.: Arbeit und Liebe, München 1982
Seibel, H.D. u. Lühring, H.: Arbeit und psychische Gesundheit, Göttingen 1984

Die Droge Fernsehen

Barthelmes, J. u.a.: Kind und Fernsehen, München 1983
Bonfadelli, H. u.a.: Jugend und Medien, Befunde zum Freizeitverhalten und zur Mediennutzung der 12- bis 29jährigen in der Bundesrepublik Deutschland, in: Media und Perspektiven, Band 6, Frankfurt 1986
Bundeszentrale für gesundheitliche Aufklärung: Das Fernsehen und Ihr Kind. Kostenlos erhältlich bei BZG, Postfach 910152, 5000 Köln 91
Doelker, Ch. u.a. (Hrsg.): Immer dieses Fernsehen. Handbuch für den Umgang mit Medien, Ravensburg 1982
Eurich, C.: Computerkinder. Wie die Computerwelt das Kindsein zerstört, Hamburg 1985
Fritz, J.: Im Sog der Videospiele, München 1985
Hentig, H. v.: Das allmähliche Verschwinden der Wirklichkeit, München 1985
Mander, J.: Schafft das Fernsehen ab! Hamburg 1979
Neißer, H. F., Mezger, W., Verdin, G.: Jugend im Trance? Diskotheken in Deutschland, Heidelberg 1979
Postman, N.: Das Verschwinden der Kindheit, Frankfurt/M. 1983
Schneekloth, H. D. u. Emsbach, M.: Wirkungsdimensionen des Videospiels, Hamburg 1983
Winn, M.: Die Droge im Wohnzimmer, Hamburg 1979

AIDS und Drogen

Deutsche AIDS-Hilfe: Eine Stadt lebt mit AIDS, Berlin 1986
Föderation der Drogenhilfe e.V.: Abhängige und HTLV-III/LAV. Drogenhilfe Tübingen e.V. 1986, 53
Goebel, F. u. Gauweiler, P.: AIDS-AKTUELL, Medizin, Organisation, Recht, Perche 1986
Halter, H.: Todesseuche AIDS, Hamburg 1986
Heckmann, W.: Berliner Methadon-Colloquium, Weinheim 1985
Hinz, St.: AIDS, Hamburg 1986
Jäger, H. (Hrsg.): AIDS. Psychosoziale Betreuung von AIDS- und AIDS-Vorfeldpatienten, Stuttgart-New York 1987
Kunz, D.: Verändert das AIDS-Problem die Konzepte stationärer Drogentherapie? In: Drogentagung 1985: Das AIDS-Problem, Kassel 1986
Ramloch-Sohl, M. u. Wiederkehr, P.: Zur AIDS-Problematik im Drogenbereich, Frankfurt 1985
Rühmann, F.: AIDS. Eine Krankheit und ihre Folgen, Frankfurt 1986
Schorberger, G.: AIDS-Station. Wege humaner Begleitung, München 1987
Süßmuth, R.: AIDS. Wege aus der Angst, Hamburg 1987

Kostenlose Aufklärungsbroschüren über:
Bundesverband: Deutsche AIDS-Hilfe e.V., Berliner Str. 37, 1000 Berlin 31, Tel.: 030/860651
Österreichische AIDS-Hilfe, Lenangasse 17/20, A-1020 Wien, Tel.: 0222/487762 oder 487763
AIDS-Hilfe Schweiz, Postfach 7660, Gerechtigkeitsgasse 14, CH-8002 Zürich, Tel.: 01/2 017033 (werktags 14–17h).

Therapie und Fremdhilfe

Adler, A.: Praxis und Theorie der Individualpsychologie, Frankfurt a.M. 1978
Alexander, G.: Eutonie: ein Weg der körperlichen Selbsterfahrung, Salzburg 1977
Assagioli, R.: Handbuch der Psychosynthesis – Angewandte transpersonale Psychologie, Freiburg i. Br. 1978
Bauriedel, Th.: Beziehungsanalyse, Frankfurt a.M. 1980
Bellak, L. u. Small, L.: Kurzpsychotherapie und Notfallpsychotherapie, Frankfurt a.M. 1975
Boszormenyi, Nagy, I. u. Framo, J. L. (Hrsg.): Familientherapie, Reinbek 1975
Brakhoff, J.: Eßstörungen. Ambulante und stationäre Behandlung, Freiburg i. Br. 1985
Coigneraï-Weber, C.: Therapie für Haschischanhängige? Weinheim 1983
Erickson, M. H. u. Rossi, E. L.: Hypnotherapie: Aufbau – Beispiele – Forschungen, München 1981
Fietkau, B.: Ein ganzheitliches Menschenbild als Kern einer integrativen Therapie. In: Petzhold, H. (Hrsg.): Methodenintegration in der Psychotherapie, Paderborn 1982
Frohne, I. u. Maack, M.: Musiktherapie in der Drogenberatung, Lilienthal 1983
Gesamtverband für Suchtkrankenhilfe im Diakonischen Werk: Handbuch der Suchtkrankenhilfe, Wuppertal 1986
Goddenthow, D. W. v.: Das ganzheitliche Prinzip der Selbsthilfe. In: Goddenthow, D. W. v. (Hrsg.): Schlaraffenland ist abgebrannt. Es lebe die Eigeninitiative, Freiburg i. Br. 1986

Görres, A.: Methode und Erfahrungen der Psychoanalyse, München 1965
Häuser, M.-L. u. Morbach, D.: Autogenes Training in der ambulanten Behandlung Suchtkranker, Freiburg i. Br. 1982
Harris, Th.-A.: Ich bin o.k., Du bist o.k., Reinbek 1975
ders.: Einmal o.k., immer o.k. Transaktionsanalyse für den Alltag, Reinbek 1985
Hemminger, J. u. Becker, V.: Wenn Therapien schaden, Reinbek 1986
Horney, K.: Selbstanalyse, München 1974
Immisch, H., Ständer, H., Auert, R.: Malen – Hilfe für Erwachsene. Malen als Entspannung, Aussagemöglichkeit, Reflexionsmittel, Anregung zum Gespräch, Freiburg i. Br. 1984
Jost, L.: Heroin – Hilfe ist möglich, Bonn 1985
Keupt, W.: Behandlung der Sucht und des Mißbrauchs chemischer Stoffe, Stuttgart 1981
Kraiker, Ch. u. Peter, B.: Psychotherapieführer. Wege zur seelischen Gesundheit, München 1983
Lehmann, A. u. Gruner, W.: Abhängigkeit vom Alkohol. Wege aus der Krankheit, Freiburg i. Br. 1984
Leutz, G. A. u. Oberborbeck, K. (Hrsg.): Psychodrama, Göttingen 1980
Lowen, A.: Bioenergetik – Therapie der Seele durch Arbeit mit dem Körper, Reinbek 1979
Lukas, E.: Von der Tiefe- und Höhenpsychologie – Logotherapie in der Beratungspraxis, Freiburg i. Br. 1983
ders.: Auch dein Leben hat Sinn. Logotherapeutische Wege zur Gesundung, Freiburg i. Br. 1980
ders.: Auch dein Leben hat Sinn. Logotherapeutischer Trost in der Krise, Freiburg i. Br. 1981
Mahoney, M.: Kognitive Verhaltenstherapie, München 1974
Muck, M. u.a. (Hrsg.): Information über Psychoanalyse, Therapeutische, theoretische und interdisziplinäre Aspekte, Frankfurt a.M. 1974
Perls, F. S., Hefferline, R., Goodman, P.: Gestalttherapie, Stuttgart 1951
Peseschkian, N.: Positive Psychotherapie. Theorie und Praxis einer neuen Methode, Frankfurt a. M. 1985
Petzold, H.: Gegen den Mißbrauch von Körpertherapie. In: Petzold, H. (Hrsg.): Die neuen Körpertherapien, Paderborn 1977.
Pokorny, R. R.: Grundzüge der Tiefenpsychologie. Freud. Adler. Jung, München 1977
Preuss, H. G.: Ehepaartherapie, München 1973
Revenstorf, D.: Psychotherapeutische Verfahren, Bd. I: Tiefenpsychologische Therapie, Stuttgart 1982; Bd. II: Verhaltenstherapie, Stuttgart 1982; Bd. III: Humanistische Therapien, Stuttgart 1983; Bd. IV: Systemtherapie, Stuttgart 1983
Rogoll, R.: Nimm dich, wie du bist – Eine Einführung in die Transaktionsanalyse, Freiburg i. Br. 1976
Schneider-Düker, M.: Gruppenpsychotherapie. Methoden, Probleme, Erfolge, Düsseldorf 1985
Sommer, G. u. Ernst, H.: Gemeindepsychologie, München 1973
Stalmann, R.: Geheimnis Psychosomatik. Wenn die Seele leidet, wird der Körper krank, München 1979
Tart, Ch. (Hrsg.): Transpersonale Psychologie, Olten 1978

Süchtige helfen sich selbst

Badura, B. u. Ferber, Ch. (Hrsg.): Selbsthilfe und Selbstorganisation im Gesundheitswesen, München-Wien 1981
Bauer, R.: Wohlfahrtsverbände in der Bundesrepublik, Weinheim 1978
Bauer, M. u. Rose, H. K.: Ambulante Dienste für psychisch Kranke, Köln 1981
Daum, K.-W., Matzat, J., Moeller, M. L.: Psychologische therapeutische Selbsthilfegruppen. Ein Forschungsbericht. Schriftenreihe des Bundesministers für Jugend, Familie und Gesundheit, Stuttgart 1984
Deppe, H.-U.: Selbsthilfe zwischen Subsidiarität und Klassensolidarität. Österreichische Zeitschrift für Soziologie, Heft 3/4 (1985)
Deutsches Jugendinstitut (Hrsg.): Selbsthilfe im Sozialstaat, München 1985
Fink, U.: Keine Angst vor Alternativen, Freiburg i. Br. 1983
Goddenthow, D. W. v. (Hrsg.): Schlaraffenland ist abgebrannt. Es lebe die Eigeninitiative, Freiburg i. Br. 1986
Kickbusch, L. u. Trojan, A. (Hrsg.): Gemeinsam sind wir stärker. Selbsthilfegruppen und Gesundheit, Frankfurt a. M. 1981
Moeller, M. L.: Selbsthilfegruppen. Selbstbehandlung und Selbsterkenntnis in eigenverantwortlichen Gesprächsgruppen, Reinbek 1978
ders.: Anders helfen. Selbsthilfegruppen und Fachleute arbeiten zusammen. Stuttgart 1981
ders.: Die Liebe ist das Kind der Freiheit. Erstes Kapitel: „Ich bin nicht Du und weiß Dich nicht." Briefe an Celia über die Zwiegespräche. Reinbek 1986
Müschen, K.: Lieber lebendig als normal! Selbsthilfeorganisation, kollektive Lebensformen und alternative Ökonomie, Bensheim 1982
Sander, D.: Psychodynamik in Kleingruppen, München 1978
Schneider-Düker, M.: Gruppen-Psychotherapie. Methoden, Probleme, Erfolge, Düsseldorf 1985
Thomas, C. (Hrsg.): Die Hausfrauengruppe, Reinbek 1978
Troji, E.: Porträt einer Gruppe. Aus der Praxis einer Selbsthilfegruppe von Studenten, München 1977
Wiesner, W.: Leben ohne Drogen. Süchtige helfen sich selbst, München 1987

Selbsthilfeorganisationen

Deutsche Hauptstelle gegen die Suchtgefahren e. V.: Jahrbuch 88, Hamburg 87/88

Das soziale Umfeld – Suchthilfe – Wiedereingliederung

Aßfalg, R. u. Demel, I.: Wieder miteinander sprechen. Der Alkoholkranke und sein Partner, Hamm 1984
Bäuerle, D.: Drogen. Eltern können wirksam helfen, München 1983
Burr, A.: Alkohol in der Familie, München 1985
John, U.: Rehabilitation Alkoholabhängiger, Freiburg i. Br. 1985
Jung, K. u. Preuß, B.: Rechtsgrundlagen der Rehabilitation, Percha 1984
Krämer, H.: Helft mir. Meine Eltern trinken, Hamburg 1980
Maier, J.: Wegweiser Rehabilitation, Hamburg 1984
Oppl, H. u. Weber-Falkensammer, H.: Sozialarbeit und berufliche Rehabilitation, Freiburg i. Br. 1985
Seifert-Schröder, B.: Drogenabhängigkeit Jugendlicher: Problematik, Prävention, Elternarbeit, München 1983

Trömel, G.: Rehabilitation von Alkohol- und Medikamentenabhängigen in komplementären Einrichtungen, Marburg 1983
Vontobel, J. u. Baumann, A.: Auch mein Kind?, Zürich 1984

Wege aus dem Labyrinth

Bahr, H. E.: Alleinsein. Ich höre auf das Leise, Stuttgart 1987
Carnegie, D.: Sorge dich nicht – lebe, München 1985
Dethlefsen, Th.: Schicksal als Chance, München 1982
Duval, A.: Warum war die Nacht so lang. Wie ich vom Alkohol loskam, Freiburg i. Br. [4]1986
Goddenthow, D. W. v. (Hrsg.): Schlaraffenland ist abgebrannt. Es lebe die Eigeninitiative, Freiburg i. Br. 1986
Goldberg, Ph.: Die Kraft der Intuition. Wie man lernt, seiner Intuition zu vertrauen, München 1985
Franz, M. L. v.: Die Suche nach dem Selbst, Individuation im Märchen, München 1985
Jursch, G.: Keine Angst vor der Freude, Freiburg i. Br. 1985
Murphy, J.: Die Macht Ihres Unterbewußtseins, Genf 1984
Rautenberg, W. u. Rogoll, R.: Werde, der Du werden kannst, Anstöße zur Persönlichkeitsentfaltung mit Hilfe der Transaktionsanalyse, Freiburg i. Br. 1984
Roden, R. v.: Heilwerden durch sich selbst. Einführung und Einübung auf dem initiatischen Weg, Freiburg i. Br. 1982
Schmidbauer, W.: Alles oder Nichts, Reinbek 1987
Schultz, H. J. (Hrsg.): Angst, Stuttgart 1987
Weber, M.: Die andere Seite meines Lebens. Überwindung einer Selbstzerstörung, Frankfurt 1984
Wiesner, W.: Leben ohne Drogen. Süchtige helfen sich selbst, München 1987
Wolf, D. u. Merkle, R.: Gefühle verstehen. Probleme bewältigen, Mannheim 1985

Kontaktadressen

Behörden

Bundesrepublik Deutschland

Bundesgesundheitsamt, Thielallee 88–92, 1000 Berlin 33, Tel.: 030/8308-0
Bundeskriminalamt, Postfach 1820, 6200 Wiesbaden, Tel.: 06121/55-1 (nennt auch die Landeskriminalämter)
Bundesministerium für Jugend, Familie, Frauen und Gesundheit, Kennedyallee 105–107, 5300 Bonn-Bad Godesberg, Tel.: 0228/338-1
Bundeszentrale für gesundheitliche Aufklärung, Ostmerheimer Str. 200, 5000 Köln, Tel.: 0221/8992-1
Drogenbeauftragter des Bundes, MinR Dr. R. Neidert, Bundesministerium für Jugend, Familie, Frauen und Gesundheit, Kennedyallee 105–107, 5300 Bonn 2, Tel.: 0228/338-1

Österreich

Bundesministerium für Familie, Jugend, und Konsumentenschutz, 1015 Wien, Himmelpfortengasse 4, 8 und 9, Tel.: 0222/5333
Bundesministerium für Gesundheit und Umweltschutz, Sektion II Volksgesundheit, Stubenring 1, 1010 Wien, Tel.: 0222/7500
Gendarmeriezentralkommando, Abteilung II/5, Oberzellerg 1, 1030 Wien, Tel.: 0222/733581
Kriminalpolizeilicher Dienst – Interpol, Roßauerlände 1, 1090 Wien, Tel.: 0222/345511
Österreichisches Bundesinstitut für Gesundheitswesen, 1010 Wien, Stubenring 6, Tel.: 0222/529661

Schweiz

Bundesamt für Gesundheitswesen, Postfach 2644, Ch-3001 Bern, Tel.: 031/619511
Bundesamt für Polizeiwesen, CH-3003 Bern, Taubenstr. 16, Tel.: 031/614224
Eidg. Kommission für Jugendfragen, Thunstr. 20, CH-3000 Bern 6, Tel.: 031/619287

Organisationen

Bundesrepublik Deutschland

Deutsche Hauptstelle gegen die Suchtgefahren (DHS), Westring 2, 4700 Hamm 1, Tel.: 02381/25855

Landesstellen gegen die Suchtgefahren:

Badischer Landesverband gegen die Suchtgefahren e.V., Renchtalstraße 14, 7592 Renchen
Bayerische Landesstelle gegen die Suchtgefahren, Lessingstraße 1, 8000 München 2
Bremische Landesstelle gegen die Suchtgefahren e.V., Postfach 106925, 2800 Bremen
Hamburgische Landesstelle gegen die Suchtgefahren e.V., Brennerstr. 81, 2000 Hamburg 1
Hessische Landesstelle gegen die Suchtgefahren e.V., Metzlerstraße 34, 6000 Frankfurt a.M.
Landesstelle Berlin gegen die Suchtgefahren e.V., Gierkezeile 39, 1000 Berlin 10
Landesstelle gegen die Suchtgefahren in Baden-Württemberg der Liga der freien Wohlfahrtspflege, Falkertstraße 31, 7000 Stuttgart 1
Landesstelle gegen die Suchtgefahren in Rheinland-Pfalz, Bahnhofstraße 31, 6720 Speyer
Landesstelle gegen die Suchtgefahren für Schleswig-Holstein e.V., Flämische Straße 6–10, 2300 Kiel
Niedersächsiche Landesstelle gegen die Suchtgefahren, Erwinstraße 8, 3000 Hannover 1
Nordrhein-Westfälische Landesstelle gegen die Suchtgefahren, Rotdornstraße 8, 4000 Düsseldorf

Freie Wohlfahrtspflege, kirchliche und andere Verbände

Arbeiter-Samariter-Bund Deutschland e.V., Sülzbergstr. 140, 5000 Köln 41
Arbeiterwohlfahrt Bundesverband e.V., Oppelner Str. 130, 5300 Bonn 1
Blaues Kreuz in der evangelischen Kirche e.V.
Bundesgeschäftsstelle: Dieterichstr. 17a, 3000 Hannover 1
Blaues Kreuz in Deutschland e.V.
Geschäftsstelle und Verlag: Freiligrathstr. 27, 5600 Wuppertal 2, Tel.: 0202/621098
Bund für drogenfreie Erziehung (BdE) e.V., Geschäftsstelle: Adenauerallee 45, 2000 Hamburg 1, Tel.: 040/245880
Bundesarbeitsgemeinschaft der Freien Wohlfahrtspflege e.V., Franz-Lohe-Str. 17, 5300 Bonn 1
Bundesarbeitsgemeinschaft der Freundeskreise für Suchtkrankenhilfe in Deutschland e.V. – Selbsthilfeorganisation, Brüder-Grimm-Platz 4, 3500 Kassel, Tel.: 0561/780413.
Daytop Gesellschaft für soziale Planung und Alternativen, Kaiserstr. 1, 8000 München 1, Tel.: 089/333130
Deutscher Caritasverband e.V., Karlstr. 40, 7800 Freiburg i.Br.
Deutscher Frauenbund für alkoholfreie Kultur e.V., Geschäftsstelle: Herderstr. 74, 2800 Bremen 1, Tel.: 0421/73333
Deutscher Guttempler-Orden (IOGT) e.V., Geschäftsstelle: Adenauerallee 45, 2000 Hamburg 1, Tel.: 040/245880
Deutscher Paritätischer Wohlfahrtsverband e.V., Referat Gefährdetenhilfe, Heinrich-Hoffmann-Str. 3, 6000 Frankfurt 71, Tel.: 069/6706-269 (DPWV-Arbeitskreis „Suchtfragen“)
Deutsches Rotes Kreuz e.V., Friedrich-Ebert-Allee 71, 5300 Bonn
Diakonisches Werk der Evangelischen Kirche in Deutschland, Stafflenbergstr. 76, 7000 Stuttgart 1

Fachverband Drogen und Rauschmittel e. V. (FDR), Zusammenschluß gemeinnütziger Träger von ambulanten und stationären Hilfen für Suchtgefährdete und Abhängige. Geschäftsstelle: Prinzenstr. 2, 3000 Hannover 1, Tel.: 0511/325023

Gesamtverband für Suchtkrankenhilfe im Diakonischen Werk der Evangelischen Kirche in Deutschland e.V., Brüder-Grimm-Platz 4, 3500 Kassel, Tel.: 0561/102638/39

Katholische Arbeitsgemeinschaft zur Abwehr der Suchtgefahren (KAAS), Geschäftsstelle: Jägerallee 5, 4700 Hamm 1, Tel.: 02381/87 97

Katholische Sozialethische Arbeitsstelle e. V. (KSA) Abt. Suchtgefahren, Haus Hoheneck, Jägerallee 5, 4700 Hamm 1, Tel.: 02381/8768

Kreuzbund e. V., Selbsthilfe- und Helfergemeinschaft für Suchtkranke, Bundesgeschäftsstelle: Jägerallee 5, 4700 Hamm 1, Tel.: 02381/8797/98

Abstinenz-, Temperenz- und andere Selbsthilfeorganisationen
(Die Kontaktstellen nennen örtliche Ansprechpartner oder -gruppen)

Advent-Wohlfahrtswerk e.V., Sitz: Heidelberger Landstr. 24, 6100 Darmstadt 13, Tel.: 06151/51112

Ärztlicher Arbeitskreis Rauchen und Gesundheit e.V., Maybachstr. 14–16, 6800 Mannheim 1, Tel.: 0621/331144

Al-ANON, Familiengruppen, Zentrales Büro, Postfach 100192, 5000 Köln 1

alateen, Kindergruppen nennen örtliche AA-Gruppen, siehe im Telefonbuch unter AA

Anonyme Alkoholiker, Gemeinsames Dienstbüro: Postfach 100422, 8000 München 1

Arbeitsgemeinschaft der deutschen Abstinenzverbände (AGAV), Heilbronner Str. 180, Löwentorzentrum, 7000 Stuttgart 1, Tel.: 0711/2591–163

Arbeitsgemeinschaft für Gefährdetenhilfe und Jugendschutz (AGJ), Postfach 5148, Oberau 21, 7800 Freiburg i. Br., Tel.: 0761/21807-0

Bund Alkoholabstinenter Kraftfahrer e. V. (BAK), Tietlinger Lönsweg 30, 3032 Fallingbostel 1, Tel.: 05162/3132 und 02358/1671

Bund gegen Alkohol im Straßenverkehr e. V., Alsterchaussee 17, 2000 Hamburg 13, Tel.: 040/440716

Bundesarbeitsgemeinschaft Aktion Jugendschutz, Emmeranstr. 32, 6500 Mainz, Tel.: 06131/223360

Bundesbahnzentralstelle gegen die Alkoholgefahren (BZAL), Karlstr. 4–6, 6000 Frankfurt a. M. 1

Bundesverband der Elternkreise drogengefährdeter und drogenabhängiger Jugendlicher (BVEK), Geschäfsführung: Kath. Sozialethische Arbeitsstelle, Abt. Suchtgefahren, Jägerallee 5, 4700 Hamm 1

Bundesvereinigung für Gesundheitserziehung e. V., Bernkasteler Str. 53, 5300 Bonn 2, Tel.: 0228/317810

Cinderella e. V. (Eß- und Magersucht-Selbsthilfe), Postfach 150105, 8000 München 2

Daytop, Therapie- und Beratungszentren nennt Geschäftsstelle, Kaiserstr. 1, 8000 München

Deutsche Gesellschaft für Rehabilitation, Im Grüntal 59, 5100 Aachen, Tel.: 0241/502023 (Raucherentwöhnung)

Deutsche Gesellschaft für Suchtforschung und Suchttherapie e. V., Westring 2, Postfach 1369, 4700 Hamm 1, Tel.: 02381/25855

Deutsche Gesellschaft zur Erforschung und Behandlung der Alkohol- und Drogenabhängigkeit e. V., Jahnstr. 119, 6100 Darmstadt, Tel.: 06151/45282

Deutsche Guttempler-Jugend (DGJ), Max-Brauer-Allee 76, 2000 Hamburg 50, Tel.: 040/38 88 02

Fachverband Drogen und Rauschmittel FDR, Prinzenstr. 2, 3000 Hannover 1

Fachverband Sucht e. V., GCAA German Council on Alcohol and Addiction, Grafenberger Allee 115, 4000 Düsseldorf 1, Tel.: 0211/67 22 63

Gemeinschaft drogenfreier Jugend (gdj), Geschäftsführung: Kath. Sozialethische Arbeitsstelle, Jägerallee 5, 4700 Hamm 1, Tel.: 02381/87 68 69

Informationskreis Drogenprobleme e. V., Händelallee 7, 1000 Berlin 21, Tel.: 030/391 22 88

Initiative „Stoppt die Alkohol- und Tabakreklame", Theaterstr. 23, 3400 Göttingen, Tel.: 0551/42979

Overeaters Anonymous (Eß- und Magersucht-Selbsthilfe), Postfach 106206, 2800 Bremen

Synanon-International, Leben ohne Drogen, Bernburger Str. 24/25, 1000 Berlin 61, Tel.: 030/262 10 62

Verband ambulanter Beratungs- und Behandlungsstellen für Suchtkranke/Drogenabhängige e. V., Karlstraße 40, 7800 Freiburg i. Br.

Verband der Fachkrankenhäuser für Suchtkranke, Brüder-Grimm-Platz 4, 3500 Kassel

Österreich

Anonyme Alkoholiker, Schwarzspanierstr. 13, A-1090 Wien oder: Postfach 91, A-5400 Hallen

Anton-Proksch-Institut, Drogenstation, Breitenfurterstr. 517, A-1237 Wien, Tel.: 0222/88 41 69

Anton-Proksch-Institut, Stiftung Genesungsheim Kalksburg, Mackgasse 7–9, A-1237 Wien

Drogenberatungsstelle, Joanneumring 18, A-8010 Graz, Tel.: 0316/764 67

Point, Lustenauerstr. 6, A-4020 Linz, Tel.: 07222/78 95

Sozialberatung für Alkohol und Drogen, Kaiser-Josef-Str. 13, A-6020 Innsbruck, Tel.: 05222/3 20 60

Sozialmedizinischer Dienst, Bahnhofstr. 25/10, A-6800 Feldkirch, Tel.: 05522/34 24

Zentralstelle zur Bekämpfung des Alkoholismus in Österreich, Hackengasse 13, A-1150 Wien

Schweiz

Arbeitsgemeinschaft Schweizerischer Abstinentenorganisationen, Case postale 1063, CH-1001 Lausanne, Tel.: 021/20 29 21

Arbeitsgemeinschaft Tabakmißbrauch (AT), Postfach 1230, CH-3001 Bern, Tel.: 031/25 01 31

Internationaler Bund des Blauen Kreuzes, 51, Ave. de Florissant, CH-1206 Genf, Tel.: 0041/22/47 90 46, Generalsekretär: Daniel Rochat, 10, Kermély, CH-1206 Genf, Tel.: 0041/22/47 20 88

Internationaler Verband der Eisenbahner für Nüchternheit (IVEN), Postfach 717, CH-8021 Zürich 1

Internationaler Verband für Erziehung zu suchtmittelfreiem Leben (IVES), Lerchenweg 13, CH-4912 Aarwangen

Internationales Büro gegen Alkoholismus und Suchtgefahren (International Council on Alcohol and Addictions), Case postale 140, CH-1000 Lausanne

Kontaktstelle der A.A., Cramerstr. 7, CH-8004 Zürich, Tel.: 01/241 30 30

Schweizerische Arbeitsgemeinschaft Nichtrauchen (SAN), Postfach 143, CH-Zürich
Schweizerische Fachstelle für Alkoholprobleme, Case postale 870, CH-1001 Lausanne
Schweizerisches Blaues Kreuz, Postfach 2568, 3001 Bern

Therapiegesellschaften

Folgende Verbände helfen weiter, bei Fragen nach geeigneten Therapeuten vor Ort und in Fach- sowie Ausbildungs- und Weiterbildungsfragen.

Bundesrepublik Deutschland

Arbeitsgemeinschaft für Katathymes Bilderleben (AGKB), Friedländerweg 30, 3400 Göttingen
Berufsverband Deutscher Psychologen (BDP), Heilsbachstr. 22, 5300 Bonn 1
Bundeskonferenz für Erziehungsberatung – Gesellschaft für Beratung und Therapie von Kindern, Jugendlichen und Eltern (BUKO), Amalienstr. 6, 8510 Fürth
Deutscher Arbeitskreis für Gruppenpsychotherapie und Gruppendynamik (DAGG), Rethelstr. 7, 4000 Düsseldorf
Deutscher Arbeitskreis Jugend-, Ehe- und Familienberatung – Geschäftsstelle: Evangelische Konferenz für Familien- und Lebensfragen (DAK), Matterhornstr. 84, 1000 Berlin 38
Deutsche Gesellschaft für analytische Psychologie – C. G. Jung-Gesellschaft, Schützallee 118, 1000 Berlin 37
Deutsche Gesellschaft für ärztliche Hypnose und Autogenes Training (DGÄH), Bismarck-Allee 8, 2360 Bad Segeberg
Deutsche Gesellschaft für Gestalttherapie und Kreativitätsförderung (DGIK), Hardtwaldklinik, Hardstr. 31, 3584 Zwesten
Deutsche Gesellschaft für Individualpsychologie (DGIP, Oppenhoff-Allee 74, 5100 Aachen
Deutsche Gesellschaft für Psychotherapie, Psychosomatik und Tiefenpsychologie (DGPPT), Alte Rabenstr. 24, 2000 Hamburg 13
Deutsche Gesellschaft für Soziale Psychiatrie in der BRD (DGSP), Hindenburgstr. 1, 3050 Wunsdorf 1
Deutsche Gesellschaft für Transaktionsanalyse (DGTA), Samerbergweg 7, 8261 Burgkirchen
Deutsche Psychoanalytische Gesellschaft (DGP), Leinsteige 11, 7240 Horb 8
Deutsche Psychoanalytische Vereinigung (DPV), Sulzaerstr. 3, 1000 Berlin 33
Förderungsgesellschaft für die existentialpsychologische Bildungs- und Begegnungsstätte Todtmoos-Rütte (Exist-Rütte), 7867 Todtmoos-Rütte
Gesellschaft für analytische Gruppendynamik (GAG), Rankestr. 4/I, 8000 München 40
Gesellschaft für wissenschaftliche Gesprächspsychotherapie (GwG), Richard-Wagner-Str. 12, 5000 Köln 1
Milton Erickson Gesellschaft für klinische Hypnose (M.E.G.), Tal 18, 8000 München 2
PRO FAMILIA - Deutsche Gesellschaft für Sexualberatung und Familienplanung, Cronstettenstr. 30, 6000 Frankfurt a. M.

Österreich

Österreichischer Arbeitskreis für Gruppentherapie und Gruppendynamik, Bennogasse 8, A-1080 Wien
Österreichische Gesellschaft für autogenes Training und allgemeine Psychotherapie, Schelleingasse 8, A-1040 Wien
Österreichische Gesellschaft für wissenschaftliche, klientenzentrierte Psychotherapie und personenorientierte Gesprächsführung, Marienstr. 4, A-4020 Linz
Österreichische Gesellschaft zur Förderung der Verhaltenstherapie, Verhaltensmodifikation und Verhaltensforschung, Lazarettgasse 14, A-1090 Wien
Österreichischer Verein für Individualpsychologie, Lazarettgasse 14, A-1090 Wien
Wiener Psychoanalytische Vereinigung, Doblhoffgasse 9, A-1010 Wien

Schweiz

Schweizer Anschriften von Therapiegesellschaften sind über den Dachverband, in dem die psychotherapeutischen Vereinigungen Mitglieder sind, zu erfahren: Schweizer Psychotherapeutenverband, Byfangweg 36, CH-4051 Basel

Selbsthilfegruppen-Kontaktstellen und Selbsthilfegruppen unterstützende Personen/Einrichtungen (geordnet nach Postleitzahlbereichen)

NAKOS – Nationale Kontakt- und Informationsstelle zur Anregung und Unterstützung von Selbsthilfegruppen, 1000 Berlin 31
Regionale Selbsthilfe Kontakt- und Informationsstelle Schöneberg/Steglitz, Nachbarschaftsheim Schöneberg – Barbara Veldten, Fregestr. 53, 1000 Berlin 41
Regionale Selbsthilfe Kontakt- und Informationsstelle Spandau, Kulturhaus Spandau e.V., Maurerstr. 7–10, 1000 Berlin 20
Regionale Selbsthilfe Kontakt- und Informationsstelle Zehlendorf, Nachbarschaftsheim Mittelhof – Angela Dlouhy, Königsweg 43, 1000 Berlin 37
SEKIS – Selbsthilfe Kontakt- und Informationsstelle, Albrecht-Achilles-Str. 65, 1000 Berlin 31
KISS – Kontakt- und Informationsstelle für Selbsthilfegruppen, Gaußstr. 21, 2000 Hamburg 50
KIBIS – Kontakte, Informationen, Beratung im Selbsthilfebereich – Ute von Bargen und Thomas Leisching, Beselerallee 57, 2300 Kiel 1
Die Brücke Rendsburg e.V., Verein zur Förderung der seelischen Gesundheit – Christel Schmahl, Materialhofstr. 1a, 2370 Rendsburg
Lübecker Selbsthilfezentrum – Solveign Webecke, Moislinger Str. 92b, 2400 Lübeck
Gesundheitstreffpunkt Bremen – Heino Brückmann, Lindenstr. 61, 2800 Bremen 70/Vegesack
Release e.V., – Dr. Hesse, Bahnhofstr. 29, 2805 Stuhr/Brinkum
Regionale Arbeitsgemeinschaft Selbsthilfegruppen Bremen Nord – Werner Dierker, 2820 Bremen 77
Beratungs- und Koordinationsstelle für Selbsthilfegruppen an der Universität Oldenburg, Birkenweg 5, Postf. 2503, 2900 Oldenburg
Gemeinschaftspraxis List – Frau U. Kallenbach, Oskar-Winter-Str. 9, 3000 Hannover 1
Lebensberatung Ev.-luth. Kirchenkreis Walsrode – Dipl.-Psych. Herr Schäfer-Erhard, Kirchplatz 8, 3030 Walsrode 1
Betriebskrankenkasse Volkswagenwerk AG, Goethestr. 49, 3180 Wolfsburg 1

Institut für Eltern- und Jugendberatung - Ulla Mathies, Domplatz 4, 3300 Braunschweig
Psychosoziale Arbeitsgemeinschaft Braunschweig - Herr Barthels, Howaldstr. 3, 3300 Braunschweig
Regionale Kontaktstelle für Selbsthilfegruppen in Braunschweig. Betriebskrankenkasse Braunschweiger Hüttenwerke, Alte Leipziger Str. 117-118, 3300 Braunschweig
Betriebskrankenkasse der Salzgitter AG - Frau Hogräfer, Thiestr. 15, 3320 Salzgitter-Lebenstedt
Evangelische Familien-Bildungsstätte Wolfenbüttel - Beatrice Franz, Neuer Weg 6, 3340 Wolfenbüttel
Göttinger Beratung und Selbsthilfe e.V. - Kontakt in Krisen, Herzberger Landstr. 39, 3400 Göttingen
IKOS - Informations- und Kontaktstelle für Mitarbeit und Selbsthilfe - Moritz von Blanckenburg, Universität Göttingen IfS, Sprangerweg 2, 3400 Göttingen
Marburger Arbeitsgemeinschaft Selbsthilfegruppen, Bürgerinitiative Sozialpsychiatrie, Haspelstr. 17, 3550 Marburg
AOK - Gesundheitszentrum Hilden - Frau Klocke, Kirchhofstr. 33, 4010 Hilden
AOK - Gesundheitszentrum Langenfeld - Frau Thiele, Friedhofstr. 8, 4018 Langenfeld
AOK - Gesundheitszentrum Mettmann - Frau von Schweinitz, Neanderstr. 16, 4020 Mettmann
AOK - Gesundheitszentrum Ratingen - Frau Mücke, Minoritenstr. 11, 4030 Ratingen
Duisburger Arbeitsgemeinschaft Selbsthilfegruppen, Psychiatrische Hilfsgemeinschaft Duisburg e.V., Weidmannstr. 15, 4100 Duisburg 1
AOK - Krankenkasse - Achim Bertenburg, Postf. 13 40, Außenwall 6a, 4134 Rheinberg 1
AOK - Gesundheitszentrum Essen - Herr Hassel, Lindenallee 57, 4300 Essen 1
Kontakt- und Informationsstelle für Selbsthilfegruppen im Gesundheitszentrum Neustadt - Ruth Kempcke, Mellerstr. 69, 4500 Osnabrück
DPWV-Kreisgruppe Dortmund, Projekt Selbsthilfegruppen - Frau Irmhild Maag, Westhoffstr. 8-12, 4600 Dortmund
OASE - Zentrum für Selbsthilfegruppen und Krisenhilfe, Alte Buscheystr. 138, 4630 Bochum 1
Lünener Arbeitsgemeinschaft Selbsthilfegruppen - Dr. H. G. Hellhammer, Yorckstr. 2, 4670 Lünen-Brambauer
Volkshochschule Unna - Helmut Breitkopf, Hertinger Str. 45, 4750 Unna
Kontakt- und Informationsstelle Selbsthilfegruppen, c/o Gesundheitsladen Bielefeld, Webereistr. 28, 4800 Bielefeld 1
Evangelische Familien- und Erziehungsberatung des Kirchenkreises Halle - Anne Waltrup, Brockhäger Landstr. 2/4, 4802 Halle
Arbeitskreis für Selbstmordverhütung und Krisenberatung e.V. - Ilse Hildebrandt, Brunnenstr. 2, 4930 Detmold
DPWV - Kreisgruppe Minden-Lübbecke, Lindenstr. 29, 4950 Minden
DPWV - Kreisgruppe Köln - Franz Koch, Herwarthstr. 12, 5000 Köln 1
Aachener Arbeitsgemeinschaft Selbsthilfegruppen, Volkshochschule Aachen - Eugen Rüter, Peterstr. 21-25, 5100 Aachen 1
Regionale Arbeitsgemeinschaft Selbsthilfegruppen, Bonner Verein für gemeindenahe Psychiatrie - Thomas Brüninghaus, Bonner Talweg 86a, 5300 Bonn 1

Gemeinschaft der Selbsthilfegruppen Koblenz – Margot Demel, Kolpingstr. 12, 5414 Vallendar

Wuppertaler Arbeitsgemeinschaft Selbsthilfegruppen, Ehe-, Familien- und Lebensberatungsstelle – Prof. Dr. Hans Ruppelt, Kirchstr. 9, 5600 Wuppertal 1

Frauen-Beratung und -Selbsthilfe e.V., Hünefeldstr. 83, 5600 Wuppertal 2

AOK – Gesundheitszentrum Velbert – Frau Weber/Frau Schaller, Friedrich-Ebert-Str. 123, 5620 Velbert

Europäisches Institut für Sozialmedizin und Andragogik e.V., Patientenladen, Selbsthilfe-, Kommunikations- und Informationsstelle, Beckmannstr. 92, 5650 Solingen

DPWV – Kontakt- und Informationsstelle für Selbsthilfegruppen – Rita Jannschewski, Dortmunder Str. 13, 5810 Witten

Beratungsstelle Selbsthilfegruppen in der psychosozialen Ambulanz; Zentrum der psychosozialen Grundlagen der Medizin – Universitätsklinikum, Theodor-Stern-Kai 7, 6000 Frankfurt 70

Frankfurter Arbeitsgemeinschaft Selbsthilfegruppen im Selbsthilfe- und Nachbarschaftszentrum Ostend e.V., Uhlandstr. 50, 6000 Frankfurt

Psychosoziale Arbeitsgemeinschaft Darmstadt e.V. – Gaby Käfer, Sturzstr. 9, 6100 Darmstadt

Caritasverband für den Kreis Bergstraße, Bensheimer Weg 16, 6148 Heppenheim

Deutsche Arbeitsgemeinschaft Selbsthilfegruppen e.V. – Jürgen Matzat, Friedrichstr. 28, 6300 Gießen

Gießener Arbeitsgemeinschaft Selbsthilfegruppen, Friedrichstr. 28, 6300 Gießen

Fuldaer Arbeitsgemeinschaft Selbsthilfegruppen, Jugendhilfe Fulda e.V., Heinrichstr. 67, 6400 Fulda

Gesundheitszentrum der AOK Main-Kinzig, Schulstr, 7, 6460 Gelnhausen

Informations- und Kontaktstelle für Mitarbeit und Selbst-Hilfe (IKOS) – Gundula Wagner, Kriemhildenstr. 8, 6520 Worms

Kontakt- und Informationsstelle für Selbsthilfegruppen KISS Markthallenstr. 2, 6600 Saarbrücken

Homburger Arbeitsgemeinschaft Selbsthilfegruppen – Dr. Greß, Postfach, 6650 Homburg (Saar)

Arbeitsgemeinschaft Selbsthilfegruppen Rhein-Neckar im Gesundheitstreff, Schimperstr. 41, 6800 Mannheim

Psychologische Beratungsstelle für Familie, Kinder, Jugendliche und Erwachsene – Frau Ch. Thirion, Illenauer Allee 4, 7590 Achern

Gesundheitsladen Freiburg, Zasiusstr. 40, 7800 Freiburg

AOK – Ravensburg, Welfenstr. 2, Postf. 1130, 7980 Ravensburg

Münchener Arbeitsgemeinschaft Selbsthilfegruppen, Gesundheitspark im Olympiastadion, Spiridon-Louis-Ring, 8000 München 40

Selbsthilfezentrum München, Auenstr. 31, 8000 München 5

Dr. med. Christian Göpfert, Hallberger Allee 2, 8132 Tutzing/Starnberg

Modell Bergen – Hildegard Seeholzer, Bahnhofstr. 17, 8221 Bergen (Oberbayern)

Selbsthilfegruppe Regenbogen – Peter Meik, Meister-Ermart-Str. 27, 8440 Straubing

Erlanger Arbeitsgemeinschaft Selbsthilfegruppen – Ilka Wick, 8523 Hagenau

Coburger Arbeitsgemeinschaft Selbsthilfegruppen Haus Mohrenstr. 3 e.V., Mohrenstr. 3, 8630 Coburg

Informations- und Kontaktstelle für Mitarbeit und Selbsthilfe (IKOS) – Gabriele Monath, Rückmainstr. 2, 8700 Würzburg

Innere Mission Ansbach – Sozialpsychiatrischer Dienst, Postf. 1406, Karolinenstr. 29, 8800 Ansbach

AIDS-Hilfe-Organisationen (Stand Februar 1988)

In Kürze soll die AIDS-Beratungsnummer 19411 bundesweit einheitlich eingeführt werden.

Bundesverband:

Deutsche AIDS-Hilfe e.V.
Nestorstr. 8–9
1000 Berlin 31
Tel.: 030/89 69 06-0 (keine Beratung)
nennt weitere AIDS-Hilfen

Regionale AIDS-Hilfen:

AIDS-Hilfe Aachen e.V.
Bachstr. 27
5100 Aachen
Tel.: 0241/53 25 58 (Büro, Di 10–12 h)
Tel.: 0241/53 25 59
(Beratung, Mo + Mi 19–21 h)

AIDS-Hilfe Ahlen e.V.
Königstr. 9
4730 Ahlen
Tel. 02382/46 50
(Di 9–12 h + Mi 15–17 h)

Augsburger AIDS-Hilfe e.V.
Postfach 11 0125
8900 Augsburg 11
Tel.: 0821/19411 (Mi 19–21 h)

Berliner AIDS-Hilfe e.V.
Meinekestr. 12
1000 Berlin 15
Tel.: 030/8 82 55 53
(Beratung, täglich rund um die Uhr)

AIDS-Hilfe Bielefeld e.V.
Stapenhorststr. 5
4800 Bielefeld 1
Tel.: 0521/19411
(Büro: Mo–Do 10–13 h,
Beratung: Mi 19–21 h)

AIDS-Hilfe Bonn e.V.
Rathausgasse 30
5300 Bonn 1
Tel.: 0228/19411
(Mo–Mi 14–17 h, Do + Fr 19–21 h)
Tel.: 0228/63 14 69 (Büro)

Braunschweiger AIDS-Hilfe e.V.
Postfach 1643
Kurt-Schumacher-Str. 26
3300 Braunschweig
Tel.: 0531/19411
(Beratung, Di 16–18 h, Fr 19–21 h)

AIDS-Hilfe Bremen e.V.
Friedrich-Karl-Str. 20 A
2800 Bremen 1
Tel.: 0421/44 49 47
(Mo–Fr 10–14 h, Di 20–22 h)

AIDS-Hilfe Dortmund e.V.
Gerichtsstr. 5
4600 Dortmund 1
Tel.: 0231/55 11 87
(Mo, Di, Do, Fr 8.30–17 h,
Mi 10.30–19 h)

AIDS-Hilfe Düsseldorf e.V.
Kölner Str. 216
4000 Düsseldorf 1
Tel.: 0211/19411
(Büro, Mo–Fr 11–15 h + 20–22 h)
Tel.: 0211/72 20 48
(Beratung, Mo–Fr 20–22 h)

Duisburger AIDS-Hilfe e.V.
Musfeldstr. 163–166
4100 Duisburg 1
Tel.: 0203/19411
(Mo + Do 20–22 h)

AIDS-Hilfe Essen e.V.
Erste Weberstr. 23
4300 Essen 1
Tel.: 0201/19411 (Mo 19–21 h)

AIDS-Hilfe Frankfurt e.V.
Eschersheimer Landstr. 9
6000 Frankfurt 1
Tel.: 069/59 00 12
(Büro, Mo–Fr 14–22 h)
Tel.: 069/597 55 77
(Beratung, täglich 19–22 h außer Sa)

Freiburger AIDS-Hilfe e.V.
Postfach 1755
Escholzstr. 19
7800 Freiburg
Tel.: 0761/276924 (Mi–Fr 19–21 h)

AIDS-Arbeitskreis Göttingen e.V.
Postfach 1114
3400 Göttingen
Tel.: 0551/43735
(Mo–Do 10–12 h, Di 19–21 h,
So 11–13 h)

AIDS-Hilfe Hamburg e.V.
– Struensee Centrum –
Hallerstr. 72
2000 Hamburg 13
Tel.: 040/441631 (Mo–Fr 10–22 h)

AIDS-Koordination
c/o Gesundheitsladen
Nernstweg 32
2000 Hamburg 50
Tel.: 040/394078
(Büro, Di + Do 10–18 h)
Tel.: 040/335845
(Beratung, Di 18–20 h, So 15–18 h)

Beratungsstelle Intervention e.V.
St. Georgs-Kirchhof 26
2000 Hamburg 1
Tel.: 040/240402
(Büro: Mo–Do 10–13 h, Beratung:
Mo 12–14 h + 19–22 h, Do 12–14 h)

AIDS-Hilfe Hamm e.V.
Rosa-Luxemburg-Str. 41
4700 Hamm 5
Tel.: 02381/68041
(Mo + Mi 17–19 h)

Hannöversche AIDS-Hilfe e.V.
Johannssenstr. 8
3000 Hannover 1
Tel.: 0511/327772
(Büro, Mo, Mi–Fr 10–14 h +
19–21 h, Di 15–21 h)
Tel.: 0511/327771
(Beratung, Mo–Fr 19–21 h)

AIDS-Hilfe Heidelberg e.V.
Postfach 101243
6900 Heidelberg
Tel.: 06221/161700 (Mi 19–21 h)

AIDS-Hilfe im Kreis Unna e.V.
Schäferstr.38
4708 Kamen
Tel.: 02307/73171 (Mi 19–21.30 h)

AIDS-Initiative Karlsruhe e.V.
Postfach 1266
Kronenstr. 2
7500 Karlsruhe 1
Tel.: 0721/693404
(Büro, Mo 16–18h, Mi 14–16 h +
Fr 10–12 h Beratung, Do 20–22 h)

AIDS-Hilfe Kassel e.V.
c/o FISB
Leipziger Str. 239
3500 Kassel
Tel.: 0561/53542
(Büro, Mo–Fr 10–16 h)
Tel.: 0561/571490
(Beratung, Mo + Mi 16–18 h,
Do 18–20 h)

AIDS-Hilfe Kiel e.V.
c/o Ludwig Boeckel
Saarbrückenstr. 177
2300 Kiel 1
Tel.: 0431/687249
Tel.: 0431/677799
(Beratung, Fr 18–20 h)

AIDS-Hilfe Köln e.V.
Hohenzollernring 48
5000 Köln 1
Tel.: 0221/249208
(Büro, Mo–Fr 10–21 h)
Tel.: 0221/249209
(Beratung, Mo–Do 10–21 h)

AIDS-Hilfe Konstanz e.V.
Friedrichstr. 21
7500 Konstanz
Tel.: 07531/56062 (Mi 20–22 h)

AIDS-Hilfe Krefeld e.V.
Marktstr. 230
4130 Krefeld
Tel.: 02151/311200 (täglich 19–23 h)

Lübecker AIDS-Hilfe e.V.
Postfach 1931
2400 Lübeck
Tel.: 0451/1225747 (Di 19–21 h)

AIDS-Hilfe Mainz e.V.
Postfach 1173
Hopfengarten 19
6500 Mainz 1
Tel.: 06131/19411
(Büro, Di 17–19h, Do 10–12h)
Tel.: 06131/221020
(Beratung, Mi + So 19–22h)

AIDS-Hilfe Mannheim e.V.
Postfach 161
Jungbuschstr. 24
6800 Mannheim 1
Tel.: 0621/19411
(Beratung, Di, Do + Fr 20–22h)

Münchner AIDS-Hilfe e.V.
Müllerstr. 44 (Rückgebäude)
8000 München 5
Tel.: 089/264361
(Büro, Mo–Fr 9.30–17h)
Tel.: 089/19411
(Beratung, Mo–Sa 19–22h)

AIDS-Hilfe Münster e.V.
Bahnhofstr. 15
4400 Münster
Tel.: 0251/44411
(Di–Fr 14–15h + 18–19h, Mo 20–22h)

AIDS-Hilfe Nürnberg-Erlangen e.V.
Irrerstr. 2–6
8500 Nürnberg 1
Tel.: 0911/209006 + 209007
(Büro: Di–Fr 10–16h,
Beratung: So 17–19h, Do 19–21h)

Oldenburgische AIDS-Hilfe e.V.
Hackenweg 33
2900 Oldenburg
Tel.: 0441/19411
(Mo + Mi 19–22h)

AIDS-Hilfe Osnabrück e.V.
c/o DPWV
Kurt-Schumacher-Damm 8
4500 Osnabrück
Tel.: 0541/63639 u. 19411 (Mi 20–22h)

AIDS-Hilfe Pforzheim e.V.
Postfach 124
Schloßberg 10
7530 Pforzheim
Tel.: 07231/101313
(Büro: Mo 14–18h, Di + Mi
8.30–12.30h, Do 13–16h,
Beratung: Mo 18–20h, Do 16–18h)

AIDS-Hilfe Saar e.V.
Großherzog-Friedrich-Str. 10
6600 Saarbrücken
Tel.: 0681/31112
(Büro: Mo–Fr 9–11h,
Beratung: Mo–Fr 9–11h, Mo 20–22h)

AIDS-Hilfe Stuttgart e.V.
Schwabstr. 44
7000 Stuttgart 1
Tel.: 0711/610848
(Beratung, Mo, Mi, Fr, So 18–22h)

AIDS-Hilfe Trier e.V.
Postfach 2022
Paulinstr. 19
5500 Trier
Tel.: 0651/12700
(Büro, Di 10–12h, Do 14–17h)
Tel.: 0651/19411
(Beratung, Mi 19–21h)

AIDS-Hilfe Tübingen e.V.
Postfach 1122
7400 Tübingen
Tel.: 07071/19411 (Di 20–22h)

AIDS-Hilfe Wiesbaden e.V.
Postfach 1141
Kl. Schwalbacher Str. 14
6200 Wiesbaden
Tel.: 06121/19411 (Fr 20–22h)

AIDS-Hilfe Würzburg e.V.
Nigglweg 2
8700 Würzburg
Tel.: 0931/44467
(Büro, Mi 14–16h,
Beratung, Di + Do 19–21h)

Weitere Beratungsangebote:

Rat & Tat Zentrum für
Homosexuelle e.V.
Theodor-Körner-Str. 1
2800 Bremen
Tel.: 0421/704170
(Mo–Fr 9–14h, Do 18–22h)

AIDS-Arbeitsstelle im SG e.V.
Präsident-Krahn-Str. 8
2000 Hamburg 50
Tel.: 040/3893531
(Büro, Mo–Fr 10–16h)
Tel.: 040/382111
(Beratung, Mo 15–17h, Di + Mi
12–15h, Do 17–20h, Fr + Sa 15–17h)

Österreich

Österreichische AIDS-Hilfe
Wickenburggasse 14
A-1080 Wien
Tel.: 0043/222/486186 + 486187

Schweiz

AIDS-Hilfe Schweiz
Postfach 7660
Gerechtigkeitsgasse 14
CH-8002 Zürich
Tel.: 0041/1/2017033
(werktags 14–17h)

Anonymer HIV-Test

Beratungsstelle des Gesundheitsamtes
der Stadt Augsburg
Prof. Dr. J. G. Gostomzyk
Herr R. Schuster
Hoher Weg 8
8900 Augsburg
Tel.: 0821/3242051

Landesinstitut für Tropenmedizin
Prof. Bienzle
Königin-Elisabeth-Straße 32
1000 Berlin 19
Tel.: 030/3032-788

Bundesgesundheitsamt
Robert-Koch-Institut
Abteilung Virologie
Arbeitsgruppe AIDS
Nordufer 20
1000 Berlin 65
Tel.: 030/4503-243

Beratungsstelle des Gesundheitsamtes
der Stadt Braunschweig
Dr. Sabine Pfingsten-Würzburg
Hamburger Straße 226
3300 Braunschweig
Tel.: 0531/470-7254

Hauptgesundheitsamt Bremen
AIDS-Beratungsstelle
Horner Straße 60–70
2800 Bremen
Tel.: 0421/497-5585, -5121

Dr. med. Purrmann
Universität Düsseldorf
Abt. für Gastroenterologie
Moorenstraße 5
4000 Düsseldorf
Tel.: 0211/311-8938, -7795

Institut für med. Virologie
und Immunologie
Universitätsklinikum Essen
Prof. Dr. N. Scheiermann
Hufelandstraße 55
4300 Essen 1
Tel.: 0201/7991-3550

AIDS-Beratungsstelle des
Stadtgesundheitsamtes im
Universitäts-Klinikum
Zentrum der Inneren Medizin
Dr. Axel Jötten
Sandhofstraße, Haus 68
6000 Frankfurt/M. 70
Tel.: 069/6301-6700, -6702

AIDS-Beratungs- u. Informations-
stelle der Gesundheitsbehörde
im AK St. Georg
Lübeckertordamm 5
2000 Hamburg 1
Tel.: 040/2488-2488, -3443
(Sekretariat)

Staatliches Medizinaluntersuchungsamt Hannover
Prof. Höpken
Frau Dr. Willers
Roesebeckstraße 4
3000 Hannover 91
Tel.: 0511/444371

AIDS-Beratungsstelle des Gesundheitsamtes der Landeshauptstadt Hannover
Ricklingerstraße 3 B
3000 Hannover 91
Tel.: 0511/168-3890, -3590, -3229

Gesundheitsamt Kassel
Fr. Hirsch
Hr. Schimmelpfennig
Hr. Wehnhardt
Obere Königstraße 3
3500 Kassel
Tel.: 0561/7875044

AIDS-Beratung im Gesundheitsamt
Dipl.-Psych. Juliane Dürkop
Fleethörn 18–24
2300 Kiel 1
Tel.: 0431/9012122

AIDS-Beratung beim Gesundheitsamt der Stadt Köln
Neumarkt 15
5000 Köln 1
Tel.: 0221/2214602

Gesundheitsamt der Hansestadt Lübeck
AIDS-Beratung
Schmiedestraße 7
2400 Lübeck 1
Tel.: 0451/12-25350, -25301

Klinik für Dermatologie und Venerologie
Med. Universität
Prof. Wolff
Ratzeburger Allee 160
2400 Lübeck
Tel.: 0451/5002510

I. Med. Klinik und Poliklinik der Johannes-Gutenberg-Universität
Prof. Meyer zum Büschenfelde
Langenbeckstraße 1
6500 Mainz
Tel.: 06131/177197

Staatliches Gesundheitsamt
AIDS-Beratungsstelle
Dipl.-Soz. Päd. Astrid Müller
Dr. U. Spohr
L 1,1
6800 Mannheim
Tel.: 0621/2923257

Anonyme AIDS-Beratungsstelle der Städt. Gesundheitsbehörde München
Dachauer Straße 90
8000 München 2
Tel.: 089/5207-270

Städtisches Gesundheitsamt
AIDS-Beratung
Ltd. Med.-Dir. Dr. Meyer
Hakenstr. 6
4500 Osnabrück
Tel.: 0541/3231

Staatliches Gesundheitsamt
AIDS-Beratungsstelle
Dr. Göbel
Malstatter Straße 17
6600 Saarbrücken
Tel.: 0681/5865416

Dr. Jutta Tottleben
Städt. Gesundheitsamt
Hohe Straße 28
7000 Stuttgart 1
Tel.: 0711/216-2602, -2559

AIDS-Beratung
Gesundheitsamt der Landeshauptstadt Wiesbaden
Dr. Klaus Weber
Dotzheimer Str. 38–40
6200 Wiesbaden
Tel.: 06121/31-2805

Angaben ohne Gewähr. Bitte vergewissern Sie sich vor Vereinbarung eines Termins, ob Sie den Test hier auch tatsächlich anonym machen lassen können.

Testdurchführung nicht anonym

Prof. Dr. Hans D. Pohle
Chefarzt der II. Med. Klinik
des Rudolf-Virchow-Krankenhauses
Augustenburger Platz 1
1000 Berlin 65
Tel.: 030/4505-2262

Medizinische Universitätsklinik
Abt. Rheumatologie und
Klin. Immunologie
Hugstetter Straße 55
7800 Freiburg
Tel.: 0761/270-3528

Klinikum der Universität
Heidelberg-Hautklinik-
STD-Sprechstunde
Prof. D. Petzoldt Voßstraße 2
6900 Heidelberg
Tel.: 06221/564958, -5536

Prof. Dr. F.-D. Goebel
Medizinische Poliklinik
Universität München
Pettenkoferstraße 8a
8000 München 2
Tel.: 089/5160-3550

Städt. Krankenhaus
München-Schwabing
1. Medizinische Abt.
Dr. Jäger
Kölner Platz 1
8000 München 40
Tel.: 089/30687433

Register